EGO PORTA MUNDI

D1421189

Amitiés.

Peter S.-Yvonain Maire

pour ma fête
de soirées de la " grève lécan " !

André Lurnal 15/11/89

En toute amitié
Germain Racine

Pour Mathilde Décary—
de la part de
l'artiste
Suzan...

DORVAL

TROIS SIÈCLES D'HISTOIRE

Cet exemplaire n° ....*50*......
a été offert par la Cité de Dorval
à

.........*Mme Mathilde Décary*.........

Dorval, *15 nov. 1989*.

ANDRÉ DUVAL

DORVAL

TROIS SIÈCLES
D'HISTOIRE

CITÉ DE DORVAL
1989

dépôt légal: 2e trimestre de 1989
            Bibliothèque nationale du Canada
            Bibliothèque nationale du Québec

ISBN: 2-9801545-0-4

Aux ancêtres des
familles de Dorval

aux pionniers
de la ville

aux artisans
de son histoire

à tous les citoyens
de Dorval

ce livre est
respectueusement dédié.

Peter B. Yeomans
maire de la
Cité de Dorval

Chapitre premier

LE DOMAINE DE
LA PRÉSENTATION

**un établissement agricole
en l'île de Montréal
au XVIIe siècle**

En abordant l'histoire de Dorval, cette ville que son aéroport a fait connaître dans le monde entier, on se demande tout de suite:

— Mais, d'où lui vient ce nom de *Dorval?*

Question d'autant plus légitime que ce nom diffère de celui des localités voisines en ce qu'il n'a pas l'air très ancien. Lachine, à l'est, porte un vieux nom. Cela, tout le monde le sait, puisqu'à l'école on ne manquait pas de nous parler de Robert Cavelier de La Salle, cet explorateur parti de là en 1669 à la découverte du grand fleuve américain le Mississipi. On nous parlait aussi du massacre de Lachine perpétré en 1689. Quant à Pointe Claire, à l'ouest, c'est là manifestement un vieux nom, car la «pointe», c'était une désignation de lieu fréquemment utilisée en Nouvelle-France. Ainsi, dans l'île de Montréal, il y avait déjà la Pointe aux Trembles; ailleurs on trouve la Pointe de la Rivière du Loup, la Pointe de la Rivière Ouelle, etc. Enfin, pour ce qui est de Sainte-Anne de Bellevue, au-delà de Pointe Claire, l'origine de ce nom se découvre sans peine à parcourir l'histoire religieuse de la Nouvelle-France, où le culte de la bonne sainte Anne était fort à l'honneur.

Mais Dorval ? On dirait un nom d'aujourd'hui.

En outre Dorval ne compte pas encore cent ans en tant que municipalité. Sa toute première incorporation remonte à 1892. On se demande alors si son nom se rattache au passé et, le cas échéant, de quelle manière.

En somme le problème est le suivant :

— Le nom de Dorval est-il un nom ancien?

Pour répondre il nous faut remonter à l'époque où l'histoire de Dorval se confond avec celle de l'île de Montréal dans son ensemble.

Une série d'événements nous conduiront depuis le moment où le nom de Montréal fait son apparition dans l'histoire jusqu'au moment où le nom de Dorval s'inscrit à son tour dans les annales de la Nouvelle-France.

Ces événements se déroulent à la manière d'une pièce de théâtre en cinq actes.

* * *

Le rideau se lève sur le **premier acte.**

Nous sommes en 1640. Sur la scène voici le salon d'un hôtel particulier de Paris, la capitale du royaume de France. Une trentaine de gentilshommes y discutent de l'acquisition de l'île de Montréal, au Canada, donc au-delà des mers, dans les Indes Occidentales. Les Français ne savent pas encore que le Canada n'a rien à voir avec les Indes (c'est en raison de cette erreur que les indigènes ou «sauvages» d'Amérique reçurent le nom d'«Indiens»).

La conversation est animée.

Ces gentilshommes ont un trait commun: c'est que pas un d'entre eux n'a encore mis les pieds au Canada. Le peu qu'ils savent de cette contrée du Nouveau Monde, ils l'ont appris par ouï-dire. D'ailleurs, certains n'en savent rien du tout. Quant aux autres, ils ont lu le récit des voyages du navigateur Jacques Cartier, qui a découvert le pays en 1534; ils sont au courant des explorations de Samuel Champlain entre 1603 et 1610; et surtout ils ont causé avec les missionnaires qui se livrent déjà à l'apostolat au Canada et qui, eux, connaissent bien l'île de Montréal pour l'avoir longée plus d'une fois en compagnie des Indiens et s'y être arrêtés à l'occasion.

Après Jacques Cartier les Français avaient plus ou moins oublié la vallée du St-Laurent.

Mais, revenus au Canada soixante-quinze ans plus tard, une étrange découverte les attendait. Voici que de la bourgade d'Hochelaga décrite par Cartier on ne trouvait pas la moindre trace. Les Français furent grandement intrigués, car l'île de Montréal était manifestement un beau territoire. Alors, pourquoi les Indiens l'avaient-ils quittée?

Les Français se mirent à interroger les plus âgés parmi les Hurons, ces sauvages devenus leurs alliés en raison de leurs premiers contacts en terre canadienne, et aussi en raison d'un premier coup de feu contre les Iroquois, ce qui avait scellé l'alliance des Hurons et des Français.

Ces vieux sauvages (il ne faut pas se scandaliser de trouver en ces pages cette appellation de «sauvages», qui est courante dans les textes concernant la Nouvelle-France; l'historien Charlevoix les appelle aussi les «barbares»), donc ces vieux sauvages prétendirent que leurs ancêtres avaient abandonné l'île parce que leurs ennemis les en avaient chassés. Les habitants de la bourgade d'Hochelaga auraient alors remonté la rivière des Outaouais pour en venir à s'établir à la lointaine baie Georgienne.

Cette explication valait ce qu'elle valait. Pourquoi les «ennemis» auraient-ils chassé les Hurons de l'île pour la laisser ensuite inoccupée? Généralement, quand on chasse quelqu'un d'un lieu, c'est pour prendre sa place. Mais, les Français ne s'arrêtèrent pas à cette question, pas plus que les historiens ne s'y arrêtent de nos jours.

Les Français eux-mêmes, pour commencer, négligè-
rent complètement cette région du Nouveau Monde. Traiteurs et missionnaires s'élancèrent sans tarder sur la piste
des Hurons.

Contournant l'île, soit par la rivière des Prairies, soit
par le fleuve St-Laurent, ils remontèrent plus d'une fois la
rivière des Outaouais à partir du lac des Deux Montagnes.
Parvenus à la rivière Mattawa, ils suivaient celle-ci jusqu'au
lac Nipissing (à la tête duquel se trouve l'actuelle ville de
North Bay), traversaient le lac dans le sens de la longueur
pour atteindre une autre rivière, qui en vint à porter le nom
de «rivière des Français». Par cette dernière ils arrivaient
enfin à la baie Georgienne, à l'est du grand lac Huron.

C'est là que la tribu des Hurons avait élu domicile.

Cela faisait beaucoup de chemin pour rejoindre une
poignée de sauvages. Éventuellement les Jésuites établiront
à la baie Georgienne la mission de Sainte-Marie des Hurons
(que l'on peut visiter de nos jours, le gouvernement d'Ontario ayant magnifiquement reconstitué l'habitation des
années 1640; le pape Jean-Paul II s'y rendit en septembre
1984).

Or, de la baie Georgienne les traiteurs et les missionnaires poussèrent encore plus loin. Bientôt on les trouve au
Sault Sainte-Marie, à l'extrémité est du lac Supérieur. Cette
fois on était vraiment très loin de Québec, la capitale de la
Nouvelle-France.

Les missionnaires commencèrent à se dire que desservir les peuplades huronnes à partir de Québec, cela n'avait
guère de sens. Si on le faisait à partir de Montréal, alors on
coupait de cinquante lieues la distance entre la mission de
Sillery (près de Québec) et la baie Georgienne. Et qui sait?
peut-être les Hurons consentiraient-ils à revenir dans l'île
de Montréal, si on les y invitait et si on leur garantissait la
sécurité.

Rentrés en France, voilà ce que les missionnaires expliquaient aux personnages influents de la Cour.

Voilà aussi ce qu'ils avaient représenté à quelques-uns des gentilshommes réunis ce jour-là dans un hôtel particulier de Paris. À leurs amis ces gentilshommes tenaient des propos analogues:

— Voyez-vous, leur disaient-ils, si nous pouvions fonder en l'île de Montréal un vigoureux établissement français, alors les anciennes peuplades de cette île n'hésiteraient pas à réintégrer le pays de leurs ancêtres. La puissance française tiendrait leurs ennemis en respect. Les missionnaires n'auraient plus à courir après eux jusqu'à l'autre bout du monde. Ils les instruiraient sur place des vérités chrétiennes, et à la longue on en ferait des gens civilisés et de bons sujets du Roi. Et, comme tous les cours d'eau convergent vers l'île, les Indiens viendraient de toutes les contrées avoisinantes. Comment mieux servir Dieu et le Roi?

Voici, dans les propres termes de l'historien Charlevoix, ce dont il s'agissait:

> On projetta de faire occuper tout le reste de l'Isle par des Sauvages, de quelque Nation qu'ils fussent, pourvû qu'ils fissent profession au Christianisme, ou qu'ils voulussent se faire instruire de nos Mystères, & l'on était d'autant plus persuadé qu'ils y viendraient en grand nombre qu'outre un asyle assuré contre les poursuites de leurs Ennemis, ils pouvaient en promettre des secours toujours assurés dans leurs maladies, & contre la disette. On se proposait même de les policer avec le tems, & de les accoûtumer à ne plus vivre que du travail de leurs mains.

On a rarement vu au cours de l'histoire un grand dessein reposer sur tant de chimères.

N'empêche que la société proposée vit le jour à la fin de cette réunion de Paris. Elle prit le nom de «Société de

Notre-Dame de Montréal pour la conversion des Sauvages de la Nouvelle France».

Et le rideau tombe sur cette réunion des fondateurs de Montréal.

* * *

Au **deuxième acte,** deux années se sont écoulées. Nous sommes maintenant au 18 mai 1642.

Au lever du rideau, le fondateur de Montréal, Paul de Chomedey, sieur de Maisonneuve, se tient au sommet du mont Royal et contemple le paysage. Des compagnons l'entourent, dont une couple de missionnaires, et quelques vieux Indiens.

On est au lendemain de l'arrivée à Montréal du groupe des pionniers réunis par les soins de la Société de Notre-Dame de Montréal. Ils sont au nombre de quarante. Ces pionniers ont pour mission de monter de toutes pièces un établissement qui s'appellera «Ville-Marie». Ce nom n'est d'aucune façon inspiré des circonstances locales entourant la fondation. On l'a adopté à Paris même, au cours d'une réunion des membres de la Société. Il va de pair avec le nom de l'entreprise: de même que celle-ci est née d'un dessein apostolique et qu'elle est dédiée à la Sainte Vierge, de même la ville sera vouée à l'apostolat auprès des Indiens et portera le nom de Marie.

L'historien Charlevoix place cette ascension du mont Royal au jour même de la fondation de la ville. Mais, il est plus vraisemblable de croire que Maisonneuve attendit au lendemain avant de procéder à l'exploration des lieux. En mettant pied à terre, il fallait voir au plus pressé, c'est-à-dire dresser un campement pour la nuit et déterminer la tâche de chacun pour les jours à venir.

Si on n'est pas fixé sur le site de la bourgade d'Hochelaga du temps de Jacques Cartier, en revanche on connaît avec précision l'emplacement de Ville-Marie: c'est l'emplacement du Vieux Montréal actuel. Et alors, pour atteindre le sommet du mont Royal, Maisonneuve attaqua la montagne par le flanc sud, c'est-à-dire du côté du fleuve.

Parvenu là-haut le fondateur se retourna, et ses yeux étonnés découvrirent un panorama qu'il nous est littéralement impossible, même en imagination, de reconstituer de nos jours. Le contraste avec le paysage européen était flagrant.

Un chroniqueur ancien a bien saisi ce contraste et l'a défini en ces termes:

> N'y cherchez, écrit-il, ni villes magnifiques et riches, ni bâtiments superbes, ni de ces merveilles d'architecture, ni restes ni monuments antiques de la vanité des Grands. Mais vous y admirerez la nature dans sa belle simplicité, comme elle est sortie des mains de son créateur, sans avoir été corrompue ni altérée par l'ambition et par l'art.

Pour retrouver de nos jours l'extraordinaire tableau qui ce jour-là emplit les yeux de Maisonneuve, il faut remonter assez haut le long de la rivière des Outaouais. Parvenu à l'île aux Allumettes ou à l'embouchure de la rivière Mattawa, on n'aperçoit que la forêt à perte de vue et le cours d'eau qui la traverse. Le panorama de ces lieux nous donne une idée de l'état sauvage de l'île de Montréal il y a trois cents ans.

Quel admirable tapis de verdure s'étendait aux pieds de Maisonneuve!

C'était le printemps, et toutes les nuances de vert se succédant au faîte des arbres avaient cette touche délicate qui est celle des jeunes pousses, des feuilles tout récemment formées, des fleurs tendres. La Terre promise ne dut pas paraître plus prometteuse aux envoyés de Josué que l'île de Montréal ne le parut ce jour-là au délégué de la Société de Notre-Dame de Montréal.

Loin à l'ouest, Maisonneuve vit-il un trait brun se détachant sur la surface argentée du lac St-Louis, trait que nous savons correspondre aux îles de Dorval? S'il le vit, il est bien peu probable qu'il y porta attention.

Le 18 mai 1642 c'était donc une sorte de terre promise que le fondateur de Ville-Marie avait sous les yeux. Or, dans la Terre promise des Israélites les émissaires de Josué avaient aperçu les Cananéens, qui allaient être les ennemis acharnés des Hébreux. Du haut du mont Royal Maisonneuve ne vit personne. Il dut se croire au milieu d'un pays vierge, privé d'habitants. S'il le crut vraiment, alors la réalité lui réservait un réveil cruel. Car, de l'autre côté du fleuve, en apparence tout aussi silencieux que l'île de Montréal, les bois recelaient une espèce de Cananéens non moins redoutables que ceux de la Bible. Les Iroquois (qu'on appellera aussi les «Cinq Nations» parce qu'ils se divisaient en cinq grandes familles) allaient livrer aux nouveaux venus une lutte sans merci, une lutte sournoise et d'une férocité telle qu'elle mettra en danger l'établissement français de la vallée du St-Laurent.

Au sommet de la montagne, on échangea divers propos, bien entendu. Ces propos furent l'écho des projets de la Société de Notre-Dame de Montréal tels qu'élaborés deux ans plus tôt à Paris.

Tout d'abord les Indiens qui l'accompagnaient auraient répété à Maisonneuve que leurs ancêtres vivaient là jadis, mais que leurs ennemis les avaient chassés de ce pays. Cela, les missionnaires l'avaient déjà appris aux membres de la Société de Montréal.

Alors Maisonneuve de reprendre le discours de Paris. Voici ce que rapporte la chronique:

Le gouverneur les pria d'avertir leurs frères de se réunir dans leurs anciennes possessions, qu'ils n'y manqueraient de rien, & qu'ils y seraient en assurance contre quiconque entreprendrait de les inquiéter.

Ce jour-là, l'île mirifique et mystérieuse qui brillait de toutes ses couleurs sous les yeux admiratifs de Maisonneuve fit son entrée dans l'histoire.

Et, le rideau tombe sur le deuxième acte de ce grand drame historique.

* * *

Au **troisième acte,** nous voici de nouveau à Paris vingt et un ans plus tard, exactement le 9 mars 1663.

Le décor est austère, car c'est le grand parloir du Séminaire de St-Sulpice qui apparaît à nos yeux.

Se tiennent là six prêtres du Séminaire. Ils attendent l'arrivée des notaires et garde-notes du Roi chargés de recevoir leur signature au bas d'un acte de donation par la Société de Notre-Dame de Montréal en faveur du Séminaire de St-Sulpice.

Ce dernier formait une corporation. Il était dirigé par un supérieur et un conseil; il comptait des membres; il possédait des biens. Le Séminaire pouvait donc accepter la donation d'un immeuble, même à l'extérieur du territoire métropolitain. En l'occurrence il s'agissait d'un immeuble situé en la lointaine Nouvelle-France.

Ce jour-là la Société de Notre-Dame de Montréal se départit à la fois de l'île de Montréal et de l'établissement de Ville-Marie.

Ici nous faisons une certaine découverte. C'est que les prêtres sulpiciens qui devisent en attendant les notaires appartiennent tous les six au groupe des fondateurs de la

Société Notre-Dame de Montréal. Sans trop le dire, le Séminaire de St-Sulpice avait joué un rôle prépondérant dans la fondation de Ville-Marie. Or, voici que vingt-trois ans plus tard la Société cède ouvertement la place au Séminaire de St-Sulpice.

Que s'était-il passé?

Au début il se peut qu'en raison de leur état ecclésiastique les Messieurs de St-Sulpice aient voulu rester dans l'ombre, et pour cause.

Selon le droit immobilier du XVIIe siècle, le Roi créait un «seigneur» chaque fois qu'il concédait à l'un de ses sujets un territoire en Nouvelle-France. L'idée que le Séminaire fût l'un des «seigneurs» de la colonie ne plaisait guère aux autorités du Séminaire. Elle leur répugnait même, dans la mesure où cette fonction allait plonger les prêtres en plein domaine temporel. Il faut dire que la charge de seigneur n'était pas une sinécure. Le seigneur devait tenir feu et lieu dans sa seigneurie, c'est-à-dire qu'il devait s'y établir en personne. Il devait y amener des colons, les défendre au cas de guerre, leur procurer certains services collectifs, administrer la justice, etc. Passe encore pour tenir feu et lieu à Ville-Marie, puisque les prêtres de St-Sulpice rêvaient de s'y établir pour des fins apostoliques, mais quant au reste aucune des tâches envisagées ne convenait vraiment à leur vocation. Il survient inévitablement des conflits entre le temporel et le surnaturel, entre les intérêts commerciaux et les commandements de Dieu. Et puis, qui serait vraiment «seigneur»? Le supérieur de Paris? Le supérieur de Montréal? Tous et chacun des prêtres du Séminaire? Non vraiment, pour généreuse qu'elle fût, cette entreprise n'était pas l'affaire de St-Sulpice.

Or, en cette année 1663 il n'y avait plus à discuter. Le Roi venait d'abolir le régime des grandes compagnies (par exemple, la Compagnie des Cent-Associés, la plus connue) qui avaient géré l'Acadie et la Nouvelle-France au début du siècle. Désormais l'administration de la colonie allait relever directement du gouvernement royal. Il fallait agir sans retard, car dans la mesure où la Société de Notre-Dame de Montréal pouvait être assimilée à une grande compagnie (ce qu'elle était en définitive, étant donné l'immensité du territoire de l'île de Montréal), elle se trouvait exposée à perdre ses privilèges.

On en vint donc à envisager sérieusement la disparition de la Société de Notre-Dame de Montréal et la cession de ses biens au Séminaire de St-Sulpice. Du reste, les choses n'allaient pas très bien. De nouvelles mises de fonds s'imposaient si l'on voulait maintenir l'établissement de Ville-Marie. Or, la Société était à bout de souffle. Seul le Séminaire, pourvu d'amples ressources, pouvait venir à sa rescousse. D'autre part, si le Séminaire devait s'impliquer financièrement, il était bien légitime qu'il assumât la direction de l'entreprise. En d'autres termes, le temps était venu pour St-Sulpice de se manifester au grand jour.

La cession envisagée prit la forme d'une donation. Non pas une donation pure et simple cependant. La Société eut à coeur d'indiquer qu'il y avait une «considération» à son apparente générosité.

Cette considération, c'était une fois de plus «la conversion des Indiens de la Nouvelle France». Le Séminaire de St-Sulpice n'était pas invité à récolter des bénéfices d'ordre temporel. Non. Il devait rester fidèle à l'idéal des fondateurs, maintenir leur oeuvre. Le commerce était parfaitement étranger à la transaction. Le gouvernement royal comprendrait (pour le cas où il envisageait de récupérer l'administration de l'île) qu'à Ville-Marie, ce qui se passait différait d'ailleurs, puisqu'on s'y occupait avant tout de convertir les Indiens.

Aux notaires les Sulpiciens avaient dit:

— Vous ferez mention des grandes bénédictions dont l'île a été gratifiée en raison de la conversion des Indiens.

Ils avaient ajouté:

— Vous devrez rappeler que, durant les vingt années écoulées, les Messieurs de St-Sulpice n'ont point ménagé leurs efforts, cela dans leur zèle pour l'oeuvre de la conversion des sauvages de la Nouvelle-France, pour le bien de la colonie et pour la plus grande gloire de Dieu.

Et encore:

— Il serait souhaitable de rappeler le rôle qu'ont joué dans la réalisation de cette oeuvre feu Monsieur Ollier, feu Monsieur de la Marguerie, feu Monsieur de Ranty, ...

Et encore:

— Vous direz aussi que les Associés de Montréal désirent s'associer aux pieux desseins des Messieurs du Séminaire de St-Sulpice et que, ce faisant, ils veulent honorer la mémoire du Sieur abbé Ollier, son fondateur, et aussi l'un des pionniers et des bienfaiteurs de l'Oeuvre de Montréal.

Et enfin:

— Vous rapporterez que plusieurs conférences ont eu lieu avant la passation du présent acte de donation et que nous agissons, de part et d'autre, pour la plus grande gloire de Dieu et le salut des âmes.

Après avoir passé en revue tous les éléments du contrat, les notaires — qui sont arrivés entre temps — reçoivent les signatures. Cinq des prêtres signent au nom de la Société de Notre-Dame de Montréal et le sixième, au nom du Séminaire de St-Sulpice.

Voilà donc le Séminaire de St-Sulpice seul maître après Dieu en l'île de Montréal. L'expression n'est pas trop forte, si l'on considère que le Roi avait jadis délégué à la Société de Notre-Dame de Montréal le droit de justice, généralement réservé au Souverain, et que ce droit appartenait désormais au Séminaire.

On distinguait à cette époque la «haute», la «moyenne» et la «basse» justice, et les justiciables se trouvaient assujettis à l'un ou l'autre échelon selon la nature et l'importance des litiges. Il semble d'ailleurs que de l'exercice de cette prérogative dont jouissait le Séminaire de St-Sulpice bien des problèmes aient surgi au cours des années. Après quelque temps le Séminaire en viendra à demander au Roi d'être relevé de la haute et de la moyenne justice.

Le Séminaire de St-Sulpice de Paris devint du même coup le seigneur du territoire de Dorval, puisque celui-ci faisait partie intégrante de l'île de Montréal. Il faut noter toutefois que les îles voisines de ce territoire — les îles Dorval, Bushie et Dixie d'aujourd'hui — n'étaient pas incluses dans la seigneurie de Montréal.

En conséquence ces îles minuscules continuèrent de relever exclusivement du gouvernement royal. Elles n'avaient pas appartenu à la Société de Notre-Dame de Montréal.

Quand le sulpicien François de Salagnac Fenelon, faisant route vers les missions du lac Ontario, aura découvert leur existence et qu'il aura envisagé d'y établir une colonie pour les Indiens, il devra en obtenir la concession par le gouverneur de la Nouvelle-France.

Cette concession vaudra à la ville de Dorval un beau document royal à la toute origine de son histoire. Mais, cela ne viendra qu'en 1673. Pour l'instant nous sommes en 1663, l'année où l'île de Montréal dans son entier devient le bien du Séminaire de St-Sulpice.

Et, le rideau tombe sur ce troisième acte.

* * *

Au **quatrième acte,** nous voici en 1685, exactement au 7 septembre de cette année-là.

Le rideau se lève sur une salle d'une belle élévation, avec au mur un crucifix comme seul ornement. Au milieu, une table contre laquelle est assis une sorte de magistrat en frais de donner lecture d'un document. Faisant cercle autour de lui, deux ecclésiastiques en soutane et une jeune femme accompagnée d'un homme d'âge mur.

Ce lieu, c'est le Séminaire St-Sulpice, à Ville-Marie (angle des anciennes et actuelles rues Notre-Dame et St-François-Xavier, à Montréal). Le représentant de la loi, c'est le notaire Bénigne Basset; les ecclésiastiques sont Messires François Dollier de Casson et Mathieu Ranuyer, respectivement supérieur et économe du Séminaire; la jeune femme est Agathe de St-Perre; et l'homme qui se tient à son côté est Pierre Le Gardeur, sieur de Repentigny, son fiancé.

Dans l'histoire de la ville de Dorval, la scène que nous avons sous les yeux correspond à un moment historique. Car, le document dont Me Bénigne Basset est à donner lecture se rapporte à une propriété immobilière située à l'endroit qui deviendra un jour la ville de Dorval.

Dans son répertoire (c'est-à-dire le grand livre où le notaire inscrit au jour le jour dans un ordre chronologique rigoureux les actes qu'il reçoit, chacun de ces actes ou «minute» y recevant un numéro d'ordre), Me Basset inscrivit à cette date du 7 septembre 1685: «No 1646, Eschange entre Messieurs les Seigneurs de Montréal et Demoiselle de Saint Pere». Plus tard, sur l'endos protégeant la minute, le notaire ajoutera les mots «expédition à ladite demoiselle», notant par là qu'il a délivré une copie de l'acte à sa cliente.

Comme il s'agit là d'un document historique, il convient de le citer textuellement, quitte à en exclure les paragraphes relatifs à la propriété immobilière que les Sulpiciens obtenaient en retour de celle qu'ils cédaient et qui seule nous intéresse.

Voici l'acte en question:

Par-devant Benigne Basset, notaire royal et (notaire) de la terre et seigneurie de l'île de Montreal, en la Nouvelle France, Écuyer, soussigné,

Furent présents:

Messires François Dollier de Casson, prêtre, supérieur du Séminaire établi au Montreal, et procureur de Messire Louis Tronson, prêtre et supérieur du Séminaire St-Sulpice de Paris, icelui Séminaire seigneur propriétaire de ladite île ou terre, lieux et dépendances; assisté de Messire Mathieu Ranuyer, l'un des ecclésiastiques d'icelui Séminaire et son économe en ladite ville, y demeurant, d'une part,

Et Demoiselle Agathe de St Pere, fille majeure, usant et jouissant de ses droits, aussi y demeurant, d'autre part.

Lesquelles parties, de leur bon gré, ont reconnu, et confessé avoir fait les échanges et transports qui vont suivre, à savoir: Mesdits Sieurs Dollier et Ranuyer aux nom et qualité qui sont produits, ont cédé et transporté et délaissé audit titre d'échange le tout, dès maintenant et pour toujours, et promis en leurdit nom garantir de tous troubles et empêchements généralement quelconques, à ladite demoiselle de St Pere, acceptant pour elle, ses successeurs et ayants cause, certain domaine appelé la présentation, sis et situé en ladite île au-dessus de la Chine, consistant en ce qui suit, savoir:

toute la largeur de terre qui se trouvera entre celle des héritiers de feu le sieur Picoté de Belestre, et certaine concession de quatre arpents de front concédée depuis peu au nommé Jacques Morin, sur vingt arpents de profondeur, tirant au nord; une maison d'une longueur de cinquante-trois pieds ou environ, sur la largeur

Première page de l'acte d'échange du 7 septembre 1685 entre le Séminaire de St-Sulpice et Agathe de St-Perre.

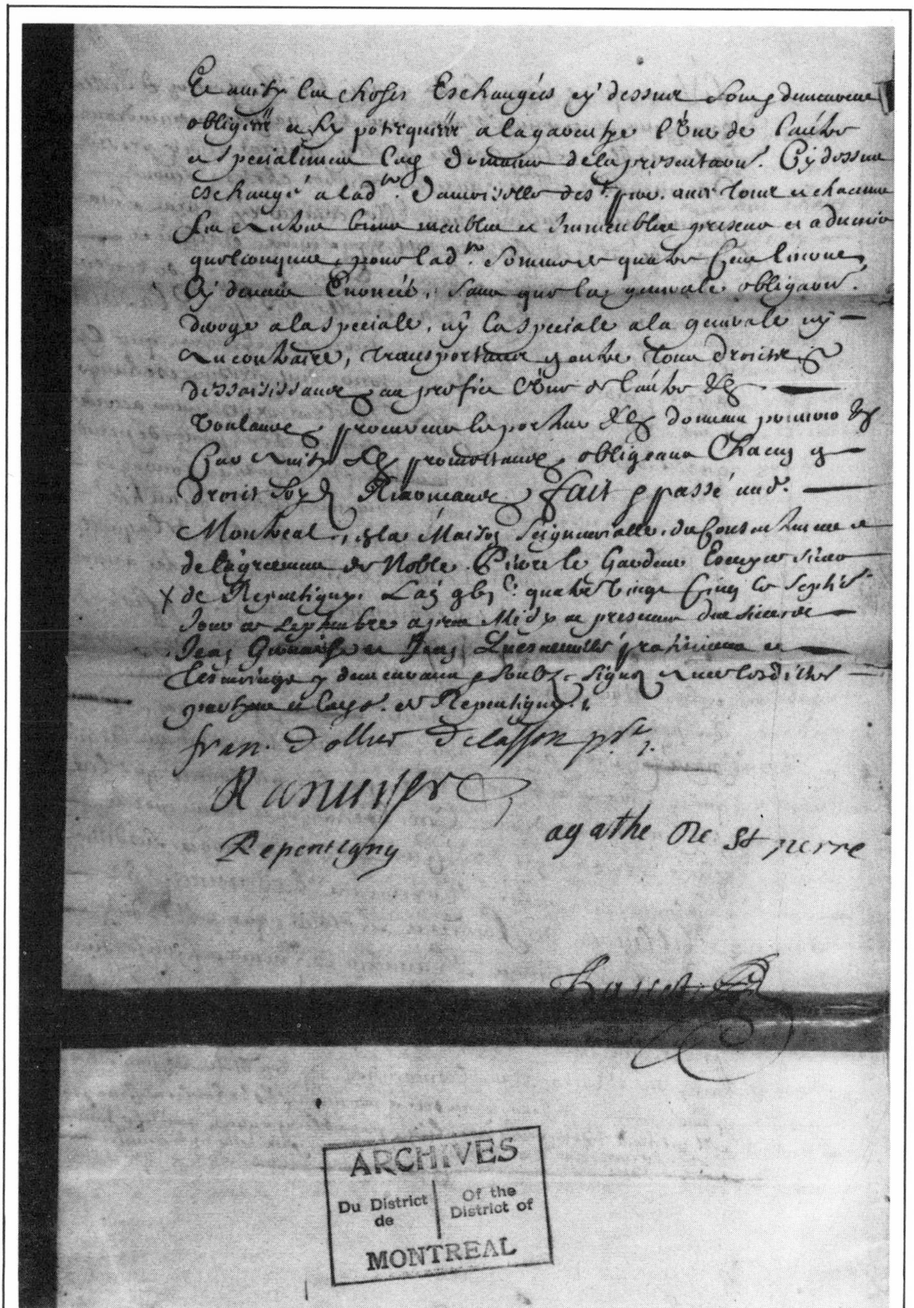

Dernière page du même acte.

qu'elle peut avoir; deux caves l'une de maçonnerie et l'autre, non; une cheminée aussi de maçonnerie; cabinets, cabanes, une grange avec deux étables au bout d'icelle, ensemble de quatre-vingts pieds de long sur trente pieds environ de large; les poulaillers et soue à cochons, le tout de pièce de bois sur pièce; le puits, jardins, enclos de pieux de cèdre d'environ un arpent; lesdits bâtiments couverts de paille et en bon et dû état. Iceux (bâtiments) construits sur lesdites terres données par le présent échange, et généralement tout ce qui dépend du domaine, ses appartenances et dépendances, à la réserve que se font Mesdits Sieurs Dollier et Ranuyer en leurdit nom de tous et chacun de meubles, bestiaux, grains et fourrages, ustensiles d'agriculture et autres meubles généralement quelconques, qui sont à présent audit domaine, tous ceux recueillis (autant) qu'à recueillir cette présente année, avec le logement d'iceux, jusqu'au jour et fête de Pâques prochain, qu'ils se sont réservés et réservent, sans pour ce payer aucune chose à ladite demoiselle de St Pere, comme aussi cédant et transportant Mesdits Sieurs Dollier et Ranuyer en leurdit nom comme ci-dessus à ladite demoiselle de St Pere, celle-ci acceptant comme devant, les île et îlets appelés vulgairement de Courcelles qui sont vis-à-vis lesdites terres baillées et délaissées par le présent échange, en l'état que toutes les choses susdites se poursuivent et comportent, que ladite demoiselle de St Pere a dit bien savoir et connaître pour les avoir vues et fait visite ainsi qu'elle a dit et déclaré.

Aux Mesdits Sieurs de St Sulpice appartenant et faisant partie des terres de ladite île (de Montréal), et lesdits île et îlets à eux concédés par contrat en date du ... *(date laissée en blanc)*.

Étant en la censive de Mesdits Sieurs de St Sulpice, et chargé envers eux de trois deniers de cens pour chacun an pour chacun arpent qui se trouvera dans toute l'étendue desdites terres, île et îlets ainsi donnés par le présent échange, qui commencera à être payé par la dite demoiselle de St Pere, ses successeurs et ayants cause, en la maison seigneuriale dudit Montreal le jour et fête de St Martin d'hiver de l'année mil six cent quatre-vingt six, à la charge aussi de faire moudre ses grains aux moulins desdits seigneurs en ladite île, et non en d'autres, à peine de confiscation desdits grains et d'amende arbitraire, de laisser les chemins néces- saires et accoutumés que lesdits seigneurs trouveront à propos pour la commodité publique. Ne pourra aussi ladite demoiselle de St Pere, ses successeurs et ayants cause, mettre cens sur cens lesdites terres ou partie d'icelles, non plus que les donner, vendre, échanger ou aliéner à mainmorte ni à aucune communauté sans le consentement exprès desdits seigneurs ou autres ayant pouvoir d'eux.

Sera tenue ladite demoiselle de faire arpenter à ses propres coûts et dépens toutes les terres ci-dessus baillées par le présent échange, tant celles de terre ferme (que) des île et îlets de Courcelles, afin de savoir au vrai le contenu d'icelles, et d'y percevoir les cens qui jusqu'à ce (jour-là) seront payés sur le pied de trois cents arpents à raison de trois deniers pour chacun an pour chacun arpent.

Et comme l'île de Courcelles a été ci-devant affer- mée pour un temps au nommé Chartier, ladite demoi- selle de St Pere pourra, si bon lui semble, le continuer ou sinon le dédommager de ses intérêts justes et raison- nables, sans que pour ce elle puisse avoir aucun recours sur lesdits seigneurs pour lesdits intérêts.

Pourra ladite demoiselle de St Pere, ses succes- seurs et ayants cause, après les trois premières années de jouissance expirées, résoudre le présent contrat d'échange, et en ce faisant rendre les choses ainsi bail- lées par le présent échange en bon et dû état comme ci-devant et susdit, en avertissant toutefois lesdits seigneurs ou autres en leur lieu et place trois mois aupa- ravant la prise de résolution.

Le tout aussi avec permission de chasser et pêcher par ladite demoiselle de St Pere, ses successeurs et ayants cause, dans l'étendue desdites terres données par le présent échange, et par-devant icelles dans le grand fleuve St Laurent ou lac St Louis.

Que si, dans la profondeur des vingt arpents desdites présentes terres, il ne s'y rencontre pas certaine prairie qui ne paraisse point dans les devants d'icelles, Mesdits Sieurs Dollier et Ranuyer en leurdit nom promettent et s'obligent de prolonger ladite profondeur jusqu'à la concurrence de ladite prairie, aux mêmes cens et redevances que ci-dessus.

Pour toutes et sans autres charges ou dettes, ni hypothèques quelconques, ainsi que Mesdits Sieurs Dollier et Ranuyer en leurdit nom ont dit et affirmé, quitte d'arrérages d'icelui cens du passé jusqu'au jour et fête de St Martin d'hiver prochain venant.

Et pour, et en contre échange de ce, ladite demoiselle de St Pere a pareillement cédé, transporté et délaissé ... *(Ici vient la description de la concession cédée par Agathe de St-Perre au Séminaire de St-Sulpice, laquelle se trouvait «*...au lieu dit la grande anse, commençant deux arpents de large sur le bord de la grande arrive du fleuve St Laurent sur vingt arpents de profondeur...»; *dans cette même partie de l'acte on trouve la mention des diverses charges auxquelles cet immeuble est assujetti.)*

....

Cesdits échanges et transports sont faits à la charge desdits cens et autres charges susdites seulement, en outre moyennant la somme de mil livres de soulte ou retour, que Mesdits Sieurs Dollier et Ranuyer en leurdit nom confessent avoir eue et reçue de ladite demoiselle de Saint Pere, qui (la) leur a baillée et payée en la présence de moi, dit notaire, et (des) témoins, en un billet de pareille somme en date de ce jour à prendre et percevoir icelui sur le Sieur Charles de Couagne, marchand, de ce lieu, payable en argent quinze jours après le départ des vaisseaux pour la France de ce pays cette présente année. Dont quittance.

Et ainsi les choses échangées ci-dessus sont demeurées obligées et hypothéquées à la garantie l'une de l'autre, et spécialement ledit domaine de la présentation ci-dessus échangé à ladite demoiselle de St Pere, avec tous et chacun des autres biens meubles et immeubles présents et à devenir quelconques, pour ladite somme de quatre cents livres ci-dessus énoncée, sans que la générale obligation (ne) déroge à la spéciale, ni la spéciale à la générale, ni au contraire, transportant en outre tous droits et (se) dessaisissant au profit l'un de l'autre, etc.

Fait et passé audit Montreal, en la maison seigneuriale, du consentement et de l'agrément du Noble Pierre le Gardeur, écuyer, sieur de Repentigny, l'an mil six cent quatre vingt cinq, le septième jour de septembre après-midi, en la présence des Sieurs Jean Gervaise et Jean Quesneville, praticiens et témoins, y demeurant, (et le) soussigné (notaire) avec lesdites parties et ledit Sieur de Repentigny.

    (signé) Franc. Dollier de Casson, ptre
           Ranuyer, ptre
           agathe de St Perre
           Repentigny
           Basset *(son paraphe)*

Quarante-trois ans après le jour où, du haut du mont Royal, le fondateur de Ville-Marie et gouverneur de l'île de Montréal Paul de Chomedey, Sieur de Maisonneuve, avait porté le regard sur les îles du lac St-Louis et sur le territoire avoisinant, cet acte notarié forme un premier jalon dans l'histoire de Dorval.

L'acte d'échange du 7 septembre 1685, dont nous venons pour ainsi dire d'entendre la lecture, nous apprend en effet qu'il existait alors sur la rive du lac St-Louis un domaine appelé «la Présentation» et que ce domaine ainsi que les îles situées juste en face faisaient l'objet d'une exploitation agricole.

Pour l'instant la largeur du domaine n'est pas indiquée, contrairement à sa profondeur établie à vingt arpents.

On sait cependant que la largeur du domaine de la Présentation fait au moins quinze arpents. En effet, si on divise les trois cents arpents de superficie déclarés par les représentants du Séminaire par vingt arpents, soit la profondeur du terrain déterminée au contrat, on obtient le chiffre quinze. Donc, quinze arpents de largeur.

Il s'agit là d'un minimum, puisque l'arpentage exigé par les Sulpiciens donne à croire que la contenance du domaine peut excéder les trois cents arpents. De toute façon, comme l'acte ne prévoit pas de réduction du cens, on peut en conclure que les trois cents arpents correspondent à une estimation bien conservatrice de la superficie concernée.

Par ailleurs, le terrain offert par Agathe de St-Perre aux Sulpiciens en échange du domaine de la Présentation ne mesurait que deux arpents de front sur vingt de profondeur. On s'explique sans peine que le Séminaire de St-Sulpice ait exigé «une soulte», fixée en l'occurrence à la somme de mille livres.

C'est à ce point de la transaction entre le Séminaire de St-Sulpice et mademoiselle de St-Perre que l'on voit surgir un personnage dont nous entendrons souvent parler par la suite. Il s'agit d'un marchand de Montréal du nom de Charles de Coüagne. C'est lui qui avance à la jeune Agathe de St-Perre l'argent voulu.

Il est reconnu qu'en matière d'échange l'une des parties tente habituellement de refiler à l'autre un immeuble dont elle cherche à se défaire. Telle était la position, semble-t-il, de cette Agathe de St-Perre dont nous venons de faire la connaissance. Mais, elle ne trompe en rien les Messieurs du

Séminaire puisqu'elle signale dans sa description des lieux que la maison qu'elle cède est en fort mauvais état. On peut en déduire que, de leur côté, le supérieur et l'économe du Séminaire désiraient grandement se départir du domaine de la Présentation puisqu'en échange ils acceptaient une propriété délabrée. Autrement ils n'auraient pas consenti au contrat. Il y a là un petit mystère. Si Agathe de St-Perre dissimule à peine ses motifs, les prêtres du Séminaire, quant à eux, demeurent d'une absolue discrétion sur les leurs.

Passons à une autre question. Qui a abattu les arbres de cet ancien lieu de forêt, aménagé le terrain, construit les bâtiments, pris soin du bétail?

Eh bien! ce sont les Sulpiciens eux-mêmes, ce qui ne manque pas de nous surprendre. Car, le défrichement et la culture de la terre ne sont pas l'affaire des seigneurs, surtout lorsque les seigneurs sont des ecclésiastiques. Pourtant, on ne peut le nier: ce que les prêtres du Séminaire cèdent aujourd'hui à une jeune femme et à son fiancé, c'est bel et bien une ferme.

Mais alors, pourquoi l'acte notarié parle-t-il d'un domaine? C'est qu'un domaine signifie beaucoup plus qu'une ferme. Il comprend des forêts, des bois, des chasses, des prairies et, dans le cas présent, des îles et des pêches. En limitant la profondeur du domaine de la Présentation à vingt arpents, les seigneurs de l'île le réduisent à la profondeur des concessions voisines. Mais, avant ce 7 septembre 1685, le domaine en question ne connaissait pas de limite vers le nord, s'étendant en somme jusqu'à la rivière des Prairies. La propriété était donc immense et se distinguait sous ce rapport des terres voisines, lesquelles n'étaient que de simples concessions de deux, trois ou quatre arpents de largeur sur vingt de profondeur.

À l'emploi du mot «domaine» au lieu du mot «concession» il y a une autre explication. C'est que le terme «concession» s'applique par définition à une terre cédée par le seigneur. Or, les Sulpiciens étaient les seigneurs de l'île. Il n'était donc pas question qu'ils se concèdent une propriété à eux-mêmes.

Le mot «domaine» vient du latin *«dominus»*, lequel signifie «maître». Maître des lieux, voilà bien ce que le Séminaire de St-Sulpice n'avait cessé d'être par rapport au domaine de la Présentation.

Et, que faisait là le Sieur de Repentigny? Bien que l'acte d'échange n'en souffle pas mot, on peut se l'imaginer sans peine. C'est que les Sulpiciens n'auraient jamais cédé leur propriété à une femme seule. Cela était absolument impensable. Donc, si le domaine fut cédé à Agathe de St-Perre, ce fut en considération de son mariage prochain au Sieur de Repentigny. Comme on savait à quoi s'en tenir de part et d'autre, on ne jugea pas utile de le mentionner au contrat. Légalement la présence du futur mari ne changeait absolument rien à la situation. Le notaire n'avait pas à s'en préoccuper. De Repentigny était là pour la caution morale.

Encore une question. Dans l'acte d'échange les représentants du Séminaire de St-Sulpice se déclarent propriétaires des «île et îlets» en vertu d'un certain contrat dont la nature n'est pas indiquée et dont la date est inconnue du notaire. Les Sulpiciens n'ont pas produit leur titre. Discrétion, une fois de plus.

Nous savons qu'à l'origine le Séminaire ne possédait pas les îles, son droit de seigneurie se limitant strictement à l'île de Montréal. Et alors, la question se pose: quand, comment et pourquoi en a-t-il fait l'acquisition?

Quand le rideau tombe sur ce quatrième acte de notre élaboration théâtrale, nous ne savons à peu près rien du domaine de la Présentation, qui est l'ancêtre du territoire municipal de Dorval. Nous savons seulement que le 7 septembre 1685 il est sorti des mains des seigneurs de l'île de Montréal.

Mais, comment était-il venu à l'existence? Cela nous l'apprendrons plus tard.

* * *

Finalement le rideau se lève sur le **cinquième acte** de notre grande reconstitution historique.

Nous voici de nouveau à Ville-Marie, cette fois chez les Repentigny, mari et femme, celle-ci de son nom de fille Agathe de St-Perre. C'est le 29 janvier 1691.

Tout laisse croire qu'à trois lieues à l'ouest de Ville-Marie le domaine de la Présentation dort paisiblement sous la neige. Or, c'est pour faire la vente de leur propriété que les Repentigny ont convoqué chez eux le notaire Anthoine Adhémar.

Contrairement à ce qu'on pourrait croire, une fois mariés (leur mariage fut célébré le 26 novembre 1685) les Repentigny n'ont pas élu domicile au domaine de la Présentation, mais ils se sont installés à Ville-Marie.

Voilà pourquoi la vente du domaine de la Présentation à un nommé Jean-Baptiste Bouchard Dorval (comme il signera au bas de l'acte notarié) a lieu à Ville-Marie.

L'acheteur est de Ville-Marie également, mais l'acte que le notaire est à lire ne nous révèle pas sa profession (pas plus d'ailleurs qu'il ne nous révèle celle de Pierre de Repentigny). L'acte ne mentionne pas son état matrimonial, mais nous savons qu'il contractera mariage en 1695. L'acheteur est donc célibataire.

Un autre personnage s'est joint au notaire, aux vendeurs et à l'acheteur. Il s'agit du bailleur de fonds, le marchand Charles de Coüagne. Son nom figurait déjà dans l'acte d'échange du 7 septembre 1685 par lequel les Repentigny avaient acquis le domaine de la Présentation. Aujourd'hui Charles de Coüagne est là en personne, et il va signer l'acte de vente après les parties elles-mêmes, c'est-à-dire immédiatement avant les témoins et le notaire.

Mais, voyons plutôt ce que contient l'acte rédigé par Me Adhémar, car cet acte de vente constitue lui aussi un document historique, à un titre éminent puisque l'acheteur donnera éventuellement son nom à la ville de Dorval.

Voici:

Par-devant Anthoine Adhémar, notaire et tabellion en l'île de Montreal, résidant à Ville-Marie, et les témoins ci-après nommés,

Furent présents en leurs personnes

Pierre Le Gardeur, écuyer, sieur de Repentigny, et demoiselle Agathe de Saint Perre, son épouse, qu'il a dûment autorisée pour l'effet qui s'ensuit, demeurant au Ville-Marie, d'une part; et Jean-Baptiste Bouchard, sieur Dorval, demeurant en cette ville, d'autre part;

Lesquels ont volontairement reconnu, confessé, reconnaissent et confessent avoir fait et accordé ensemble de bonne foi les ventes, cessions et transferts, promesses et conventions qui s'ensuivent, c'est à savoir:

Que ledit Sieur Le Gardeur de Repentigny et ladite demoiselle de Saint Perre, son épouse, autorisée comme ci-dessus, ont vendu, cédé, quitté, transporté, et délaissé du tout dès à présent et à toujours et ont promis et promettent sous la clause solidaire, et les deux l'un pour l'autre, chacun d'eux seul pour le tout, sans droits de cession ni fidéjussion, renonçant auxdits bénéfices, garanti de tous troubles, donations, douaires, substitutions, fidéicommis, usufruits, hypothèques, emprunts et autres empêchements semblablement quelconques, audit Jean-Baptiste Bouchard, sieur

Dorval, ce acceptant acquéreur pour lui, ses héritiers et ayants cause et ayants droit,

le domaine appelé de la présentation sis et situé en ladite île de Montreal au-dessus de la Chine, consistant en ce qui suit, savoir: toute la largeur de terre qui se trouvera entre celle des héritiers de feu Pierre Picoté de Belestre et certaine concession de quatre arpents de front concédée à Jacques Morin; sur vingt arpents de profondeur tirant au nord; avec la maison, grange et autres bâtiments qui sont sur iceluidit domaine; bornant à un bout, sur le devant, à la rive du fleuve St Laurent ou lac St Louis, et au bout des vingt arpents de profond aux terres de Messieurs les Seigneurs de cette île, d'un côté aux terres des héritiers dudit feu Pierre de Belestre, et d'autre part aux terres dudit Jacques Morin, plus les île et îlets appelés vulgairement de Courcelles qui sont vis à vis des terres dudit domaine de la présentation, avec tous les droits, appartenances et dépendances desdits domaine, île et îlets sus vendus en l'état que lesdits domaine, bâtiments, île et îlets ci-dessus vendus se poursuivent et comportent, que le sieur acquéreur a dit bien savoir et connaître pour les avoir vus et visités plusieurs fois, dont s'en contente.

Audit sieur de Repentigny et demoiselle de Saint Perre, son épouse, appartenant par titre d'échange fait entre Messieurs les Seigneurs de cette île et ladite demoiselle de St Perre passé devant Me Bénigne Basset, notaire en cette île, le septième jour de septembre mil six cent quatre vingt cinq, lesquels domaine, île et îlets sont mouvant en la censive et la seigneurie de ladite île de Montreal, et envers elle chargée de trois deniers de cens par an pour chacun arpent, et jusqu'à ce que lesdits domaine, île et îlets soient arpentés, ledit sieur acquéreur paiera ledit cens sur le pied de trois cents arpents à raison de trois deniers par arpent, lesquelles terres le sieur acquéreur fera arpenter, et si dans l'étendue dudit domaine et la profondeur d'icelui il ne s'y rencontre pas une certaine prairie qui ne paraît pas dans les tenants desdites terres dudit domaine, il sera loisible audit sieur acquéreur de prolonger leur profondeur jusqu'à la concurrence de ladite prairie aux mêmes cens et redevances que ci-dessus conformément au contrat d'échange avec les seigneurs de l'île, s'obligeant à en donner les preuves.

Lesdits domaine, île et îlets (sont) vendus quittes d'arrérages dans les cens du passé jusqu'à ce jour d'hui. Pour icelui domaine, île et îlets, leurs appartenances et dépendances jouir, faire et disposer par ledit Sieur Bouchard Dorval acquéreur, ses héritiers et ayants cause, pleinement et paisiblement à commencer de ce jour de cette date du présent contrat de la même manière que ledit sieur et demoiselle de Repentigny (les) vendeurs en ont usé et joui jusqu'à présent.

Cette vente, cession et transport (est) faite aux charges susdites et en outre moyennant la somme de deux mil deux cents livres argent courant de ce pays, laquelle somme de deux mil deux cents livres lesdits sieur et demoiselle de Repentigny ont cédée et transportée au sieur Charles de Couagne, marchand, demeurant en cette ville, à ce acceptant, qui les aura, recevra, prendra et touchera des mains dudit sieur Bouchard Dorval, acquéreur, comme bon lui semblera. Ce transport (est) fait moyennant l'acquittement pour le dit sieur et ladite demoiselle de Repentigny, quittes envers ledit sieur de Couagne de pareille somme de deux mil deux cents livres pour le rachat de la rente et cent dix livres qui lui sont constituées pour les charges portées au contrat de constitution pour emprunt consenti audit sieur de Couagne passé par-devant le notaire soussigné le 30e jour de mars 1688. Et au moyen dudit transport ledit sieur de Couagne a quitté et quitte lesdit sieurs et demoiselle de Repentigny de ladite somme de deux mil deux cents livres pour le rachat, en principal et amortissement, et de cent dix livres de rente constituée par ledit contrat, comme aussi il les a quittés et quitte des arrérages de ladite rente de tout le passé jusqu'à ce jour d'hui, ce faisant consent que la minute et grosse dudit contrat de constitution de rente soit rendue nulle et que mention (en) soit faite en marge à partir des présentes.

Enfin ledit sieur de Couagne a quitté et quitte auxdits sieur et demoiselle de Repentigny tout ce qu'ils lui doivent d'ailleurs jusqu'à ce jour d'hui et promet ne leur en faire ni faire faire dorénavant aucunes demandes directement ni indirectement. À la réserve et sans préjudice audit sieur de Couagne de la somme de sept cent dix neuf livres huit sols qui sont échues et lui sont dues pour reste d'un billet du quinzième pour l'an mil six cent quatre-vingt-trois que ledit sieur de Repentigny, les sieurs de Beauvais et de Couet lui doivent conjointement payable en castor au prix du Bureau du Roi pour lettres de change.

Laquelle somme de deux mil deux cents livres ledit sieur Bouchard Dorval promet et s'oblige de bailler et payer audit sieur de Couagne en argent courant de ce pays en personne en cette ville dans tout le mois de mai prochain ou au porteur, à peine de tous dépens, dommages et intérêts, sans préjudice audit sieur de Coüagne de ce que ledit sieur Dorval lui doit d'ailleurs. Et jusqu'à l'entier paiement de ladite somme de deux mil deux cents livres du prix des choses ci-dessus vendues, icelles demeureront par privilège spécialement affectées, obligées et hypothéquées audit sieur de Couagne avec tous les autres biens meubles et immeubles pouvant accroître audit sieur Dorval qui en a souscrit à toutes les rigueurs de justice...

Et (sans) autres charges, clauses et conditions, lesdits sieur et demoiselle de Repentigny ont transporté tous droits de propriété au fonds et tréfonds, etc., laissant et délaissant, etc., voulant, etc., donnant, etc.

Lesdits sieur et demoiselle de Repentigny ont mis en mains dudit sieur acquéreur le contrat d'échange passé entre Messieurs les seigneurs de cette île et ladite demoiselle de St Perre par-devant ledit Basset, notaire, le 7e jour de septembre 1685, concernant la propriété ci-dessus vendue ...

Fait et passé au Villemarie, maison et résidence desdits sieur et demoiselle de Repentigny l'an mil six cent quatre-vingt-onze le vingt-neuvième jour de janvier après-midi, en présence de Pierre Cabaziers et de Jean L'ory, témoins, demeurant au Villemarie, soussignés, avec lesdits sieur et demoiselle de Repentigny, ledit sieur Dorval, ledit sieur de Couagne et le notaire après lecture faite suivant l'ordre.

(signé) Repentigny
        agathe de St Perre
        Jean baptiste bouchard dorval
        Charles de Coüagne
        lory
        Cabaziers
        Adhémar *(son paraphe)*

Voilà donc l'acte de naissance de Dorval, pour ce qui est du nom de la ville.

Naturellement beaucoup de questions se posent au sujet de l'acheteur du domaine de la Présentation.

D'où vient ce nom de Dorval qu'il attache à son nom de Bouchard? À remarquer que ni lui ni le notaire n'écrivent «dit Dorval» ou «de Dorval» ou «d'Orval». Donc il ne s'agit pas d'un surnom, auquel cas on l'indiquerait au moyen du participe «dit» qui signifie une appellation particulière (on trouve souvent, par exemple, des Sauvé dit Laplante ou des Miville dit Deschênes, et cela indique qu'un nom récent est venu s'ajouter au premier); ni d'une provenance géographique, auquel cas on l'indiquerait au moyen de la préposition «de» qui indique l'origine. Mais alors, d'où ce nom peut-il bien venir? Il est assez singulier que le nom de Dorval, de nos jours mondialement connu, ait une origine aussi énigmatique.

Et ce Jean-Baptiste Bouchard Dorval, d'où vient-il? Et pourquoi fait-il l'acquisition du domaine de la Présentation? Avait-il quelque lien particulier avec les Sulpiciens, ou avec les Repentigny, ou avec le bailleur de fonds Charles de Coüagne?

Dans la comparution de l'acte, le notaire s'est borné à écrire «Jean Baptiste Bouchard sieur Dorval demeurant en cette ville». Rien de plus. C'est à partir de cette mention bien réduite que le personnage clé de notre récit fait son entrée dans l'histoire.

Au cours des générations nombre de chercheurs voudront savoir qui était ce Jean-Baptiste Bouchard Dorval et ce qu'il allait advenir de lui. Nous les suivrons dans leur remontée dans le passé et dans leur narration de la suite du récit.

* * *

Pour l'instant, nous avons grandement progressé. Nous avons émergé de la profondeur des temps et de l'immensité de l'Amérique vierge pour en arriver en l'année 1691 à un lieu bien précis, soit le domaine de la Présentation en l'île de Montréal.

Voici les étapes que nous avons franchies pour en arriver à ce résultat heureux:

— en 1640 l'île de Montréal paraît sur la scène de l'histoire grâce à la formation, à Paris, de la Société de Notre-Dame de Montréal;

— en 1642 le fondateur de Montréal, Paul de Chomedey, sieur de Maisonneuve, du haut du mont Royal porte le regard sur l'île immense dont le futur domaine de la Présentation fait partie;

— en 1663 la Société de Notre-Dame de Montréal cède tous ses droits au Séminaire de St-Sulpice de Paris;

— en 1685 le Séminaire de St-Sulpice cède le domaine de la Présentation à Agathe de St-Perre;

— en 1691 Jean-Baptiste Bouchard Dorval fait l'acquisition du domaine de la Présentation, lequel se situe au coeur de la ville moderne de Dorval.

On peut considérer que la ville de Dorval naquit le 7 septembre 1685 ou le 29 janvier 1691 selon qu'on s'arrête au tout premier contrat immobilier se rapportant au domaine de la Présentation, ou bien au contrat d'acquisition de ce même domaine par l'homme qui allait donner son nom à la ville deux siècles plus tard.

Première page de l'acte de vente du 29 janvier 1691 par Agathe de St-Perre Repentigny à Jean-Baptiste Bouchard Dorval.

Chapitre deux

MESSIRE FRANÇOIS DE SALAGNAC FENELON

**un sulpicien
très singulier**

Il existe à Dorval une artère appelée le «boulevard Fénelon». Ce boulevard court parallèlement à l'avenue Dorval, la grande rue commerciale de la ville, du côté ouest.

Que vient faire sur la rive du lac St-Louis ce nom de la vieille Europe des Rois? Que vient faire ici ce personnage issu de la noblesse française du temps de Louis XIV? Et, pourquoi le boulevard Fénelon se trouve-t-il à Dorval plutôt qu'ailleurs en l'île de Montréal?

La réponse à ces questions tient à ce que, de 1667 à 1674, il y eut en Nouvelle-France un prêtre du Séminaire de St-Sulpice du nom de Fénelon (il signait «Salagnac Fenelon», mais pour nous conformer à un usage postérieur nous écrirons son nom avec un «é»). Ce prêtre joua un certain rôle dans l'aménagement sur la rive du lac St-Louis d'un établissement agricole appelé le «domaine de la Présentation».

L'existence de cette propriété nous est attestée par les actes notariés cités au chapitre premier. Aussi nous savons que le Séminaire de St-Sulpice cédera ce domaine à Agathe de St-Perre en 1685; et que celle-ci six ans plus tard, c'est-à-dire en 1691, le revendra au sieur Jean-Baptiste Bouchard Dorval.

Mais, ce que nous ne savons pas encore, c'est que la création du domaine de la Présentation, d'où est sortie après un peu plus de deux siècles la ville moderne de Dorval, est probablement attribuable à cet abbé de Fénelon.

De cela nous ne saurions rien si ce n'était de deux courts documents gardés le premier aux Archives du Séminaire de St-Sulpice à Montréal, et le second aux Archives nationales du Québec à Montréal. Ces deux documents — que nous allons parcourir plus bas — donnent à croire que c'est l'abbé de Fénelon qui inspira aux Sulpiciens l'idée d'aménager une ferme au bénéfice des Indiens dans cette partie de l'île de Montréal qui fait face aux trois îles de Dorval (les îles Dorval, Bushy et Dixie d'aujourd'hui).

Le fils du haut et puissant seigneur Pons, chevalier, baron de Salagnac, comte de Fénelon, débarqua un beau jour à Québec au grand émoi de toute la capitale de la Nouvelle-France, à l'étonnement des bons pères jésuites, à l'édification de la supérieure du couvent des Ursulines, la mère Marie de l'Incarnation.

Si nous savons que messire de Salagnac Fenelon mit pied à terre en Nouvelle-France le 27 juin 1667 précisément, c'est à cette commotion sociale que nous le devons. Car, dans le Journal des Jésuites, à cette date-là on trouve l'entrée suivante:

— Le Père Jean Pierrou arrivé aujourd'hui avec Monsieur de Fenelon, ecclésiastique de St-Sulpice.

Peut-être le nouveau venu éprouva-t-il dès lors un certain sentiment d'irritation à cause de la notoriété qui s'attachait à ses pas en raison de sa naissance. Plus tard, quand l'évêque le fera inviter à rédiger les péripéties de sa vie missionnaire à l'intention du haut clergé de France et des dignitaires de la Cour, il répondra avec vivacité:

— La plus grande grâce qu'il pourrait nous faire serait de ne point faire parler de nous!

Ce mot nous est rapporté par un contemporain, nul autre que Dollier de Casson, le supérieur du Séminaire de

St-Sulpice, avec qui nous avons déjà fait connaissance puisqu'il représentait le Séminaire lors de la passation de l'acte d'échange du 7 septembre 1685. L'abbé Dollier de Casson, pourtant bien occupé à plus d'un titre — il cumulait les tâches de seigneur de l'île de Montréal, de supérieur du Séminaire et de curé de la paroisse de Ville-Marie —, trouva tout de même le temps d'écrire une HISTOIRE DU MONTREAL qu'il termina en 1672 ou 1673. Or, le nom de Fénelon ne revient qu'à deux ou trois reprises sous sa plume. Le désir de ce dernier qu'on ne parlât pas de lui se trouve ainsi respecté. De toute façon, il ne semble pas que Fénelon ait joué un rôle de premier plan au Canada, même s'il devait sortir de l'ombre avec fracas en 1674.

De cela nous parlerons plus tard. Pour l'instant restons-en à 1667 comme François de Salagnac Fenelon, âgé de vingt-six ans, vient de débarquer à Québec.

Le Journal des Jésuites l'appelle un «ecclésiastique». De fait, sur le plan canonique, l'abbé de Fénelon n'était rien d'autre puisqu'il n'était pas encore prêtre, pas même sous-diacre.

Comment se fait-il qu'on eût laissé franchir l'Océan à un simple séminariste, peu apte à se rendre utile en pays de mission étant donné qu'il ne possédait pas le pouvoir d'administrer les sacrements? La seule explication plausible, c'est que notre héros avait lui-même insisté pour venir au Canada. Comme la colonie avait son évêque depuis 1659, Fénelon argumenta sans doute qu'on pourrait l'ordonner prêtre sur place.

Voilà bien ce que s'empressa de faire Mgr François de Laval, l'évêque de Québec. L'abbé de Fénelon fut élevé au sous-diaconat le 7 août 1667, puis au diaconat le 10 juin 1668, et enfin ordonné prêtre le 11 juin 1668. C'est alors seulement qu'il commence à être question de lui. Car, de juin 1667 à juin 1668, on ne sait vraiment pas à quoi il s'emploie; on ne sait pas s'il reste à Québec ou s'il vient à Montréal; s'il étudie ou s'il explore; on ne sait rien.

Après son ordination il part en mission avec un confrère du Séminaire de St-Sulpice, l'abbé Claude Trouvé, pour la rive nord du lac Ontario où — paraît-il — des Iroquois (dont c'était le pays) avaient demandé des «robes noires» (tel était le nom que les sauvages donnaient aux missionnaires en raison de leur soutane). C'était l'époque où les Jésuites, les missionnaires canadiens par excellence, estimaient qu'en partageant la vie des sauvages on pouvait en arriver à les convertir. Mais, déjà le doute germait dans les esprits à ce sujet.

Près de Québec les Jésuites eux-mêmes avaient groupé à la Jeune Lorette les débris de la nation huronne virtuellement détruite par les Iroquois au cours des années 1648-1649. Dans la région de Montréal ils venaient de fonder le village indien de la Prairie de la Madeleine — aujourd'hui Laprairie — pour y garder les Iroquois convertis au christianisme.

Pour leur part, fidèles à l'idéologie de la défunte Société de Notre-Dame de Montréal, les Sulpiciens souhaitaient grouper les sauvages auprès des Français plutôt que d'envoyer leurs prêtres courir les bois avec les tribus indiennes. Mais enfin, pour cette fois et par esprit de coopération, ils s'étaient rendus à la demande de l'évêque, partisan de la manière des Jésuites.

(Incidemment, la réserve indienne de Kahnawake dont le territoire actuel s'étend jusqu'en face de Dorval sur la rive sud du lac St-Louis fut d'abord établie en 1667 à Laprairie, comme nous venons de le dire. En 1676 elle fut déménagée plus haut sur le fleuve, c'est-à-dire au Portage St-Pierre; puis sur le bord des rapides de Lachine — aujourd'hui la côte Ste-Catherine — en 1690; enfin, en 1716, à la sortie du lac St-Louis où elle est encore.)

Ici se place un incident curieux, lequel projette une bonne lumière sur le tempérament de l'abbé de Fénelon.

Des deux missionnaires désignés par les Sulpiciens pour prendre charge de la mission du lac Ontario, l'abbé de Fénelon était l'aîné. Il avait en effet deux ans de plus que l'abbé Claude Trouvé, son confrère et en l'occurrence son collègue. On se serait donc attendu à ce que Fénelon fût désigné comme supérieur de la mission. Or, il n'en fut rien. C'est l'autre qui fut nommé. Dans les milieux ecclésiastiques on pensa que les autorités manquaient de confiance en lui. Cela est évidemment possible. Certains vantèrent aussitôt l'esprit d'abnégation de l'abbé de Fénelon puisqu'il acceptait de partir en mission dans ces conditions. Personne ne fit l'hypothèse qu'il avait peut-être refusé de prendre la direction du voyage et la responsabilité de la fondation.

Or, la suite du récit donne à croire que telle était la situation. L'abbé de Fénelon tenait à garder ses coudées franches. Voilà pourquoi il aurait refusé une tâche susceptible de le retenir loin de Ville-Marie pendant plusieurs années. Le fait est que l'abbé Trouvé demeura à Kenté (c'était le nom de la mission du lac Ontario) jusqu'en 1676 tandis que l'abbé de Fénelon allait, quant à lui, ignorer complètement le lac Ontario et ses Iroquois après deux ans, non sans être descendu à Montréal entre temps, c'est-à-dire dès le printemps de 1669. Pour tout dire, la formule apostolique qui imposait aux missionnaires de vivre parmi les Indiens ne convenait pas à sa nature ou à sa façon de voir, et probablement ni à l'une ni à l'autre.

On lui attribue les propos désabusés que voici:

— Je suis fort assuré que ce que nous avons vu deux ans dans les missions du nord du lac Ontario ne nous a pas édifiés. S'il est facile de baptiser les enfants, les vieillards, les malades, il n'en va pas de même avec les adultes bien portants. Pour ne pas déplaire aux robes noires, ils les écoutent mais ils ne quittent pas pour autant leur vie libertine, qui est l'essentiel de la conversion.

À l'automne de 1669, quand l'abbé de Fénelon retournera à Kenté, il y amènera un cousin à lui et prêtre sulpicien comme lui du nom de François Lescaris d'Urfé. Ce dernier exercera plus tard son ministère sur la Côte de l'île de Montréal en bordure du lac St-Louis, et son nom s'attachera à une localité de l'île — la Ville de la Baie-d'Urfé — de la même manière que le nom de Dorval en viendra à désigner le site du domaine de la Présentation.

Dès le printemps de 1670 l'abbé de Fénelon descend à Québec d'où il s'embarque pour la France, on ne sait trop pour quelle raison. Il y restera deux ans — durant lesquels on ignore à quoi il s'employa —, puis en 1672 le voici qui rentre au Canada.

Il s'embarque à La Rochelle (qui était le principal port d'embarquement pour la Nouvelle-France) au cours de l'été de 1672. La particularité de ce voyage, c'est qu'à bord se trouve le seigneur Louis de Buade, comte de Frontenac, nommé par le Roi gouverneur de la Nouvelle-France et de toutes les possessions françaises de l'Amérique septentrionale.

Durant les deux mois de la traversée, les deux hommes eurent amplement le temps de faire connaissance, et même de se lier d'amitié. Ils éprouvèrent l'un pour l'autre une sympathie d'autant plus grande qu'ils étaient originaires de la même région et qu'ils étaient tous deux issus de la noblesse. Mais en réalité il s'agissait là d'une amitié bien précaire, comme on pourra s'en rendre compte plus tard.

L'abbé de Fénelon rentre alors à Ville-Marie, mais il paraît hors de question pour lui de retourner à Kenté. Que ce soit là sa décision à lui ou celle de ses supérieurs, il oriente autrement son apostolat. Il a alors trente et un ans.

La mission de Kenté durera quelques années, mais il est probable que l'abbé de Fénelon n'eut guère de difficulté à convaincre ses collègues de St-Sulpice de la nécessité de s'y prendre autrement pour en arriver à civiliser et à convertir les sauvages.

Voici à ce sujet un texte qu'on attribue à Fénelon, mais qui tout aussi bien pourrait être de la main de Dollier de Casson (en fait il est tiré d'un manuscrit anonyme gardé aux Archives de la marine en France):

— Il faut rendre les sauvages raisonnables avant de pouvoir établir chez eux solidement la religion, les policer et les accoutumer à une vie sédentaire ... Établis parmi les Français, ils auraient des bestiaux, ils défricheraient des terres, feraient le reste de leur petit ménage qui les nourrirait. Le Roi en serait mieux le maître: ils auraient quelque chose à perdre.

Telles étaient aussi les vues du grand ministre de Louis XIV, Jean-Baptiste Colbert.

Dans une lettre du 10 novembre 1670 adressée à messire Gabriel de Queylus, alors supérieur du Séminaire de St-Sulpice à Montréal, Colbert faisait à son correspondant les recommandations suivantes:

— Sa Majesté ne doute pas que vous n'excitiez fortement les prêtres de votre séminaire à instruire les enfants des sauvages et à les rendre capables d'être admis dans la vie commune des Français afin de n'en composer qu'un même peuple et de fortifier d'autant plus par ce moyen la colonie.

On comprend que les Sulpiciens aient envisagé alors la fondation d'une colonie dans laquelle cohabiteraient Français et Indiens. Ils avaient sous les yeux l'exemple des Jésuites à la Prairie de la Madeleine. L'abbé de Fénelon penchait sans le moindre doute de ce côté, décidé qu'il était de rester à Ville-Marie où il avait commencé à frayer avec la population de Montréal, et notamment avec son gouverneur (successeur de Maisonneuve), le sieur François-Marie Perrot.

Selon toute vraisemblance, ce serait l'abbé de Fénelon qui aurait proposé à ses supérieurs et à ses confrères le site de la future colonie à laquelle on donna provisoirement le nom de Gentilly (nous verrons tout à l'heure pour quelle raison).

L'abbé de Fénelon avait repéré cet endroit dès 1668. En octobre de cette année-là, quand en compagnie de son collègue missionnaire l'abbé Claude Trouvé il avait quitté Lachine pour le haut du fleuve et le lac Ontario, la petite flottille dont ils étaient les deux principaux passagers s'était rapidement éloignée de l'île de Montréal pour gagner la rive sud du lac St-Louis. C'est en effet par ce côté qu'on peut contourner l'île Perrot, laquelle bloque l'entrée du lac. En passant en face de Dorval (ou, plus exactement, du site de la ville moderne de Dorval), là où s'amorce de nos jours le long couloir de la Voie maritime du St-Laurent, l'abbé de Fénelon ne fut pas sans remarquer le trait fort que dessine l'île Dorval contre le fond embrumé de la terre ferme. Au printemps de 1669, alors qu'il rentrait à Ville-Marie et qu'il voyageait seul en compagnie d'un Indien, il aurait mis pied à terre et fait l'inspection des lieux.

Peut-être l'idée germa-t-elle en lui dès ce moment que l'endroit se prêterait bien au groupement de familles indiennes. On pourrait les y mêler aux colons français, les instruire, leur enseigner la religion. Le rêve des fondateurs de Ville-Marie surgissait de nouveau chez cet homme plein d'ardeur. De retour au Séminaire de St-Sulpice, dans la maison seigneuriale de la rue Notre-Dame, il aurait vanté le site à ses confrères, et sans trop de peine il les aurait ralliés à son projet.

Automne de 1669 et printemps de 1670. L'abbé de Fénelon met de nouveau pied sur le site de Dorval et dans les îles, et se convainc de plus en plus d'y installer une exploitation agricole qui serve à la fois les fins de la colonisation de l'île (ce qui était le rôle de tout seigneur en Nouvelle-France) et de l'apostolat auprès des sauvages (ce qui était la vocation des prêtres sulpiciens et la raison de leur présence en Nouvelle-France).

Provisoirement on donna à l'endroit le nom de «Gentilly», histoire de savoir de quel lieu on parlait quand on mentionnait ce projet. Car, tout indique que ce domaine de la Présentation, qui était une réalité en 1685, était demeuré à l'état de projet jusqu'au retour de France de l'abbé de Fénelon en 1672.

C'est alors qu'on s'y mit résolument, vraisemblablement à la fin de l'été de 1672.

Ainsi s'expliquerait le fait que l'abbé Dollier de Casson dans son HISTOIRE DU MONTREAL ignore complètement le domaine de la Présentation. Il n'y fait pas la moindre allusion, alors qu'il s'étend assez longuement sur la mission de Kenté. La raison en est que son récit s'arrête à l'année 1672. Si le domaine de la Présentation avait été inauguré dans les années '60, Dollier de Casson ne manquerait pas d'en parler puisque son ouvrage relate fidèlement les événements dont il a été témoin. D'autant plus que cette initiative était tout à l'honneur du Séminaire de St-Sulpice. D'autre part, dans l'acte notarié du 24 février 1674 (cité ci-après), parlant de messire de Fenelon, il est fait mention de «sa peine, son industrie et ses soins» dans la création de Gentilly. Or, on ne voit pas bien à quelle époque l'abbé de Fénelon aurait pu ainsi se dépenser en cet endroit sinon en 1672 et 1673. Car, de 1668 à 1672, on le trouve tout d'abord au lac Ontario, ensuite en France.

Remarquons ici que notre homme, s'il n'était pas fait pour la vie nomade dans les bois, ne l'était pas davantage pour la vie sédentaire dans une petite exploitation agricole conçue à l'intention des Indiens. Il nous apparaît déjà comme un caractère instable. Voici qu'en juin 1673 nous le trouvons à Ville-Marie pour y recevoir le gouverneur Frontenac, alors que celui-ci fait route vers le lac Ontario où il envisage de construire un fort, le futur fort Cataracoui.

Le 24 juin, au cours de la messe solennelle de la Saint-Jean-Baptiste, ce sera l'abbé de Fénelon qui prononcera le sermon de circonstance. Le gouverneur Frontenac assiste en personne à la cérémonie. Le prédicateur ne manquera pas de faire l'éloge du représentant du Roi. On croit que l'abbé partit ensuite avec le gouverneur et ses hommes pour le lac Ontario.

On pourrait craindre qu'il ne s'occupe guère du projet de Gentilly. Mais, tel n'était pas le cas. Sa participation active à cette initiative nous est attestée par la concession qu'il obtint en son propre nom des îles Courcelles (ainsi les îles de Dorval étaient-elles nommées à l'époque, ayant été concédées une première fois sous le gouverneur de ce nom).

L'abbé de Fénelon estimait que ces îles devaient faire partie intégrante de la colonie. On lui objecta qu'elles n'appartenaient pas à la seigneurie de l'île de Montréal. Qu'à cela ne tienne! On les demandera au gouverneur. Mais elles ont déjà été concédées au sieur Picoté de Belestre! Qu'à cela ne tienne! En retour des îles on offrira une concession sur la terre ferme à ce Picoté de Belestre.

Ainsi fut fait. Les Sulpiciens désintéressèrent Picoté de Belestre en lui accordant une concession du côté de la Pointe Claire, ce qui allait faire de lui le voisin de la Présentation à l'ouest.

Restait le gouverneur. Frontenac n'était pas un homme commode, d'autant moins qu'il n'affectionnait guère le clergé. L'abbé de Fénelon en fit son affaire. Au tout début de 1673, il descendit à Québec, pour en revenir avec en mains un court document contenant l'essentiel de ce qu'on attendait du gouverneur: une brève description des lieux, la concession des îles à l'abbé de Fénelon «en tous droits de fief et seigneurie» et la signature, brève comme celle d'un roi, de «Frontenac».

Cette lettre de concession, datée du 9 janvier 1673, demeure le premier document de l'époque française qui nous soit resté concernant les îles de Dorval. Elle nous paraît d'autant plus émouvante.

En voici le texte:

Louis de Buade Frontenac, chevalier, comte de Palluau, conseiller du Roi en son conseil, gouverneur et lieutenant général pour Sa Majesté en Canada, Acadie, Île de Terre neuve et autres pays de la France septentrionale,

À tous ceux qui les présentes verront, salut.

La grande passion que le sieur abbé de Fenelon a témoignée depuis plusieurs années pour la propagation du christianisme en ce pays, et la notion qu'il a fait paraître au service de Sa Majesté nous obligeant de chercher toutes sortes de moyens de la reconnaître et de le convier à continuer le rôle qu'il a eu jusqu'ici, dont la source l'a porté à abandonner tous les établissements considérables que sa naissance et ses mérites lui pouvaient faire espérer en France pour s'appliquer entièrement à la conversion et éducation des sauvages,

Sur la demande qu'il nous a faite de lui vouloir concéder quelques îles qui sont dans le lac saint Louis, le long de l'île de Montreal, pour faciliter l'établissement qu'on y a commencé pour élever les petits sauvages suivant les moeurs et coutumes françaises;

Nous en vertu du pouvoir à nous donné par Sa Majesté et croyant ne pouvoir mieux accomplir ses intentions qu'en secondant et favorisant les desseins des personnes qui travaillent ainsi à la civilisation des sauvages, nous avons accordé et nous accordons au sieur abbé de Fenelon trois îles, appelées îles Courcelles, pour en jouir et disposer ainsi que bon lui semblera, en tous droits de fief et de seigneurie, et les faires cultiver et habiter autant que leur étendue le permettra.

Neuf de janvier mil six cent soixante treize.

(signé) Frontenac

Ces quelques lignes nous livrent plusieurs secrets.

Après une série de louanges à l'adresse du «sieur abbé de Fenelon» (n'allons pas nous en scandaliser: c'était alors l'usage que d'accabler de compliments les nobles et les puissants du jour), le gouverneur nous informe que c'est l'abbé de Fénelon lui-même qui a demandé les trois îles de Courcelles «...afin, dit-il, de faciliter l'établissement qu'*on* y a commencé...»

Ce «on» est assez énigmatique. Si l'entreprise avait été celle de l'abbé de Fénelon seul, alors le texte se lirait: «...qu'*il* y a commencé»; s'il ne s'agissait que des Sulpiciens, alors il se lirait: «...que *le Séminaire de St-Sulpice* y a commencé». Nous pouvons donc conclure que ce pronom indéfini réfère à l'un et aux autres. L'hypothèse que les travaux auraient débuté à la fin de l'été de 1672 et non pas avant se trouve ainsi renforcée. Si l'établissement en question avait déjà compté quelques années, alors au lieu de ce «on» vague et de cette allusion à une oeuvre qui commence, le document parlerait des seigneurs de l'île de Montréal et d'un établissement existant.

Suit une autre référence discrète à l'abbé de Fénelon: «...croyant ne pouvoir mieux accomplir ses intentions (de Sa Majesté), écrit le gouverneur, qu'en secondant et favorisant les desseins des personnes qui travaillent *ainsi* à la civilisation des sauvages ...»

Cet «ainsi» nous ramène à l'abbé de Fénelon dont le gouverneur vient de faire l'éloge et aux travaux qui viennent de débuter en cet endroit (probablement sur la terre ferme, et non pas dans l'île Dorval puisque celle-ci n'appartenait pas au Séminaire de St-Sulpice).

Voilà donc messire François de Salagnac Fenelon promu au rang de seigneur des îles Courcelles. Quant aux îles elles-mêmes, les voilà converties en fief et seigneurie, c'est-à-dire faisant l'objet d'un domaine (c'est le fief) et soumises à l'autorité d'un seigneur (c'est la seigneurie). Nous avons désormais côte à côte la plus grande et la plus petite des seigneuries de la Nouvelle-France, c'est-à-dire l'île immense de Montréal et les îles diminutives de Dorval.

À Gentilly tout va pour le mieux. Dès le printemps (nous sommes toujours en 1673) les travaux se poursuivent sur la terre ferme et ils débutent dans la grande île. L'abbé de Fénelon suit Frontenac à Cataracoui, il est vrai, mais il se remet à l'oeuvre dès son retour. Notre personnage fait preuve une fois de plus d'une grande agitation. Depuis son arrivée au Canada en 1667 il n'a cessé de courir en tous sens. Il démontre aussi un certain faible pour les gens de sa condition, à Québec le gouverneur de la Nouvelle-France, et à Montréal le gouverneur de l'île.

Poursuivons notre récit.

L'année 1673 se termine sans histoire. Janvier 1674: coup de théâtre!

Vers le 20 de ce mois-là voici que le gouverneur de Montréal, le sieur François-Marie Perrot, et l'abbé de Fénelon partent pour Québec y voir le gouverneur Frontenac. «...sur les glaces au coeur de l'hiver», de préciser l'historien Faillon. Ils arrivent dans la capitale le 26 ou le 28 janvier. Le lendemain Perrot s'amène au château St-Louis pour

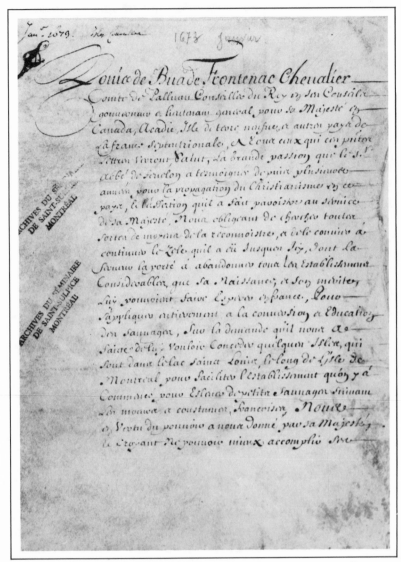

Concession des îles de Courcelles par Frontenac à l'abbé de Fénelon, 9 janvier 1673 (pages 1 et 3).

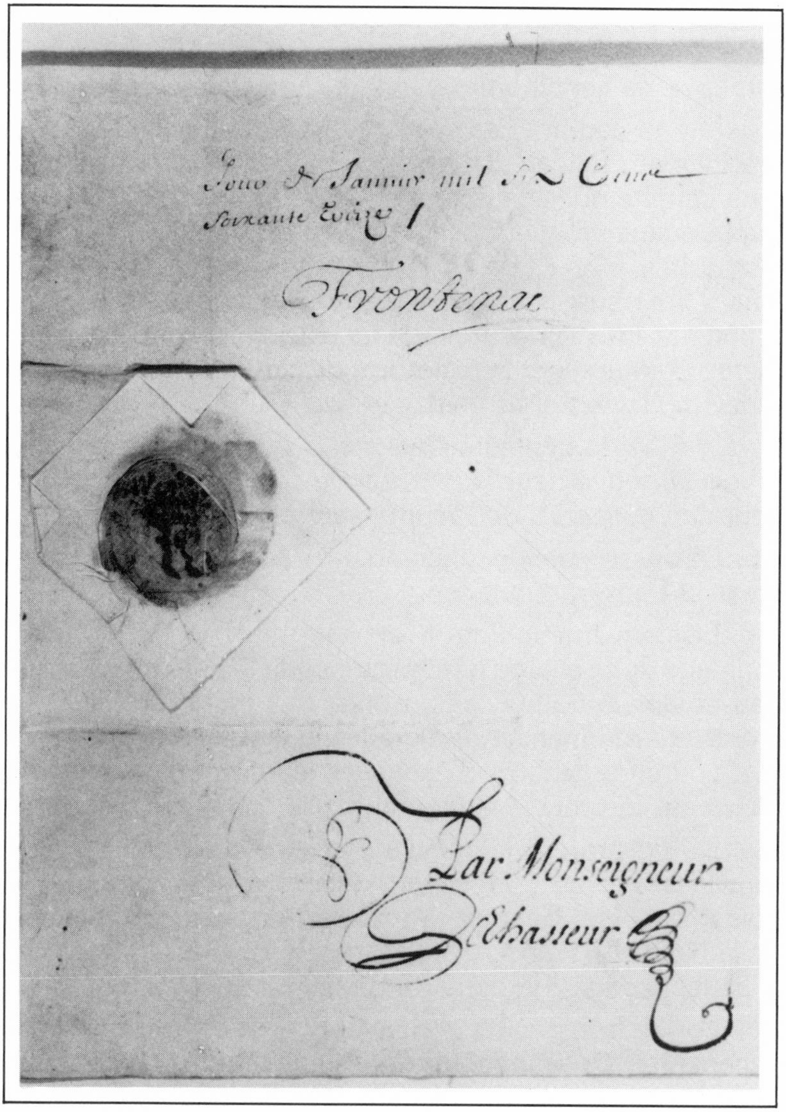

Jour de Janvier mil sx Cent
Soixante Treize 1

Fronsenac

Par Monseigneur
Dehasseur

présenter ses respects au gouverneur. Séance tenante Frontenac le met aux arrêts et le garde prisonnier. On lui enlève son épée de gentilhomme, et il reste confiné au château.

Mis au courant des événements, l'abbé de Fénelon se précipite au château. Il ne comprend pas, puis soudain il se rend compte que son compagnon de route et ami vient de tomber dans un guet-apens. Et c'est lui, François de Fénelon, qui l'y a précipité en prêtant ses bons offices à Frontenac. Il s'insurge contre la ruse du gouverneur. En effet Frontenac lui avait écrit plusieurs lettres l'invitant à s'entremettre pour amener le règlement de certaines difficultés qui s'étaient élevées entre Perrot et lui.

L'abbé de Fénelon s'indigne. Il est outré. Il demande à voir le gouverneur. Frontenac le reçoit, mais l'abbé ne peut rien gagner. Il doit rentrer seul à Montréal.

Disons un mot du différend qui s'était élevé entre Frontenac et Perrot.

Le gouverneur Perrot, explique un historien, prenait avantage de sa charge pour promouvoir ses intérêts personnels et faire la traite des fourrures, cela en dépit des règlements et ordonnances. Malgré les multiples défenses faites aux coureurs de bois d'échanger les boissons enivrantes contre les fourrures, cette pratique se maintenait.

Le désordre continuait de régner parmi les nations sauvages. Perrot, quant à lui, avait plusieurs coureurs de bois à sa solde. Se riant des ordres du Conseil Souverain de la Nouvelle-France et du Conseil d'État du Roi, il multipliait les «congés de traite» au bénéfice de ses affidés.

Parfois la justice sévissait avec rigueur contre les contrevenants (en 1674 un coureur de bois du nom de Thomas dit le Breton fut pendu à Québec pendant qu'un autre, un nommé Guillaume Yvelin dit Crosson, condamné à faire amende honorable la corde au cou, une torche ardente au poing, à genoux devant la porte du château St-Louis, était ensuite amené assister à la pendaison de Thomas), mais les abus persistaient.

Mis au courant de la conduite répréhensible de son subalterne, Frontenac l'avait mis en garde contre d'aussi graves abus. Perrot, qui se moquait de tout le monde, ne tint aucun compte des avertissements du gouverneur. Celui-ci décida de faire un exemple pour imposer le respect de la loi. Il envoya le sergent Bizard à Montréal avec ordre d'arrêter un nommé de Carion qui avait donné asile à des trafiquants louches et s'était opposé par la violence à leur arrestation ordonnée par un juge de Ville-Marie.

Perrot, sans doute compromis en cette affaire, prit la défense de Carion et mit effrontément aux arrêts le sergent Bizard. Il alla jusqu'à faire emprisonner un respectable citoyen du nom de Jacques Le Ber, coupable à ses yeux d'avoir offert l'hospitalité au sergent venu de Québec.

Furieux de l'audace de son subordonné, Frontenac lui ordonna de venir à Québec pour justifier de sa conduite. Perrot refusa de bouger. C'est alors que le gouverneur recourut aux bons offices de l'abbé de Fénelon pour attirer l'autre dans la capitale. Au dire de certains historiens, Perrot aurait traîné dix mois en prison.

Au mois de novembre, Frontenac expédia Perrot en France, laissant le Roi juger de sa conduite. Le gouverneur de Montréal dut passer quelque temps emprisonné à la Bastille. Après quoi Perrot, que l'on croyait assagi, fut renvoyé dans son gouvernement de Montréal (mai 1675).

Cette leçon ne lui profita guère. Perrot demeura fidèle à ses procédés équivoques. Finalement le Roi le retira de Montréal et lui confia le gouvernement de l'Acadie.

(Les six paragraphes précédents, lesquels résument la grande querelle de 1674 entre Frontenac et Perrot, sont tirés de l'HISTOIRE DE MONTRÉAL de Camille Bertrand, parue en 1935.)

(Il ne paraît pas tout à fait exact que Perrot soit resté prisonnier de janvier à novembre 1674. On trouve en effet dans les archives de la paroisse de Notre-Dame, à Montréal, à la date du 29 mai 1674, l'acte de baptême du jeune François-Marie Perrot, fils de Messire François-Marie Perrot, chevalier, «gouverneur pour le Roi», avec comme parrain nul autre que messire François de Salagnac, prêtre, abbé de Fenelon. L'enfant était né le 26 janvier précédent, quelques heures à peine avant l'arrestation de son père à Québec. Or, cet acte de baptême porte la signature de François-Marie Perrot père.)

Troublé jusqu'au fond de l'âme, brouillé sans retour avec le gouverneur Frontenac, ruminant de sombres projets de revanche, l'abbé de Fénelon se départit au plus vite des îles Courcelles dont il était le seigneur. Il craignait sans doute d'impliquer le Séminaire de St-Sulpice dans une querelle qu'il prévoyait dure et longue.

Les Sulpiciens invitèrent alors le notaire Bénigne Basset à préparer un acte de donation par l'abbé de Fénelon en faveur du Séminaire de St-Sulpice, acte qui sera signé le 24 février 1674.

En voici le texte:

> Aujourd'hui sont comparus par-devant Benigne Basset, greffier et tabellion pour la terre et seigneurie de l'île de Montreal en la Nouvelle France et (les) témoins soussignés,
>
> Messire François de Salaignac de Fenelon, prêtre, du Séminaire de St Sulpice de Paris, demeurant à présent en la maison seigneuriale de Messires les prêtres et ecclésiastiques dudit Séminaire sise audit Montreal, d'une part;
>
> Et Messire François Dollier de Casson, aussi prêtre dudit Séminaire, supérieur des Messires les prêtres et ecclésiastiques dudit (Séminaire de) Montreal et procu-

reur de Messire Alexandre de Ragon de Bretonvilliers, aussi prêtre et supérieur dudit Séminaire (de Paris), demeurant aussi en ladite maison seigneuriale, en cette qualité, d'autre part;

Qui ont dit et déclaré, savoir:

Ledit sieur de Fenelon, qui pour attirer plus facilement les sauvages en ladite île et particulièrement à Gentilly, où plusieurs sauvages se sont déjà habitués, ce afin de faciliter leur conversion et éducation en notre religion; qu'après avoir employé ses travaux, sa peine et ses soins dans les missions qu'il a fait pendant plusieurs années en ce nouveau pays; qu'il ne peut faire un choix plus chrétien et plus raisonnable que d'annexer et de mettre en la possession des seigneurs de Montreal, avec lesquels il travaille actuellement à la conversion des sauvages, les trois îles que monseigneur le comte de Frontenac, gouverneur et lieutenant général pour Sa Majesté en la Nouvelle France et autres pays de la France septentrionale, lui concéda le neuvième (jour de) janvier de l'année dernière mil six cent soixante treize, nommées îles de Courcelles, situées dans le lac St Louis le long de ladite île de Montreal, entre la Chine et le cap St Gilles, que ledit sieur de Fenelon tient en tout droit de fief et de seigneurie en la manière qu'il est inscrit dans ledit contrat de concession,

Le tout comme en effet ledit sieur de Fenelon, de sa libre et franche volonté, a reconnu et confessé avoir donné, cédé, transporté et délaissé par ces présentes, dès maintenant et à toujours, par donation, pure, simple, irrévocable, faite entrevifs et exécutionnée en la meilleure forme et manière que faire se peut et (en tant) que donation pour valoir et avoir lieu,

à Messires les prêtres et ecclésiastiques dudit Séminaire de St Sulpice, seigneurs propriétaires de ladite île de Montreal, pour ce présent et acceptant Messire Dollier audit nom et (comme) procureur lesdites trois

892

Première page de l'acte de donation par l'abbé de Fénelon au Séminaire de St-Sulpice, 24 février 1674.

faire en la brosse, a en bonne et la meilleure forme et
manière que faire se peut et que donation puisse valoir
et avoir lieu, et Messieurs les prestres et ecclesiastiques
dudit Seminaire de St Sulpice Seigneurs proprietaires de
la dte Isle et Montreal, pour ce present se acceptent
Monsieur Dollier au nom et comme procureur, et de dte
bonne Isle et Convention y estre et se Pouf et la manière
qu'elle se poursuivre et comporter et aux Clauses
portées dans lad Contrat et Concession, et pour les Causes
susdittes, pour des dts bois Isle, boys, et des portes
par les dts Seigneurs leurs successeurs et ayans cause
comme bon leur semblera au moyen du present, et
comme de la jouissance et ce jourd'huy datte du
present, voulant, consentant et accordant qu'ils ou leur soient
et demeurent Saisie, restituis, mis en prise la bonne et paisible
possession par qui et ainsi qu'il leur appartiendra et Cas de dte
present, Constituant en celle fin, les y procureur special
le porteur des dtes auquel il y a donné et donne, et leur pouvoir
en ce et faveur, Comme une donation, a present et en scelle
et mis en mains de Monsieur Dollier, et original dud
Contrat et Concession, ci dessus datté, promettant et consentant
la reception d'ycy fils, Declare que ledit au dit
Sieur Donation, que le craignant, et faites en leur des dittes
Isles, promettent et donner d'ycy Seigneurs Comme et
leur leur, qui ont esté faite en leur lieu de Gentilly, ou qu'à la
seulement Contribuer de sa peine, soy Industrie et ses Longue
peine y action et establir les Sauvages et faire habituer les françois
entre les Sauvages Coste dud dtes Isle et Montreal et ses environs
par les Sauvages et les Sauvages, et pour faire Justice et
promettant et obligeant chacun endroit soy, savoir Monsieur
Sieur Dollier au nom de l'Aumosnerie faite et passé aux
Montreal et la Maison Seigneurialle le vingt et unieme jour
et Janvier mil six cent soixante et quatorze, avant midy, et presance des
Sieurs Jean Jouaneaux et François Vailler tesmoins et d'imeurans
et soub signé avec les dttes parties et W. Salagnac fenelon

François Dollier   J. Bailly

Basset
greffier

îles de Courcelles en titre de fief en la manière qu'elles se poursuivent et comportent aux clauses portées dans ledit contrat de concession et pour les causes susdites, pour desdites trois îles jouir et disposer par lesdits seigneurs, leurs successeurs et ayants cause comme bon leur semblera au moyen de ces présentes, à commencer la jouissance de ce jour d'hui date des présentes, voulant et consentant et accordant qu'ils en soient et demeurent saisis, vêtus, mis et reçus en bonne et paisible possession par qui et ainsi qu'il appartiendra en vertu des présentes, constituant à cette fin son procureur spécial le porteur ledit Dollier auquel il a donné et donne tous pouvoirs et en ce faisant le sieur donateur a présentement baillé et mis aux mains de mondit sieur Dollier l'original dudit contrat de concession ci-dessus daté et mentionné concernant la propriété desdites îles, des eaux pareillement, ledit sieur donateur (déclarant) que les travaux faits en l'une desdites îles proviennent des deniers desdits seigneurs, comme de tous ceux qui ont été faits au lieu dit Gentilly, où il a seulement contribué de sa peine, son industrie et ses soins pour y attirer et établir les sauvages et faire habiter la côte de ladite île de Montreal en ces endroits par les Français et les sauvages, ce pour faire, etc. & insinuer & promettant & obligeant chacun en droit et loi, savoir ledit messire Dollier audit nom, etc. & renonçant, etc.

Fait et passé au Montreal en la maison seigneuriale le vingt quatrième jour de février mil six cent soixante quatorze, en présence de sieurs Jean Gervaise et François Bailly, témoins y résidant, soussignés avec lesdites parties.

(signé) Salagnac Fenelon
François Dollier
F. Bailly
J. G.
Basset (son paraphe)

Ici se termine le rôle de Messire François de Salagnac Fenelon dans l'histoire de Dorval, à tout le moins dans l'histoire officielle de ce lieu. Peut-être retourna-t-il à Gentilly, mais cela est bien peu probable. Car, dès le temps de Pâques de cette année-là il se lança dans une dispute effroyable avec le gouverneur Frontenac et le Conseil Souverain de la Nouvelle-France. Cette dispute, qui va dégénérer en procès, le tiendra occupé sans répit jusqu'à la fin de l'année alors que prendra fin de façon abrupte sa vie en Canada.

Mais à propos, d'où vient ce nom de Gentilly qui apparaît deux fois dans l'acte de donation du notaire Basset?

Qu'il ait fallu pour un motif de commodité trouver un nom au site proposé pour le futur domaine de la Présentation, on le conçoit volontiers. Mais, pourquoi le nom de Gentilly de préférence à n'importe quel autre?

Pour obtenir une réponse à cette question, il faut savoir que les Sulpiciens possédaient en banlieue de Paris, à Gentilly justement, une propriété où prêtres et séminaristes allaient se reposer à l'occasion. L'endroit dut laisser de fort bons souvenirs à tous les anciens du Séminaire de St-Sulpice, un peu comme le Petit Cap, la propriété des prêtres du Séminaire de Québec à St-Joachim, à dix lieues de la vieille capitale, a enchanté les loisirs de générations de prêtres et de séminaristes.

Mais, il est tout de même difficile de faire du Gentilly montréalais des années 1672 et 1673 un lieu de villégiature. Et puis, il n'y avait pas de séminaristes à Ville-Marie, et les prêtres sulpiciens n'avaient pas le loisir d'aller se promener à la campagne. Pour s'échapper de la ville (une bien petite ville, à vrai dire), il leur suffisait de franchir le mur d'enceinte pour se retrouver en pleine nature. Donc, il convient de chercher ailleurs une explication appropriée.

* * *

L'explication possible du nom de Gentilly est à la fois savante et simple.

Pour s'y comprendre, il faut se rappeler son histoire sainte. Les Hébreux d'avant Notre-Seigneur appelaient «Nations», en latin *«Gentes»*, tous les autres peuples de la terre, dont le trait commun était qu'ils adoraient les faux dieux. «Nations» ou *«Gentes»*, ce terme désignait donc les païens. Les Romains, quant à eux, appelaient *«Gentiles»* les nations barbares de leur temps. Sous les empereurs, ils appelèrent aussi *«Gentiles»* les étrangers qui n'étaient pas sujets de l'Empire. De ce mot de *«Gentiles»*, nous avons tiré en français le mot «Gentils».

Les premiers chrétiens combinèrent ces diverses notions, et se mirent à appeler «Gentils» les peuples qui n'étaient ni juifs ni chrétiens, c'est-à-dire la troupe innombrable des infidèles. Saint Paul est appelé «l'apôtre des Gentils».

Comme tous les prêtres et religieux de cette époque, les Sulpiciens étaient très versés dans ces questions. Avant de passer à l'étude de la théologie, Récollets, Jésuites, Sulpiciens, tous avaient fait leurs humanités et appris l'histoire. Il existait dans leur esprit une opposition très nette entre le monde civilisé et chrétien, d'une part, et le monde ni civilisé ni chrétien, donc celui des Gentils, d'autre part.

Il va sans dire que tous les sauvages de l'Amérique du Nord (ou «Amérique septentrionale», comme l'on disait alors) tombaient dans la catégorie des «Gentils» puisqu'ils étaient à la fois des barbares et des infidèles.

De «Gentils» à «Gentilly», il n'y a qu'un pas. Ville-Marie, c'était un avant-poste chrétien au coeur du Nouveau Monde. Au-delà de son enceinte, à la grandeur de l'Amérique du Nord on ne trouvait plus que des sauvages païens. Quand les Sulpiciens conçurent le projet d'une petite colonie à l'intention des sauvages, l'idée leur vint spontanément de lui donner le nom de «Gentilly» ou «pays des Gentils». Ce nom évoquait du même coup la propriété des Sulpiciens en banlieue de Paris.

Cette explication en vaut bien une autre. De toute façon, nous devons nous en contenter puisque l'acte de donation du 24 février 1674 est le seul document qui nous livre ce nom et qu'il n'en justifie pas l'origine.

* * *

Reprenons notre récit.

Le 10 février le gouverneur Frontenac émet une ordonnance pour faire connaître l'arrestation du sieur Perrot et lui désigner un successeur au commandement de Montréal en la personne du sieur de Noguère. Il va sans dire que le nouveau commandant (Frontenac n'avait pas le pouvoir de le nommer gouverneur) prend fait et cause pour Frontenac dans l'affaire de l'arrestation de Perrot, comme d'ailleurs beaucoup de Montréalistes (c'est ainsi qu'on appelait à l'époque les habitants de Montréal).

L'abbé de Fénelon, de son côté, ronge son frein, guettant l'occasion de censurer en public le geste du gouverneur, de qui bien des gens ont aussi à se plaindre pour diverses raisons. Par exemple, le gouverneur avait imposé des corvées et forcé certains Français de travailler à l'érection des forts, notamment celui de Cataracoui, ce qui avait grandement déplu aux artisans ainsi recrutés de force.

Enfin voici l'occasion! L'abbé de Fénelon est désigné pour donner le sermon de Pâques le 25 mars (nous sommes toujours en 1674). Ou bien il s'offre de lui-même. Cela, on peut le présumer sans trop manquer à la charité puisque l'abbé ruminait un plan de représailles contre son ancien ami le gouverneur Frontenac.

Après la lecture de l'Évangile, l'abbé de Fénelon monte en chaire. Il reprend le récit de la résurrection du Christ et commente la liturgie du jour. Puis, au moyen de quelque artifice oratoire, le voilà qui s'écarte de son sujet et s'aventure à parler des devoirs de l'autorité dans une société chrétienne:

— Celui qui est nanti de l'autorité, s'écrie-t-il, ne doit pas inquiéter les peuples qui dépendent de lui, mais il est obligé de les regarder comme ses enfants et de les traiter en père ...

Dans l'assistance — où se presse le tout Montréal — chacun dresse l'oreille. On s'attendait à une sortie de ce genre, car enfin l'hostilité de Fénelon vis-à-vis de Frontenac n'était plus un secret pour personne. On savait que l'abbé guettait l'occasion de remettre au gouverneur la monnaie de sa pièce.

Le tout Montréal, c'est en l'occurrence: Robert Cavelier de la Salle, alors dans ses trente ans, chaud partisan et ami du gouverneur; le commandant de l'île et de la ville, le sieur de Noguère; le procureur fiscal de la seigneurie de Montréal, le sieur Jean-Baptiste Mignon de Praussat; notre vieille connaissance Pierre Picoté de Belestre (un fameux militaire selon les chroniques); le major de l'île de Montréal, le sieur Zacharie Dupuy de Verdun; et, il va sans dire, tous les prêtres du Séminaire de St-Sulpice, à l'exception de l'excellent Dollier de Casson, retenu au lit en raison d'une mauvaise chute sur la glace. Le bon Dieu lui épargna ainsi l'humiliation d'une scène déplacée due à l'un de ses prêtres.

Pressentant ce qui va suivre parce qu'il connaît le ressentiment de Fénelon contre le gouverneur, Cavelier de la Salle se lève en pleine église. Interrompant le prédicateur, il invite les fidèles à écouter avec attention ce qu'ils vont entendre. L'officiant, quant à lui, se demande s'il ne devrait pas entonner immédiatement le *Credo*, mais il n'en fait rien de peur d'ajouter à la confusion.

L'abbé de Fénelon de continuer:

— Le détenteur de l'autorité doit regarder les peuples qui dépendent de lui comme ses enfants et les traiter en père; il ne doit pas toucher le commerce du pays en maltraitant ceux qui ne lui font pas une part dans le gain qu'ils y peuvent faire; il doit se contenter de gagner par des voies honnêtes; il ne doit point fouler les peuples ni les vexer par des corvées extraordinaires qui ne servent qu'à ses intérêts; il ne doit pas songer qu'à se faire des créatures qui le louent partout ...

Les auditeurs n'en croient pas leurs oreilles. A-t-on idée de se livrer du haut de la chaire à un pareil réquisitoire contre le représentant du Roi?

Dans les jours suivants l'abbé de Fénelon s'employa à faire signer une sorte de pétition en vue d'obtenir la libération du sieur Perrot. De cette affaire nous ne rapporterons pas toutes les péripéties, parce que tel n'est pas notre sujet.

Informé sans retard de la sortie de l'abbé de Fénelon contre lui, le gouverneur Frontenac exigea une copie du sermon, que l'abbé refusa tout net de lui produire; les prêtres du Séminaire se dissocièrent officiellement de leur confrère; le Conseil Souverain de la Nouvelle-France fut saisi de l'offense faite au gouverneur et somma le prédicateur de livrer le texte de son sermon; l'abbé de Fénelon refusa de nouveau, sous prétexte que le Conseil était rempli des créatures du gouverneur, et il récusa ses juges, arguant qu'au surplus il n'était pas soumis en tant qu'ecclésiastique à la juridiction des tribunaux civils; l'évêque intervint pour le soutenir sur ce point; les auditeurs du matin de Pâques vinrent à tour de rôle témoigner sur ce qu'ils avaient retenu du sermon; etc. Ce fut en somme tout un scandale.

On aura une certaine idée du caractère de l'abbé de Fénelon à la lumière d'un incident qui se déroula au Conseil Souverain le 21 août 1674 quand le sulpicien comparut devant ce tribunal présidé par le gouverneur.

L'abbé de Fénelon entra dans la salle son chapeau sur la tête, et il alla s'asseoir au bout de la table où siégeaient les conseillers. Le gouverneur lui ordonna d'enlever son chapeau et de se tenir debout. Enfonçant son chapeau bien solidement sur sa tête, l'abbé répondit que les ecclésiastiques avaient le droit de comparaître coiffés devant les cours de justice.

On passa toute l'année à se chicaner à qui mieux mieux.

Finalement, au mois de novembre, le gouverneur fit repasser le sieur Perrot et l'abbé de Fénelon en France, et laissa le Roi disposer de leurs personnes.

Le 22 avril 1675, le Roi écrivit au comte de Frontenac et lui dit entre autres choses:

— J'ai blâmé l'action de l'abbé de Fenelon, et je lui ai ordonné de ne plus retourner en Canada.

Ainsi s'acheva cet épisode peu banal de l'histoire de Dorval.

Chapitre trois

LE SIEUR JEAN-BAPTISTE BOUCHARD DORVAL

**voyageur au pays
des 8ta8acs**

Montréal, 13 décembre 1695. C'est le matin. La vie reprend peu à peu dans les rues enneigées de la ville.

Mais, que vont faire tous ces gens chez la veuve Jalot, rue St-Paul?

Voyons tout d'abord qui est cette dame Jalot, de son nom de fille Marie-Antoinette Choüart.

Choüart, c'est déjà un grand nom en Nouvelle-France. Médard Choüart, sieur des Groseilliers, le père de Marie-Antoinette, a fait sa renommée comme coureur de bois en ouvrant à la traite des pelleteries, en compagnie de son beau-frère Pierre-Esprit Radisson, l'immense territoire qui s'étend de la vallée du St-Laurent jusqu'à la baie d'Hudson.

Médard Choüart des Groseilliers et Pierre-Esprit Radisson étaient deux beaux-frères, comme il vient d'être dit. La mère de Radisson, née Madeleine Hénault, avait épousé en premières noces le sieur Sébastien Hayet. De ce premier mariage, elle avait eu entre autres enfants une fille du nom de Marguerite. Par son mariage en secondes noces avec le sieur Radisson, elle allait devenir la mère de Pierre-Esprit Radisson. Marguerite et Pierre se trouvaient donc demi-soeur et demi-frère. En prenant Marguerite pour épouse Médard Choüart eut du même coup Pierre Radisson pour beau-frère.

Issue du mariage de Médard Choüart et de Marguerite Hayet, Marie-Antoinette Choüart se mariera dès l'âge de seize ans.

En novembre 1677, au Champlain, près des Trois-Rivières, Marie-Antoinette Choüart épouse le sieur Jean Jalot, fils d'un chirurgien (selon le cas barbier, guérisseur, dentiste) du même lieu, et lui-même chirurgien. Comme la mariée est mineure, ses père et mère stipuleront pour elle dans le contrat de mariage. Elle signera cependant.

Après leur mariage Jean Jalot et Marie-Antoinette s'établirent à Repentigny, où le mari avait acheté une concession. Ils eurent cinq enfants: Marguerite, Françoise, Médard, Angélique et Jacques. En 1690 le malheur frappe la jeune famille quand Jean Jalot est tué par les Iroquois.

Voilà donc cinq ans que Marie-Antoinette Choüart est veuve, puisque nous sommes en 1695. Après la mort de son mari elle avait gardé la terre de Repentigny, mais elle vient cette année même de la rétrocéder à son ancien propriétaire. Elle a pris logis à Montréal.

* * *

Donc, en ce matin du 13 décembre 1695 la veuve Jalot reçoit chez elle, à Montréal.

Les premiers invités à se présenter sont les Radisson, c'est-à-dire le sieur Étienne Volant de Radisson (un nom qu'il a emprunté de sa mère, née Françoise Radisson, son père s'appelant Claude Volant de St-Claude) et sa femme Geneviève Letendre. Les Radisson ne sont mariés que depuis deux ans. Geneviève avait tout d'abord été mariée à François-Xavier Pelletier, qui fut tué par les Iroquois. Étienne Volant de Radisson est un marchand, bien qu'il agisse à l'occasion comme arpenteur. Il est le cousin germain de Marie-Antoinette Choüart. Celle-ci l'a fait nommer subrogé-tuteur de ses enfants, dont elle est elle-même la tutrice.

Voici que se présente maintenant un homme d'une bonne trentaine d'années, le sieur Jean-Baptiste Bouchard Dorval. Il n'est pas marié, ce qui est un peu étonnant, car en Nouvelle-France le mariage n'est pas loin d'être un devoir pour chacun. Dans son cas le genre de vie qu'il a mené jusqu'à présent ne lui a guère permis de songer au mariage.

* * *

Le sieur Bouchard Dorval n'est pas originaire de Mont-réal. Il est né tout près de Québec en la paroisse de Notre-Dame de la Visitation du Château Richer, à six lieues en aval de la capitale, sur la rive nord du fleuve.

Le Château Richer est un bien joli patelin, encore que le climat y soit passablement rude. Il appartient à la Côte de Beaupré, laquelle a été rendue célèbre — dès lors et jusqu'à nos jours — par le pèlerinage de Ste-Anne de Beaupré. Appartiennent à la même région les fameuses chutes de Montmorency, à une lieue en aval de Québec.

En face de la Côte de Beaupré (qu'on écrivait à l'époque «coste de beau pré» parce qu'on y trouve au pied des puis-santes montagnes laurentiennes une belle étendue de terre ou «pré») se profile l'île d'Orléans où plusieurs familles sont établies.

Il ne semble pas que le père de notre Jean-Baptiste Bouchard Dorval ait été un défricheur et donc un «habitant», selon l'appellation du temps. Claude Bouchard aurait été chirurgien, mais l'histoire le donne aussi comme artisan et comme notaire. Les pionniers de notre pays n'avaient pas le loisir de se cantonner dans une occupation bien définie; pour se tirer d'affaire ils devaient faire flèche de tout bois.

Il appert que le sieur Claude Bouchard (qui ne paraît pas avoir porté le surnom de Dorval) aurait fait bénéficier de ses services la petite population du Château Richer et de Ste-Anne du Petit Cap (ainsi s'appelait la paroisse de Ste-Anne de Beaupré à l'origine) de même que celle de l'île d'Orléans. Il est probable que ses garçons apprirent tôt à jouer de l'aviron en traversant le fleuve avec leur père, la seule embarcation utilisée alors étant évidemment le canot indien.

Claude Bouchard et sa femme Marguerite Besnard eurent sept enfants: Jean, Marie, Charles, Jean-Baptiste — notre héros —, Claude, Paul et Marguerite. La famille Bouchard en viendra à s'établir à l'île d'Orléans, car le 24 novembre 1679, lors du mariage de Jean Bouchard au Château Richer, on lit dans l'acte de mariage qu'il est le fils de feu Claude Bouchard, habitant de l'île St-Laurent (île d'Orléans), et de Marguerite Besnard.

Tous les enfants Bouchard resteront obscurs. Mais enfin, tel est le cas pour la plupart des gens. Il est même assez étonnant que nous sachions sur le sieur Jean-Baptiste Bouchard Dorval tout ce que le présent chapitre va nous révéler. Car, c'est sans succès notable qu'à l'instar d'un grand nombre de Français de la Nouvelle-France il se livra à la traite des pelleteries. S'il n'avait pas donné son nom à la ville de Dorval, l'histoire ne ferait pas mention de lui.

On entendait alors par la «traite» l'action d'obtenir et de transporter les peaux jusqu'au port d'embarquement pour l'Europe, c'est-à-dire jusqu'à Montréal ou à Québec. Quant aux «pelleteries», c'étaient les peaux dont on faisait les fourrures. En Nouvelle-France ce terme s'appliquait aux peaux apprêtées et livrées par les traiteurs. Au lieu de «traiteurs» on parle parfois de «trappeurs», mais ce terme vient de l'anglais et son emploi est postérieur au XVIIe siècle.

Jean-Baptiste Bouchard Dorval se serait intéressé à ce commerce dès ses vingt ans. Né en 1658 ou vers 1658, il avait déjà quitté son village natal en 1681 puisqu'un recensement de la population, effectué cette année-là, le donne comme «domestique» au Séminaire de Québec (si toutefois il s'agit bien de lui). Cette institution avait été fondée en 1663 par l'évêque de Québec, Mgr François de Laval. Comme la seigneurie de Beaupré, qui englobait la paroisse du Château Richer, appartenait à l'évêque, il est vraisemblable que le jeune Jean-Baptiste Bouchard ait été emmené au Séminaire par quelque prêtre missionnaire desservant la Côte de Beaupré. Tous les prêtres avaient en effet leur point d'attache en cette maison. Faute d'aptitude à l'instruction et en l'absence de la «vocation» au sacerdoce, le jeune Jean-Baptiste serait devenu domestique d'élève qu'il était, à moins qu'il n'eût été les deux à la fois. Chose certaine, il savait écrire. Sa signature, donnée au bas de nombreux actes notariés, atteste qu'il possédait une belle écriture.

Le 20 septembre 1684 nous le trouvons avec un nommé Denis Turpin et un nommé Jean-Baptiste Lemoyne dans la maison d'un notaire, à Montréal, pour y former une société. Il s'agit pour le trio de mettre à profit un congé obtenu des autorités de la Nouvelle-France pour monter au pays des Indiens Outaouais. Le notaire instrumentant écrit «oüttaoüacs», ce qui donne à croire que le mot se prononçait «o-ut-ta-o-uacs». Le but du voyage était de rapporter à Montréal des peaux de castors qu'un traiteur avait obtenues des Indiens en ce territoire éloigné.

Pour l'intelligence du récit, il faut savoir que le territoire des Outaouais se situait au coeur de la région des Grands Lacs, c'est-à-dire au-delà du pays des Hurons, plus exactement dans une sorte de carré situé au nord du lac Huron et borné à l'ouest par le lac Supérieur.

C'était très loin de Montréal. On se rappellera par les explications données au premier chapitre que, dès le temps de Champlain, les Français avaient appris des Hurons le chemin de la baie Georgienne. On longeait l'île de Montréal jusqu'à son extrémité ouest, on la contournait, puis on remontait la rivière des Outaouais bien au-delà des villes modernes d'Ottawa et de Hull. On naviguait ainsi jusqu'à l'embouchure de la rivière Mattawa, ce qui n'allait pas sans exiger de grands efforts, la rivière des Outaouais étant parsemée de nombreux rapides. Par la rivière Mattawa on gagnait le lac Nipissing, que l'on traversait d'est en ouest jusqu'à une rivière qui y prend sa source, la rivière des Français (appelée «French River» sur les cartes routières d'Ontario). Par la rivière des Français on atteignait sans peine la baie Georgienne (qui est une partie du lac Huron) et les postes de traite établis dans cette région.

Or, déjà du temps de Jean-Baptiste Bouchard Dorval la Huronie n'était plus qu'un souvenir. La race huronne avait disparu, tombée sous les coups des féroces Iroquois au cours des années 1640 et des années 1650.

Mais, la route maritime que les Hurons avaient enseignée aux Français demeurait. Elle devint l'itinéraire classique de tous les explorateurs, missionnaires et traiteurs désireux de s'éloigner des seigneuries de la Nouvelle-France, chacun pour ses propres raisons.

Les Français auraient pu emprunter la route du fleuve. Elle les aurait conduits avec beaucoup moins de peine au lac Ontario, de celui-ci au lac Érié, et de ce dernier au lac Huron. Mais, cette route traversait le pays des Iroquois avec lesquels ils furent presque perpétuellement en guerre. L'épisode des abbés Claude Trouvé et François de Fénelon partant en mission au nord du lac Ontario à la demande même des Iroquois prend figure d'exception à la règle.

De nos jours des plaques historiques rappellent aux touristes les principaux moments de ces temps héroïques. Ainsi, quand on descend de Sudbury jusqu'à Barrie par la route ontarienne #11 qui longe la baie Georgienne, on a à traverser la *French River*. Dans un petit parc une mention rappelle qu'en 1659 Pierre-Esprit Radisson et Médard Choüart des Groseilliers passèrent par là en se rendant à la baie d'Hudson.

En longeant la rive de la baie Georgienne on atteignait le territoire des Indiens Outaouais. Telle fut donc la destination de Jean-Baptiste Bouchard Dorval et de ses associés Turpin et Lemoyne en cette année 1684.

(Incidemment, voyons ce qu'il faut entendre par un «congé» au sens de la Nouvelle-France. «Les congés, explique le Français Baque de la Potherie, auteur d'une HISTOIRE DE L'AMÉRIQUE SEPTENTRIONALE parue au XVIIIe siècle, étaient une vingtaine de permissions que Sa Majesté (c'est-à-dire le Conseil Souverain de Québec, ou plutôt le gouverneur de la Nouvelle-France) accordait aux familles des gentils-hommes les moins aisées pour aller commercer avec les Outaouais et que le gouverneur général distribuait aux personnes qu'il croyait en avoir le plus besoin. Un congé donnait droit pour un an de mener un canot de huit places chargé de marchandises chez les Outaouais. Ceux qui ne voulaient point y monter vendaient cette permission de huit à douze cents francs.»)

À l'automne de 1684 Jean-Baptiste Bouchard Dorval part donc pour les Grands Lacs, d'où il reviendra l'année suivante.

C'est alors que de Québec s'amènent un marchand du nom de François Hazeur et la veuve d'un certain Claude de Sainte, née Françoise Hachet. La veuve de Sainte avait un beau-frère, le frère de son défunt mari, qui était traiteur dans la région où le lac Huron, le lac Michigan et le lac Supérieur se touchent par leurs extrémités et se déploient en trois directions différentes comme une gigantesque fleur

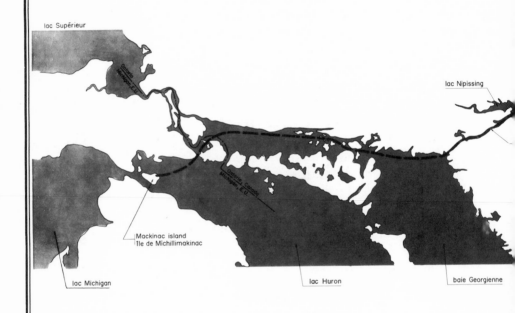

Route des voyag
de Montréal

lac Supérieur

lac Nipissing

Mackinac island
Île de Michillimakinac

lac Michigan

lac Huron

baie Georgienne

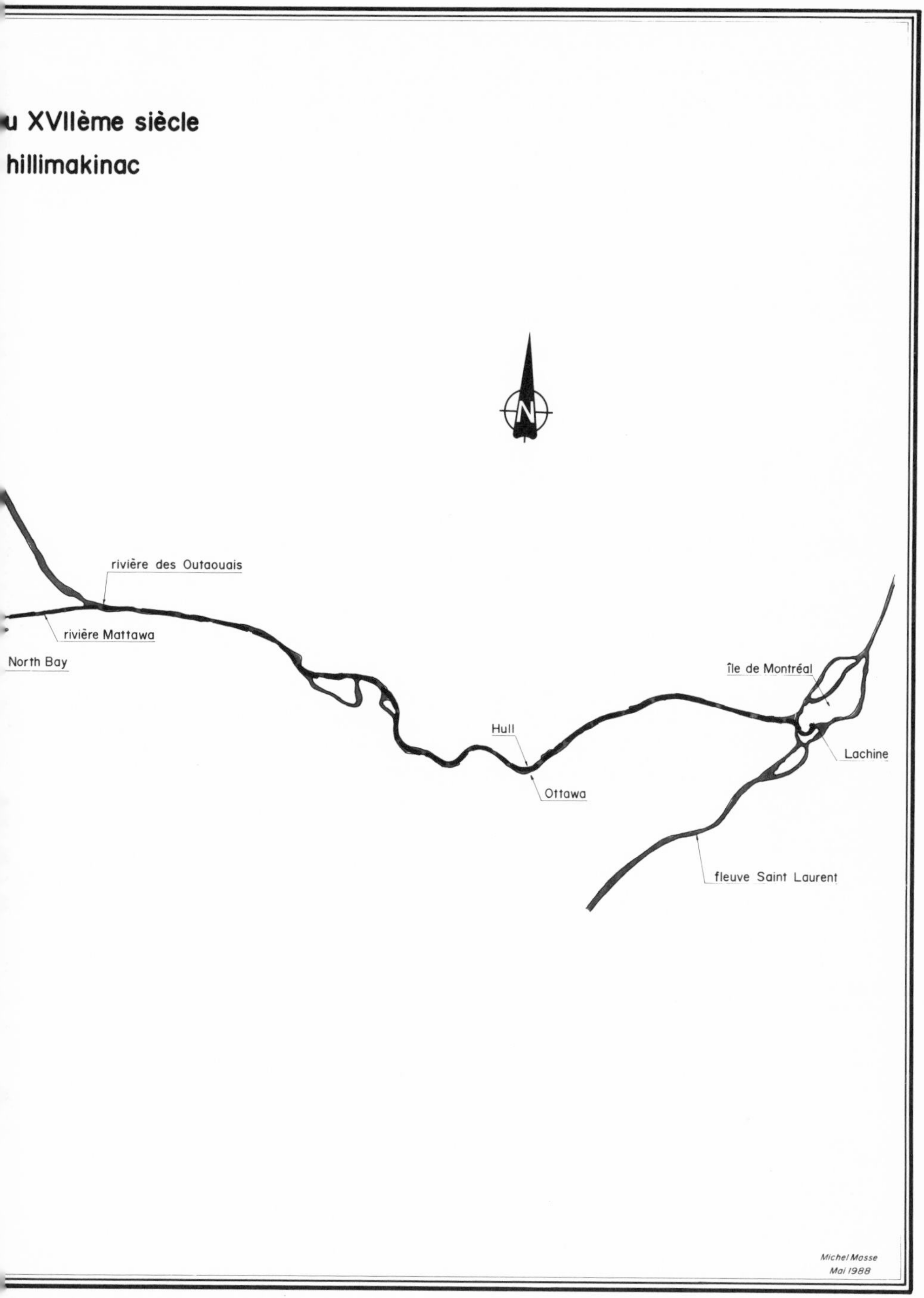

u XVIIème siècle

hillimakinac

rivière des Outaouais

rivière Mattawa

North Bay

île de Montréal

Hull

Lachine

Ottawa

fleuve Saint Laurent

Michel Masse
Mai 1988

à trois pétales. Le centre de cette région portait le nom de Michillimakinac.

Aujourd'hui le territoire de Michillimakinac fait partie intégrante de l'État du Michigan. Mais, à l'époque de Jean-Baptiste Bouchard Dorval les Français s'en étaient attribué la possession, les Européens ne reconnaissant aucun droit de propriété aux Indiens.

Du temps de l'intendant Talon les Français avaient envoyé une sorte de délégation aux Grands Lacs en vue de s'approprier l'intérieur du continent. Le chef de cette mission était le sieur St-Lusson.

St-Lusson et ses hommes s'étaient rendus au Sault Ste-Marie, à la sortie du lac Supérieur (c'est-à-dire au nord du détroit de Michillimakinac, où s'effectue la jonction des lacs Huron et Michigan). Les traiteurs et les missionnaires y avaient alors convoqué le plus grand nombre possible de chefs de tribus indiennes. Quand tout le monde fut au rendez-vous, on procéda à une grande cérémonie de prise de possession au nom du Roi de France. Après de longs discours, le chant du *Te Deum* et une salve d'artillerie, chacun rentra chez soi pour ainsi dire, St-Lusson et ses hommes retournant à Québec, les missionnaires reprenant leurs courses apostoliques, les traiteurs recommençant leurs échanges avec les Indiens, et les chefs indiens revenant chacun dans sa tribu.

Les Français jugèrent qu'ils avaient soustrait ces contrées, dont ils ne connaissaient ni l'étendue ni les limites, à la mainmise des Anglais déjà installés à la baie d'Hudson. Missionnaires, traiteurs et coureurs de bois s'y comportèrent désormais comme en pays conquis, même en l'absence de tout peuplement permanent par des sujets français.

Il est probable que les deux frères de Sainte se livraient de concert à la traite des pelleteries. Privé du concours du défunt, le beau-frère de la veuve n'était pas en mesure d'expédier ou d'apporter à Québec les peaux que le marchand Hazeur devait vendre au Bureau du Roi afin de se rembourser des sommes d'argent que les deux frères de Sainte lui devaient. La part du défunt allait évidemment à la veuve, d'où l'intérêt de celle-ci dans le transport des pelleteries jusqu'à Québec. Hazeur et la veuve de Sainte étaient donc venus à Montréal afin d'y engager des voyageurs capables de rapporter chez eux les pelleteries du défunt.

Tel est du moins le scénario qu'on imagine spontanément à la lecture du contrat que le sieur Bouchard Dorval et son associé Lemoyne signèrent avec le sieur Hazeur et la veuve de Sainte.

Lisons plutôt:

> Par-devant Hilaire Bourgine, notaire de l'île de Montréal, et témoins soussignés, furent présents en leurs personnes le sieur François Hazeur, marchand bourgeois de la cité de Québec, déprésent en cette ville, et dame Françoise Hachet, veuve de feu sieur Claude de Sainte, aussi demeurant à Québec, déprésente en cette ville, d'une part, et les sieurs Jean-Baptiste Dorval et Jean-Baptiste Lemoyne, aussi déprésents en cette ville, d'autre part.

> Entre lesquelles parties a été fait le marché, clauses et conditions ci-après, savoir que lesdits sieurs Dorval et Lemoyne promettent et s'obligent de faire le voyage de cette ville à Missillimakina aller et venir chargés des effets ci-après, savoir du contenu en une facture à eux livrée dont ils ont eu lecture et reconnaissent que tout le contenu d'icelle leur a été mis en mains, pour le tout mener et conduire audit lieu de Missillimakina et être délivré au sieur de Sainte, sauf les risques, périls et fortunes imprévus, supposé qu'il n'arrivent en aucune façon par leur faute, et de pour le retour se chargeront des effets qu'il plaira audit sieur de Sainte les charger, soit des siens ou de ceux de ses amis, d'une charge raisonnable pour deux hommes, moyennant que ledit

sieur Hazeur et ladite dame de Sainte promettent et
s'obligent de faire bailler et payer auxdits sieurs Dorval
et Lemoyne la somme de cinq cents livres en argent,
— et à chacun un capot qu'ils ont reçu présentement
dudit sieur Hazeur, dont ils se tiennent pour contents,
montant à la somme de mil cinq cents quatre vingts
livres dix neuf sols en deniers —, et ce au retour du
voyage par le sieur de Sainte; et en outre seront fournis
de vivres allant et venant aux dépens dudit sieur de
Sainte, à condition qu'ils ne porteront aucunes
marchandises de traite ni autres pour leur compte
suivant et conformément à la permission qui leur a été
mise en mains pour faire leur voyage ensemble, de
monseigneur le général en date du cinq juin dernier,
signée Lefebvre de la Barre et Demeulles, et plus bas
par monseigneur Regnault, et scellée aux noms de
monseigneur, et faire pendant ledit voyage par les sieurs
Dorval et Lemoyne le plus de diligence que faire se
pourra, tel que le tout a été voulu spécialement et
accepté par lesdites parties qui en ont obligé et hypo-
théqué tous leurs biens présents et à venir, promettant,
etc.; renonçant, etc.; obligeant, etc.

Fait et passé en la maison dudit sieur Hazeur en
cette ville, avant-midi, le premier jour de juillet mil six
cent quatre-vingt cinq en présence des sieurs François
Pougnet et Claude Tardy, marchand, et demeurant
audit lieu, témoins qui ont signé avec toutes les parties
et moi, notaire.

> (signé) Françoise Hachet, veuve de Sainte
> F. Hazeur
> Jean-Baptiste Lemoyne
> Bouchard Dorval
> F. Pougnet
> Tardy
> H. Bourgine *(son paraphe)* notaire

On aura noté que le notaire Bourgine écrit «Missilli-
makina» alors que depuis longtemps on écrit «Michillima-

kinac». Les Américains, quant à eux, ont une ville à cet endroit appelée «Mackinaw City»; à l'île fameuse située dans le détroit ils ont donné le nom de «Mackinac Island». D'où il appert que le «a» des Indiens se prononçait selon toute vraisemblance entre les sons «aw» et «ac».

C'est donc en cette contrée éloignée qui était le centre de l'activité des missionnaires, des explorateurs et des traiteurs que les voyageurs Bouchard Dorval et Lemoyne devaient se rendre.

Nous ne pouvons identifier le lieu précis de la rencontre avec le sieur de Sainte. Car, le nom de Michillimakinac désignait à la fois la région, le détroit et l'île située d'un côté de ce détroit. On peut cependant présumer que leur voyage allait se terminer à l'île de Michillimakinac à l'extrémité de laquelle un minuscule village permettait aux explorateurs, aux missionnaires, aux traiteurs, aux militaires parfois, de faire une halte et d'hiverner, le cas échéant.

Il va sans dire que ni Bouchard Dorval ni aucun des voyageurs du temps n'a laissé de relation de voyage, et pour cause. Ces hommes n'avaient ni l'art ni le loisir d'écrire. Mais, il se trouva quelques bons témoins de leur existence périlleuse, entre autres le célèbre Lamothe Cadillac, un militaire français, capitaine en pied (c'est-à-dire en titre et en service), qui eut une compagnie de marine au Canada et que le gouverneur Frontenac nomma commandant de Michillimakinac en septembre 1694. Nous lui devons une relation fort instructive dont un extrait va nous permettre de juger du genre de vie de notre voyageur.

Voici:

> Si on pouvoit comprendre quelle fatigue il y a pour trouver du castor, on ne mespriseroit pas tant cette marchandise, car il faut sçavoir que le convoy des Français part ordinairement du Mont-Réal au commencement du printemps, ou bien vers le 15 septembre, si

bien que dans ce pays-là les deux saisons sont fascheuses: l'une parce que c'est la fonte des glaces et des neiges qui rendent l'eau vive et très froide; l'autre parce que c'en est le commencement; or il y a quantités de rapides en chemin. Presque tousjours invincibles à la pesche, les Canadiens qui sont ordinairement en chemise, nu-pieds et nu-jambes, lorsque leurs canots ne peuvent tenir contre la rapidité des eaux, s'y jettent dedans hardiment; à force de bras, s'entr'aydant les uns les autres, ils en viennent à bout, mais non pas sans avoir leurs pieds et leurs jambes souvent escorchés, les roches estant si froides qu'elles se collent fort bien à leur peau et ne s'en détachent point sans enlever la pièce. Si cela n'arrivoit qu'une fois par jour, ce seroit peu de chose, mais ils font, au contraire, ce manège-là dans tout le cours de leur voyage.

Ce n'est pas tout: on trouve en chemin très fréquemment des chûtes d'eau ou cascades, par où on ne peut monter ni descendre, si bien qu'il faut débarquer au pied des cascades et porter son canot sur les espaules par dedans les bois, et toutes les marchandises ou castors par-dessus les chûtes, et l'on se rembarque; c'est ce qu'on appelle faire un portage.

Il faut donc que les Canadiens fassent 300 lieues dans ce mouvement perpétuel et pénible avant d'arriver à Missilimakinak, ce qui fait voir leur force, leur vigueur et leur endurcissement à la fatigue, et il semble incroyable que le corps humain puisse résister à un froid si extraordinaire.

Pendant les cinq années postérieures à ce voyage de 1685-1686 à Michillimakinac nous sommes dépourvus d'information au sujet des allées et venues du sieur Bouchard Dorval. Nul doute qu'il continua d'exercer le métier périlleux de voyageur.

Or, voici qu'en 1691, le 14 septembre, nous le retrouvons chez le notaire pour y signer, en compagnie de son frère Paul, une convention avec les frères Jacques et Joseph Dino, et les frères Anthoine et Philippe Trudel.

Il s'agit pour les trois couples de frères de «faire valoir les deux permissions qu'ils ont pour deux canots». La destination du voyage, c'est — comme en 1684 — le pays des Outaouais. Cette fois le notaire appelle les Indiens de ce pays les «8ta8acs», utilisant le chiffre huit avec les lettres de l'alphabet. C'est là une orthographe originale, il faut en convenir, mais on la trouve dans les textes officiels du temps. On n'avait rien imaginé de mieux pour fabriquer une onomatopée qui rendît aussi parfaitement que possible le nom de la tribu concernée tel que les Indiens le prononçaient.

De ces «8ta8acs» les Français feront éventuellement des Outaouais et les Anglais des Ottawas. Comme dans le cas de Michillimakinac, il existe ici un certain flottement quant à la prononciation exacte du «a» indien. Ce «a» devait être à mi-chemin entre «8ta8acs» et «8ta8aws».

La convention de 1691 entre les frères Bouchard, les frères Dino et les frères Trudel avait pour objet principal une stipulation se rapportant à quelque accident susceptible de se produire au cours du voyage. «...ont convenu qu'en cas que l'un d'entre eux en vint à décéder ou être tué ou blessé et hors d'état de vaquer aux affaires de leur société, alors...», tel était le coeur de l'entente entre les six intéressés. La solution était qu'il fallait alors engager un homme dont les gages allaient être payés à même la part de l'associé empêché de poursuivre le voyage.

Ici il nous vient à la mémoire que le 21 janvier 1691 Jean-Baptiste Bouchard Dorval a fait l'acquisition du domaine de la Présentation, en haut du village de Lachine. Cet hiver-là il ne se trouvait donc pas chez les 8ta8acs. On aurait pu croire qu'il allait désormais s'adonner au défrichement et à l'agriculture. Manifestement il n'en est rien puisque le voici qui repart, dès l'automne de 1691, pour la région des Grands Lacs.

Le 21 août 1692 le sieur Bouchard Dorval passe un nouveau genre de contrat. Cette fois Anthoine et Philippe Trudel — ses associés de 1691 — et lui-même consentent une obligation au sieur Charles de Coüagne. Il s'agit encore d'un voyage au pays des 8ta8acs.

Lisons:

> Par-devant Claude Maugue, notaire de l'île de Montréal, y résidant, et témoins soussignés, furent présents les sieurs Jean-Baptiste Bouchard Dorval, Anthoine et Philippe Trudel, associés dans le voyage des 8ta8acs.
>
> Lesquels ont reconnu et confessé devoir bien et justement au sieur Charles de Coüagne, marchand bourgeois, de ce lieu, à ce présent et acceptant, la somme de mille huit livres quatre sols valeur reçue dudit sieur de Coüagne pour marchandises à eux fournies pour l'équipement de leur voyage. Dont, etc., ledit contrat, etc.
>
> Ladite somme de mille huit livres quatre sols lesdits sieurs Dorval et Trudel ci-dessus nommés promettent et s'obligent solidairement, sans division ni discussion, de payer audit sieur créancier en sa maison en cette ville ou au porteur l'année prochaine à leur retour qui sera au plus tard dans le mois d'août, et ce en castor bon, loyal et marchand au prix du bureau du Roi en ce pays, à peine de tous dépens, dommages et intérêts, et pour l'exécution des présentes ont élu domicile en la maison du sieur Jean Martinet de Fonblange, Me chirurgien, de cette ville, auquel lieu, etc. Promettant, etc. Obligeant, etc. Renonçant, etc.
>
> Fait à Villemarie, après-midi, l'an mil six cent quatre-vingt-douze, le vingt-unième jour d'août, en présence des sieurs Georges Michellet, praticien, et

Pierre Gadois, M^e armurier, témoins soussignés, avec lesdits sieurs de Coüagne et Dorval, lesdits Trudel ayant déclaré ne savoir écrire ni signer de ce requis, suivant l'ordre, et le notaire, en la maison dudit sieur de Coüagne.

La présente obligation sans préjudice d'autre dû. Fait lesdits jour et an que ci-dessus.

(signé) Jean Baptiste Dorval
      Charles de Coüagne
      G. Michellet
      P. Gadois
      C. Maugue *(son paraphe)* notaire

Cette convention nous apprend au moins une chose. Partis août 1692, Dorval et ses associés promettent qu'ils seront de retour en août 1693. Le voyage au pays des 8ta8acs, aller et retour, prenait donc douze mois en moyenne.

Il nous apprend aussi que les voyageurs hivernaient chez les Indiens, à Michillimakinac probablement, pour ne rentrer à Montréal qu'à l'été.

Ce contrat de 1692 nous ramène une vieille connaissance, c'est-à-dire le «marchand bourgeois» Charles de Coüagne. Ce dernier était en Nouvelle-France une sorte de banquier avant la lettre. C'est lui qui avait permis à Agathe de St-Perre de faire l'acquisition du domaine de la Présentation en 1685 en effectuant pour elle le paiement dû au Séminaire de St-Sulpice. Plus tard, en janvier 1691, quand Agathe de St-Perre et son mari Pierre de Repentigny avaient vendu le domaine au sieur Bouchard Dorval, c'est lui qui avait fourni les fonds en acceptant que Bouchard paie entre ses mains le prix de vente dû aux vendeurs, ce qui révélait que les Repentigny étaient encore ses débiteurs.

Tout indique que Bouchard Dorval, comme beaucoup d'autres, avait recours régulièrement aux bons offices du sieur de Coüagne.

* * *

Parlant du sieur Charles de Coüagne, le voici qui par ce matin d'hiver du 13 décembre 1695 s'amène chez la veuve Jalot en compagnie de sa femme, née Marie Godé.

Puis, c'est une amie du couple de Coüagne, Marie Carlié, la femme de l'arquebusier René Fézeret, qui fait son apparition. La suivent de près le sieur Jean Boudon et sa femme Marguerite Seigneuret.

Le dernier des invités est le sieur François Lemaistre de Lamorille. Comme celui-ci entre chez la veuve Jalot, il voit venir le notaire Anthoine Adhémar chargé de ses papiers, et les deux font ensemble leur entrée dans la maison.

Le lecteur aura deviné que tous ces gens sont venus assister à la passation d'un contrat de mariage, en l'occurrence celui du sieur Jean-Baptiste Bouchard Dorval et de Marie-Antoinette Choüart.

Comment les deux futurs époux se sont-ils connus? Nous n'en savons rien. Mais, il est manifeste qu'ils appartenaient aux mêmes cercles, ceux des traiteurs et des marchands, lui par son métier de voyageur, elle par ses relations de famille.

Me Adhémar se met à l'oeuvre. Le contrat de mariage qu'il va rédiger — et qui subsiste, parfaitement conservé, aux Archives nationales du Québec à Montréal — est un document de six pages. L'ampleur de ce contrat non moins que la qualité des amis présents attestent que le futur époux et la future épouse ont du bien et qu'ils jouissent d'une certaine notoriété.

Le notaire va répartir les amis en deux groupes: de la part du futur époux, le sieur Charles de Coüagne et sa femme Marie Godé, et Marie Carlié la femme de l'arquebusier Fizeret; de la part de la future épouse, le sieur Étienne Volant de Radisson et sa femme Geneviève Letendre, le sieur Jean Boudon et sa femme Marguerite Seigneuret, et le sieur François Lemaistre de Lamorille. Tous signeront le contrat à la suite des futurs époux.

On sait que le premier souci d'un notaire, quand il passe un acte, est d'identifier les parties. Voyons en quels termes le notaire Adhémar identifie le futur époux et la future épouse (nous gardons, strictement, l'orthographe originale):

> ...sieur Jean Baptiste Bouchard dorval, demeurant au ville marie, majeur, uzant et jouissant de ses droits, fils de deffunt sieur Claude bouchard, (en son) vivan chirurgien, et de Marguerite besnard sa femme, ses père et mère, natif de paroisse de la visitation notre dame de la coste de beau pré... ...et de(moiselle) Marie antoinette Choüart, demeurant aussy au ville marie, fille de deffunt Medard Choüart et de Marguerite Ayet sa femme, ses père et mère, veuve de deffunt le sieur Jean Jalot (en son) vivan chirurgien, demeurant à Repentigny...

Après la détermination du régime matrimonial (en l'occurrence la communauté de biens selon la «Coutume de la ville et prévôté et vicomté de Paris»), les futurs époux sont invités à déclarer les biens qu'ils possèdent.

De ceux de Jean-Baptiste Bouchard Dorval, le notaire note:

> ...Déclarant ledit sieur futur époux que ses biens et droits consistent en une concession ditte de la présentation sise au-dessus de Lachine en cette isle, qu'il a acquise de Mr et de Mademoizelle De Repentigny (pour) la somme de deux mil deux cents livres par contrat passé pardevent ...

Le futur époux signera «Jean baptiste Bouchard dorval»; et la future épouse, «marie antoinette choüart».

Première page du contrat de mariage de Jean-Baptiste Bouchard Dorval et de Marie-Antoinette Choüart, 13 décembre 1695.

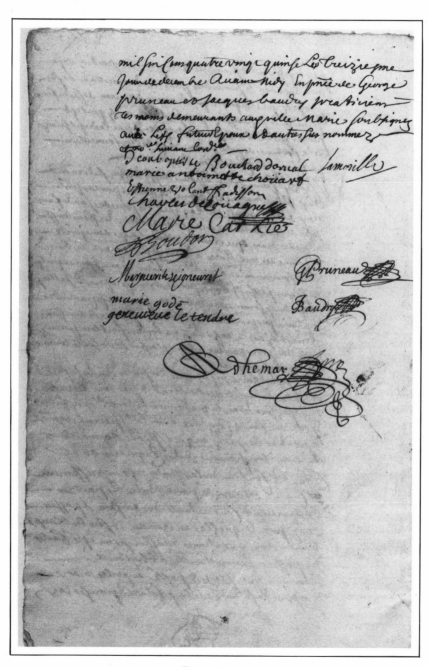

Dernière page.

Cette réunion solennelle et touchante à la fois se déroulait chez la veuve Jalot le 13 décembre 1695. Le mariage fut célébré le 19 décembre en l'église de Montréal.

* * *

Dans les histoires que l'on racontait jadis aux enfants, le récit n'allait pas au-delà. «Ils se marièrent, ils eurent de nombreux enfants et ils furent heureux», telle en était la conclusion. Mais, l'histoire n'est pas un conte. Elle se poursuit au-delà de la cérémonie du mariage et des perspectives que notre appétit de bonheur ouvre à l'imagination.

Nous reprenons donc la suite de notre récit.

On pouvait s'attendre à ce que, dès le printemps de 1696, le couple Dorval allât s'établir au domaine de la Présentation. Il n'en fut rien.

Le premier avril de cette année-là Jean-Baptiste Bouchard Dorval et sa femme s'en furent chez le notaire y signer un bail par lequel le sieur Pierre Gadois, arquebusier de son métier, leur «loue à titre et à loyer une maison sise en cette ville rue St-Paul consistant en cave, chambre à plain pied et une chambre au-dessus entre la maison que ledit sieur bailleur a louée à Jean Trudel dit Lacombe, boulanger, et la boutique du sieur bailleur».

S'il faut en juger par la clause du bail comme quoi les locataires acceptent les lieux «tel que le tout se poursuit et se comporte que les preneurs ont dit bien savoir pour les avoir vus et visités dont ils sont contents et se contentent», il s'agirait d'un logement autre que celui de Marie-Antoinette avant son mariage. Par ailleurs, comme c'est là une clause de style, rien ne nous empêche de croire le contraire. De toute façon, ce détail n'a pas beaucoup d'importance, l'élément à retenir étant que les nouveaux époux restèrent à Montréal après leur mariage.

PROMENADE
DANS
DORVAL

Portail de l'église de la Présentation de la Sainte Vierge. La paroisse du même nom fut érigée canoniquement en 1895, et l'église fut ouverte aux fidèles en 1900. La direction de la paroisse fut alors confiée aux Pères Missionnaires de la Compagnie de Marie (communément appelés «Montfortains»), qui en ont toujours la charge.

L'église de la Présentation de Dorval dresse dans le ciel la même silhouette que bien des églises de la région de Montréal. Elle est orientée du nord au sud, tournée ainsi vers le lac St-Louis. De ce côté-ci, le cimetière où l'on retrouve presque tous les noms des vieilles familles de Dorval. La grille de fer forgé fut offerte à la paroisse en 1932 par un groupe de donateurs dont les noms sont énumérés sur une plaque apposée à l'une des colonnes de pierre.

Partie de la nef et de l'abside de St. Mark's Church. Lors de la construction en 1898, il ne s'agissait que d'une chapelle. À partir de 1955, avec la création d'une paroisse anglicane, son nom fut changé de «St. Mark's Chapel» pour «St. Mark's Church». La construction initiale, montrée ci-dessus, fut agrandie deux fois, soit en 1958 et en 1967.

St. Mark's Church. Clocher et flèche.

Queen of Angels Academy. Cette construction imposante n'est autre que l'ancien *clubhouse* du Royal Montreal Golf Club. Ce club de golf avait utilisé la terre des Meloche pour aménager ses *fairways*. Nous voyons ici le côté sud du *clubhouse*. De l'autre côté se trouve la façade donnant jadis sur la voie ferrée du Grand Trunk Railway (plus tard le Canadien National), aujourd'hui le bd Bouchard.

Queen of Angels Academy. Détail du mur sud de l'ancien *club-house* incluant les armoiries du Royal Montreal Golf Club au milieu du *bay window*.

La maison Meloche aurait été construite au début du siècle dernier. Les Meloche étaient de grands propriétaires fonciers, puisqu'en plus des immeubles décrits dans les donations de 1832 et 1850 ils possédaient une terre à Lachine ainsi que des lopins de terre et une terre à bois à l'île Perrot. Cette «maison de pierre» (ainsi décrite à l'acte de donation) fut cédée par Jean-Baptiste Meloche II à Jean-Baptiste Meloche III en 1867 (cf. chap. IX).

La maison Charles-Gervais Décary est à l'heure actuelle occupée par le petit-fils de ce dernier. Elle aurait été construite à l'époque du cadastre (cf. chap. VIII). Elle faisait partie du village initial de Dorval, à l'intérieur de l'ancien domaine de la Présentation.

La maison Charles Décary fils de Jean-Baptiste subsiste au coeur de l'ancien village de Dorval, donc au coeur de l'ancien domaine de la Présentation. Elle remonte approximativement à l'époque du cadastre (cf. chap. VIII).

La *maison Paul Picard* aurait été construite vers 1815. Elle est située sur le bord du lac St-Louis, assez loin du chemin alors appelé «route de la Pointe Claire». Elle se trouve sur le site même de l'ancien domaine de la Présentation.

La *maison André Legault dit Deslauriers* aurait été construite vers 1830. Elle est située sur le bord du lac St-Louis, à l'endroit où l'ancien chemin de la Pointe Claire se rapproche du lac. Cette propriété fait partie de l'extrémité ouest de l'ancien domaine de la Présentation.

La *propriété Pomminville* correspondrait à la terre de ce nom mentionnée dans le dénombrement de 1731 (cf. chap. IV). La maison a été construite par un successeur des Pomminville au début du siècle dernier. Elle se trouve sur le site même de la concession accordée par les seigneurs de l'île de Montréal à Pierre Picoté de Belestre (cf. chap. II), donc tout de suite à l'ouest de l'ancien domaine de la Présentation.

Cimetière de la paroisse de la Présentation. Pierre tombale de cinq religieux montfortains ayant exercé leur ministère à Dorval: les révérends pères Albert (1864-1910), Philips (1872-1911), Chaillou (1873-1910), Speetjens (1890-1927) et Béricot (1867-1927).

Cimetière de la paroisse de la Présentation. Stèle funéraire de Suzanne Bert, dont l'histoire est racontée au chap. VIII, et de certains de ses descendants. L'inscription se rapportant à elle se lit ainsi: «Suzanne Berth — née île Wight Ang. 1807 — devenue catholique à Montréal 1820 — mariée à Gerv. Décarie 1826 — décédée à St-Henri 19 avril 1884 — R.I.P.»

Île Dorval. Vue prise de la rive nord du lac St-Louis.

Le bail, d'une durée de deux ans, est stipulé renouvelable pour deux années additionnelles, ce qui nous révèle que les Dorval entendaient prendre leur temps avant de quitter la ville pour la campagne.

Quand s'installeront-ils à la Présentation? La lecture des actes de naissance de leurs enfants nous l'apprendra.

Leur fille aînée, Marie-Geneviève, naquit et fut baptisée à Montréal le 6 octobre 1696. L'aîné des garçons, Jean-Baptiste, qui allait plus tard prendre le surnom de sieur des Groseilliers, manifestement en souvenir de son grand-père maternel, naquit également à Montréal, le 17 janvier 1698, et y fut baptisé le lendemain. Mais, le deuxième des garçons, Antoine, naquit à Lachine le 19 octobre 1699, et y fut baptisé le lendemain. La famille Dorval s'était donc installée à la Présentation entre les naissances de Jean-Baptiste et d'Antoine, c'est-à-dire après le 17 janvier 1698 et avant le 16 octobre 1699.

Leur troisième fils, Joseph, aurait été baptisé à Montréal le 15 septembre 1701, mais cela ne signifie pas nécessairement que la famille Dorval eût alors quitté le domaine de la Présentation. Quant à leurs deux derniers enfants, Hyacinthe et Apolline, ils naquirent et furent baptisés l'un et l'autre à Lachine les 13 juin 1703 et 28 mars 1705 respectivement.

On peut présumer qu'au début du siècle Jean-Baptiste Bouchard Dorval, l'ancien voyageur au pays des 8ta8acs, s'adonnait résolument à l'agriculture. Cet homme qu'on imagine de taille moyenne, mais fort d'épaules et terriblement musclé comme l'exigeait l'exténuant métier qu'il avait exercé autrefois, s'occupait maintenant de défricher ses terres et de les ensemencer.

Les années passèrent.

Rien ne nous empêche de prêter à la famille Bouchard Dorval — disons plutôt la famille Dorval, sans plus, car le nom de Bouchard en vint graduellement à tomber — une sorte de vie idyllique dans ce beau domaine de la Présentation, avec ses îles baignant dans les eaux paisibles du lac St-Louis. Les belliqueux Iroquois s'étaient enfin apaisés. Les Anglais étaient loin, en Nouvelle-Angleterre et à la baie d'Hudson. On pouvait circuler sans crainte à l'intérieur des terres pour cultiver ou pour chasser; on pouvait sans courir le moindre danger traverser de la terre ferme aux îles, se livrer à la pêche sur le lac St-Louis et dans les rivières, se rendre à Lachine ou à la Pointe Claire (où se dressait le moulin seigneurial) ou plus loin encore.

Mais, il y a un doute. Il était peut-être trop tard pour que le sieur Dorval fasse un bon «habitant». Il ne pouvait du jour au lendemain oublier la traite des pelleteries. Il est tout à fait légitime d'imaginer que l'ancien voyageur au pays des 8ta8acs continua de s'intéresser de quelque manière au commerce. C'est ainsi qu'il en vint malheureusement à s'endetter.

Comme le sieur Dorval franchissait le cap de la soixantaine les choses se gâtèrent. Il avait des créanciers, et alors la situation financière gênante dans laquelle il se trouvait le poussa à un geste désespéré. Il quitta son foyer et le domaine de la Présentation, probablement en vue d'une aventure commerciale susceptible de lui rapporter assez d'argent pour mettre fin à ses ennuis. Ou bien il s'enfuit. On n'en sait rien. Toujours est-il que vers les années 1720, étant parti de chez lui, il n'y était pas revenu dans le laps de temps annoncé.

Confrontée à une fâcheuse réalité, Marie-Antoinette Choüart prit le parti de faire déclarer son mari «absent» au sens de la loi. L'absence juridique, c'était la situation légale d'une personne qui avait cessé de paraître au lieu de son domicile et dont on n'avait plus de nouvelles depuis un certain nombre d'années. Il semblerait qu'à cette époque le délai d'absence ait été de quatre années.

Désormais ce fut Marie-Antoinette Choüart qui géra le domaine.

Puis, la nouvelle lui parvint que son mari était décédé dans la région de Québec et qu'on avait mis son corps en terre. Effectivement les registres de la paroisse de Ste-Anne de Beaupré attestent que le sieur Bouchard Dorval fut inhumé dans cette paroisse le 2 mars 1724.

Cette fin de notre héros nous laisse bien nostalgiques. Mais, il faut nous dire qu'il n'existe pas de bon scénario pour la mort.

Dans le cas de Jean-Baptiste Bouchard Dorval, il aurait pu périr, anonyme, comme tant de voyageurs qui couraient des risques inouïs à remonter les rivières. Si cela lui était arrivé, ses compagnons l'auraient enterré sans façon le long du parcours, quitte à planter au-dessus de sa sépulture une simple croix formée de deux bouts de bois.

Le sieur Dorval échappa tout de même à ce destin qui fut celui d'un grand nombre de voyageurs. À sa dernière heure il se trouva quelqu'un pour le recueillir moribond et faire inhumer sa dépouille mortelle en terre sainte près du lieu de sa naissance.

Quant à la malheureuse Marie-Antoinette Choüart, elle se retrouvait veuve pour la seconde fois à l'âge de soixante-trois ans. Elle avait perdu son premier mari au cours de la guerre iroquoise, et rien ne pouvait être plus cruel que ces assauts des sauvages sur les hommes de la colonie. Voici que son second mari venait de mourir loin de son foyer.

Le désarroi de cette femme deux fois veuve se manifeste à la signature qu'elle apposa au bas des contrats qu'elle eut à passer après la disparition de son mari. Elle qui avait signé «marie antoinette choüart» d'une belle écriture égale et régulière au bas de ses deux contrats de mariage, elle n'a plus en 1723 et 1725 qu'une petite écriture recroquevillée.

La veuve Dorval revint vivre à Montréal. Nous verrons dans un prochain chapitre ce qu'il advint alors du domaine de la Présentation où elle avait vécu une vingtaine d'années. On se plaît à croire qu'elle avait tout de même connu des heures heureuses sur le rivage ensoleillé du lac St-Louis.

* * *

À titre d'épilogue, arrêtons-nous à l'énigme du nom de Jean-Baptiste Bouchard Dorval. Voici les signatures que nous connaissons de lui:

Le 20 septembre 1684, dans son contrat de société avec Denis Turpin et Jean-Baptiste Lemoyne le notaire l'appelle «Jean-Baptiste Bouchard», et il signe «Bouchard»;

le 1er juillet 1685 il signe son engagement pour le voyage de Michillimakinac «Bouchard dorval» après que le notaire l'eût identifié comme «Jean-Baptiste Dorval»;

dans l'acte de vente en sa faveur du domaine de la Présentation le 29 janvier 1691 le notaire le désigne comme «Jean Baptiste Bouchard sieur dorval», et il signe «Jean baptiste bouchard dorval»;

dans la convention du 14 septembre 1691 avec son frère Paul, les frères Dino et les frères Trudel le notaire écrit «Jean Baptiste et Paul Bouchard Dorval», notre héros signe «Jean baptiste dorval» et son frère signe «paul dorval», ce qui nous apprend que le surnom «Dorval» n'est pas particulier à Jean-Baptiste;

dans l'obligation du 21 août 1692 envers le sieur Charles de Coüagne le notaire écrit «Jean Baptiste dorval», et il signe «Jean baptiste dorval»;

dans le contrat de mariage — la pièce de résistance parmi tous ces documents — le notaire écrit «Jean baptiste Bouchard dorval», et l'intéressé signe «Jean baptiste Bouchard dorval»;

dans le bail du 1ᵉʳ avril 1696 le notaire écrit «Jean Baptiste Bouchard sieur Dorval», mais une rature indique qu'il est venu près d'ignorer le nom de Bouchard pour écrire seulement le nom de Dorval, et l'intéressé signe «Jean baptiste bouchard dorval»;

enfin, dans une quittance à lui accordée par Charles de Coüagne le 16 avril 1698 le notaire écrit «Jean Baptiste Bouchard Dorval», et notre homme signe «Jean baptiste Bouchard dorval».

Bouchard Dorval, ce nom double revient souvent. Voilà donc l'appellation que l'on peut juger la bonne et la vraie.

Le surnom de Dorval est manifestement le lot des enfants de Claude Bouchard et de Marie Besnard, de la paroisse de la Visitation du Château Richer. Pour quelque raison qui échappe à l'histoire, les parents Bouchard tenaient à distinguer leur postérité de celle de toute autre souche de Bouchard. Claude Bouchard et sa femme disaient probablement à leurs enfants:

— Vous autres, vous êtes des Bouchard Dorval!

Mais d'où venait ce nom de Dorval? Et, pourquoi cette famille de Bouchard aurait-elle voulu se distinguer des autres familles du même nom? Le mystère subsiste.

Il est malheureux que malgré des recherches assidues on n'ait pas trouvé la clé de l'énigme. Mais, cela n'a pas empêché le nom de Dorval de s'imposer au cours des générations au point de devenir celui d'une grande ville moderne et celui d'un aéroport international.

Désormais tout voyageur prenant l'avion à Dorval à destination de l'Ouest aura une pensée pour le sieur Jean-Baptiste Bouchard Dorval en son temps voyageur au pays des 8ta8acs et d'une certaine manière fondateur de la ville de Dorval.

Chapitre quatre

DORVAL AVANT 1892

---

un trésor caché

Le soir du 31 décembre 1699 on tourne la page du calendrier pour s'apercevoir avec émotion que le chiffre de la centaine n'est plus le même puisqu'on est en 1700. On a cent ans devant soi, tout un siècle, le XVIIIe.

Sur le rivage paisible du lac St-Louis en face des trois îles de Dorval — les «île et îlets de Courcelles» des vieux actes notariés — rien n'a changé, sauf le siècle précisément. Quant au reste, c'est comme la veille.

Voyons ce qui se passe au cours du siècle nouveau à l'endroit où en 1892 commencera l'histoire corporative de Dorval avec la formation de la municipalité du Village de Dorval.

* * *

Commençons par effectuer un retour en arrière, et revenons au début des années 1680 alors que les Sulpiciens s'affairaient en leur domaine de la Présentation.

On sait que l'histoire de l'île de Montréal est marquée d'un sceau mystique. En 1642 un groupe de gentilshommes français — des prêtres pour la plupart — avaient fondé Montréal sous le nom de Ville-Marie, un vocable essentiellement dérivé d'une intention pieuse.

Hélas! Ville-Marie n'avait pas gardé longtemps son allure de paroisse chrétienne. Les Indiens qui y venaient étaient loin d'avoir sous les yeux des exemples de vie vertueuse:

— Je suis obligé de rendre ce témoignage à la vérité, écrivait Dollier de Casson, que les sauvages tout barbares qu'ils soient et sans les lumières de l'évangile ne commettent pas tant de péchés que la plupart des Chrétiens.

Terrifiante constatation! C'est ainsi que les Sulpiciens songèrent à créer une colonie où les Indiens convertis ne seraient pas exposés à la corruption du siècle.

Tout comme Ville-Marie avait été conçue en fonction d'une oeuvre apostolique, de la même manière le domaine de la Présentation fut le fruit d'une pensée missionnaire. Les prêtres du Séminaire de St-Sulpice avaient envisagé de réunir en cet endroit quelques familles sauvages en vue de les civiliser et de les amener à la pratique de la religion chrétienne. Peut-être rêvaient-ils d'une nouvelle Ville-Marie, entièrement indienne cette fois.

Les prêtres du Séminaire de St-Sulpice mirent de côté le nom de Gentilly qu'ils avaient d'abord utilisé, le jugeant sans doute d'allure trop profane. Pour donner son nom définitif à leur établissement, ils s'arrêtèrent au mystère de la présentation de la Sainte Vierge, enfant, au temple de Jérusalem. On trouve en effet au missel romain, à la date du 21 novembre, la fête dite «*In Praesentatione Beatae Virginis Mariae*». Tel fut le nom choisi: la Présentation de la Sainte Vierge. On l'abrégea aussitôt pour ne plus parler que de «la Présentation».

On a supposé que les Sulpiciens avaient inauguré leur mission de la Présentation un 21 novembre. Ils auraient alors procédé à quelque cérémonie religieuse en leur nouveau domaine, et ils auraient pris la fête du jour pour le désigner. Évidemment cela n'a rien d'impossible. Il est plus simple de croire que le nom de la Présentation, né de la piété mariale des seigneurs de l'île, fut choisi dès la conception du projet, bien avant qu'une clairière ne fût aménagée près du rivage du lac en vue d'y ériger un premier bâtiment.

Mais, pourquoi les Sulpiciens établirent-ils leur mission là plutôt qu'ailleurs?

Il ne fait pas de doute que les prêtres du Séminaire de St-Sulpice voulurent tout d'abord d'un endroit sauvage. Telle était l'exigence fondamentale. On se disait que les Indiens étaient habitués à vivre dans les bois et qu'on ne devait pas leur proposer de vivre désormais à l'européenne en compagnie des blancs. D'ailleurs, on ne voulait pas du voisinage des blancs, bien au contraire. Par crainte de la contamination morale résultant du contact de la ville, on était à la recherche d'un endroit que la civilisation n'avait pas encore touché.

Bien entendu, on était aussi à la recherche d'un site agréable.

Or, à cette époque plus encore que de nos jours le rivage du lac St-Louis était un endroit ravissant. Pour s'en convaincre, il suffit de parcourir le chemin qui va de Lachine à Ste-Anne de Bellevue et d'imaginer la beauté des lieux il y a trois cents ans. En deçà des tumultueux rapides de la Chine, le lac déployait sa surface paisible et rassurante. Par rapport à l'île de Montréal, la Côte de la Chine faisait face au soleil levant, ce qui lui valait des matins resplendissants et un air particulièrement doux à respirer.

Une grande étendue d'eau, calme, accueillante, d'une navigation aisée, voilà ce qu'offrait le lac St-Louis. L'endroit choisi pour la mission était à mi-chemin entre cette localité naissante de la Chine (d'où s'élançaient les explorateurs à la recherche du fameux passage rêvé vers la Chine) et cette belle pointe qu'on voyait se profiler à l'horizon et qui allait devenir la Pointe Claire. On y serait à l'écart de la ville et dans un site superbe tout à la fois.

Enfin il serait facile d'y convier les Indiens. Ceux-ci viendraient de l'ouest par l'entrée du lac St-Louis ou du sud par l'embouchure de la rivière Châteauguay sur la rive opposée. En somme tous les chemins — ces fameux chemins d'eau du temps de la colonie française — y conduisaient presque naturellement.

Fidèles à l'idéal des fondateurs de Ville-Marie, les prêtres du Séminaire espéraient donc grouper autour d'eux un nombre croissant de sauvages de toute race et de toute tribu. Mais, ils ne firent que verser une fois de plus dans l'illusion de leurs prédécesseurs.

Pour des raisons demeurées mystérieuses, l'île de Montréal n'attirait pas les Indiens, sans compter que de toute façon ils étaient absolument réfractaires à la vie sédentaire. Leur offrir une colonie toute prête, équipée de bâtiments et fournie de vivres, c'était bien beau. Encore fallait-il qu'ils veuillent s'y amener, s'y établir, cultiver la terre, garder des animaux, s'instruire, réciter des prières. Or, absolument aucun article de ce programme ne convenait à leur instinct d'enfants de la grande forêt.

Il arriva que, malgré les efforts déployés par les Sulpiciens — par l'abbé de Fénelon tout spécialement — la mission de la Présentation ne connut guère de succès. Plutôt qu'aux sauvages, ce fut aux Français établis à la Chine que bénéficia la présence des prêtres. Ces derniers, partant de leur résidence de la Présentation, dispensèrent leur ministère aux habitants de la côte aussi longtemps que dura la mission. Sous ce rapport, il est indéniable que l'histoire religieuse de Lachine commence à Dorval.

De guerre lasse, les Sulpiciens abandonnèrent la partie. En 1685 ils cédèrent leur domaine de la Présentation à Agathe de St-Perre.

Voyons maintenant ce qu'il advint de leur propriété après que les Sulpiciens l'eurent quittée.

Tout d'abord signalons que le domaine de la Présentation se compara désormais aux concessions foncières que les seigneurs de l'île de Montréal accordaient à qui en faisait la demande. Les Repentigny et après eux le sieur Dorval ne furent ni plus ni moins que des concessionnaires ou, selon la terminologie de l'époque, des «censitaires». Car le Séminaire de St-Sulpice leur avait imposé l'obligation de payer les redevances seigneuriales imposées à tous les autres censitaires de l'île.

C'est ainsi que dans l'acte d'échange du 9 septembre 1685 le Séminaire de St-Sulpice imposa à la nouvelle propriétaire du domaine de la Présentation de lui payer désormais les cens féodaux sur une base provisoire de trois cents arpents carrés, soit quinze arpents de largeur sur vingt arpents de profondeur. En fait, la largeur du domaine, c'est-à-dire de Jacques Morin à l'est jusqu'à Pierre Picoté de Belestre à l'ouest, dépassait de beaucoup les quinze arpents. Aussi le Séminaire exigea en outre que la nouvelle propriétaire procède à l'arpentage.

Les Repentigny n'en firent rien. En 1691, quand ils revendront à Bouchard Dorval, ils lui transporteront l'obligation de faire arpenter les lieux. Le nouveau propriétaire se rendit-il à son engagement? On peut seulement le présumer, car aucun procès-verbal d'arpentage ne vient nous l'apprendre.

En convertissant le domaine de la Présentation en une concession foncière et en le cédant à des gens de qualité comme les Repentigny, les Sulpiciens rentraient dans leurs frais, mais surtout ils ajoutaient une précieuse unité au noyau des pionniers déjà établis sur la rive du lac St-Louis. Cependant, cette fois encore leurs espoirs furent vains, car rien n'indique que les Repentigny se soient établis à la Présentation après 1685.

Cette Agathe de St-Perre, la nouvelle propriétaire de la Présentation, allait se révéler l'une des femmes les plus remarquables de la Nouvelle-France. Elle s'illustra au début des années 1700, alors que sévissait une crise économique, en créant une manufacture de vêtements. Elle fit venir de la Nouvelle-Angleterre des tisserands français qui y avaient été amenés à titre de prisonniers de guerre. Quand la laine de mouton, le lin et le chanvre se mirent à faire défaut, elle leur substitua le poil de chèvre, la laine des bisons, l'écorce de certains arbres et l'ortie (une plante particulièrement déplaisante, du moins au Canada, en raison de ses tiges minuscules qui vous collent à la peau et vous piquent). C'était une femme active et entreprenante. Quant à son mari, c'était un militaire, un homme de devoir et de courage.

Devenus propriétaires du domaine de la Présentation en 1685, les Repentigny ne s'y étaient pas encore établis quatre ans plus tard.

C'est alors que se produisit un événement qui emplit la population de l'île entière d'une horreur telle qu'il retint pour de bon les Repentigny à Ville-Marie. Cet événement, ce fut le massacre de Lachine, survenu en août 1689.

Les gens de Dorval affirment avec force que le massacre de Lachine appartient à l'histoire de leur localité autant qu'à la ville de Lachine. De fait, le carnage commença à Dorval même.

Au début de cette nuit fatidique d'août 1689, les Iroquois s'étaient dissimulés dans les bois. À la faveur de l'orage ils se ruèrent sur les habitants dans leur sommeil. Ils ignorèrent le domaine de la Présentation pour cette bonne raison qu'il ne s'y trouvait pas un chat. Mais, le voisin de la Présentation à l'est (du côté de Lachine), Jacques Morin, alors âgé de cinquante-trois ans, et son fils Antoine, qui en avait vingt-quatre, furent faits prisonniers. Le voisin de Morin, un nommé René Chartier, un vieillard de soixante-seize ans, et ses deux fils François et René furent tués. Il est probable que les femmes Morin et Chartier comptèrent aussi parmi les victimes.

La terre de Morin sera plus tard incluse dans le territoire de Dorval. Il est donc tout à fait légitime de considérer que le massacre de Lachine fait partie de l'histoire de Dorval.

Puisque tel est le cas, lisons le récit de ce triste événement par le père De Charlevoix dans son HISTOIRE ET DESCRIPTION GÉNÉRALE DE LA NOUVELLE FRANCE:

> Le vingt-cinquième du mois d'Août, dans le tems qu'on se croyait le plus en sûreté, quinze-cent Iroquois firent descente avant le jour au Quartier *de la Chine*, lequel est sur la Côte Méridionale de l'Isle, environ trois lieuës plus haut que la Ville. Ils y trouvèrent tout le Monde endormi, & ils commencèrent par massacrer tous les Hommes; ensuite ils mirent le feu aux Maisons. Par-là tous ceux, qui étaient restés, tombèrent entre les mains de ces Sauvages, & essuyèrent tout ce que la fureur peut inspirer à des Barbares. Ils la poussèrent même à des excès, dont on ne les avait pas encore cru capables. Ils ouvrirent le sein des Femmes enceintes, pour en arracher le fruit, qu'elles portaient, ils mirent des Enfans tout vivans à la broche, & contraignirent les Mères de les tourner pour les faire rôtir. Ils inventèrent quantité d'autres supplices inouis, & deux-cent Personnes de tout âge & de tout sexe périrent ainsi en moins d'une heure dans les plus affreux tourmens.

> Cela fait, l'Ennemi s'aprocha jusqu'à une lieuë de la Ville, faisant par tout les mêmes ravages, & exerçant les mêmes cruautés, & quand ils furent las de ces horreurs, ils firent deux-cent Prisonniers, qu'ils emmenèrent dans leurs Villages, où ils les brûlèrent.

L'incertitude règne quant à la date précise du massacre de Lachine. Au lieu de la nuit du 24 au 25 août mentionnée par Charlevoix, on parle souvent de celle du 4 au 5 août. De toute façon, cela ne change rien à l'événement ni à ses répercussions.

* * *

C'est dans cette conjoncture de larmes et d'effroi qu'en janvier 1691 Agathe de St-Perre et son mari vendirent leur domaine de la Présentation au sieur Jean-Baptiste Bouchard Dorval. Étant donné l'affreux souvenir qu'avait laissé le massacre de Lachine, on ne s'étonne pas que les Repentigny se soient départis de leur propriété avant même d'y avoir vécu. On s'étonne plutôt que le sieur Dorval l'ait achetée.

Or, à cela il y a une explication qu'on peut tirer d'un bout de phrase inséré à l'acte de vente. Après avoir stipulé que l'acheteur prend les immeubles désignés à l'acte «en l'état que lesdits domaine, bâtiments, île et îlets ci-dessus vendus se poursuivent et comportent», les vendeurs ajoutent les mots suivants, à savoir «...que le sieur acquéreur a dit bien savoir et connaître pour les avoir vus et visités plusieurs fois, dont s'en contente».

Donc, le sieur Dorval connaissait bien les lieux. Et, s'il les fréquentait, ce n'était sûrement pas pour des fins agricoles. La différence entre le contrat de 1685 et celui de 1691 est frappante sous ce rapport. Dans le premier il est question d'une ferme en pleine activité, c'est-à-dire avec des animaux et une récolte sur pied, tandis que dans le second il est seulement fait mention de la terre et des bâtiments. On peut raisonnablement en déduire que durant les années Repentigny et les premières années Dorval le domaine dut servir à des fins commerciales. Cette hypothèse est d'autant plus plausible qu'elle va de pair avec le métier exercé par le sieur Bouchard Dorval.

Des fins commerciales, qu'est-ce à dire? — L'entreposage des peaux de castor, par exemple, en attendant qu'on les apporte au Bureau du Roi à Montréal pour les faire évaluer, toucher l'argent et les expédier en France. Ou bien la chasse et la pêche. Comme les propriétaires du domaine de la Présentation devaient payer aux seigneurs de l'île les cens et rentes, et au créancier hypothécaire Charles de Coüagne les intérêts de son argent, il est difficile de croire que de 1685 à 1699 (quand les Dorval s'y établirent) le domaine soit resté absolument sans utilité.

Dans les années qui suivirent le massacre de Lachine, la fureur des Iroquois s'apaisa. Peut-être s'étaient-ils rendu compte qu'il était futile de vouloir éliminer de la vallée du St-Laurent la race des blancs, installée là depuis trois générations, possédant une organisation impressionnante, résolue à dominer dans l'ancien pays des Hurons.

Après cinquante ans de tuerie, les Français obtinrent enfin des Iroquois qu'ils enterrent la hache de guerre. Dans le conflit qui malheureusement pour nos ancêtres français s'amorçait entre la France et l'Angleterre pour le contrôle de l'Amérique du Nord, les Français et les Canadiens purent compter à tout le moins sur la neutralité de leurs anciens ennemis.

C'est au gouverneur de Callières, le successeur de Frontenac, qu'on doit le traité de paix signé le 4 août 1701 à Montréal non seulement avec les Iroquois, mais avec toutes les tribus indiennes de l'ouest et du sud du pays que les explorateurs, les missionnaires et les coureurs de bois avaient pu convoquer à Montréal.

Les Cinq Nations respectèrent loyalement le traité de 1701, c'est un témoignage qu'il faut leur rendre. Même dans la fâcheuse conjoncture des hostilités ravivées en Amérique du Nord entre Français et Anglais par suite de la guerre de la Succession d'Espagne qui les mit aux prises en 1713 sur le continent européen, elles demeurèrent neutres et s'abstinrent en conséquence de participer aux combats.

Mais, les guerres franco-anglaises (car, après la guerre de la Succession d'Espagne il y eut celle de la Succession d'Autriche, et enfin la guerre de Sept Ans) affectèrent beaucoup moins l'île de Montréal que ne l'avait fait la guerre iroquoise. Que la France et l'Angleterre soient en guerre sur le continent européen, que leurs armées s'affrontent en Amérique du Nord, cela n'empêchait pas l'île de Montréal de connaître la bonne vie qui s'y était instaurée après la guerre iroquoise puisque le théâtre des hostilités était ailleurs.

Au futur village de Dorval toutes les terres avaient maintenant été concédées. Une chaîne continue de fermes remplissait le littoral du lac St-Louis depuis le village de Lachine jusqu'à celui de la Pointe Claire.

Les membres des familles qui cultivaient la terre étaient désignés comme les «habitants». On les distinguait ainsi de tous les autres Français ou Canadiens, c'est-à-dire les administrateurs royaux, les militaires, le clergé, les artisans, les commerçants, les traiteurs de pelleteries et les voyageurs. Pour ainsi dire, ces derniers n'*habitaient* pas le pays.

Il est trop tôt pour parler d'un village à la Présentation. Pour l'instant on ne trouve sur le tranquille rivage du lac St-Louis que de braves habitants vivant des fruits de la terre, oublieux des alarmes et des malheurs de leurs devanciers, par chance soustraits aux échauffourées liées au conflit latent ou aux guerres déclarées entre la France et l'Angleterre.

De 1691 jusqu'à la mort du sieur Dorval, il ne se passa rien de notable à la Présentation.

* * *

Qu'advint-il du domaine de la Présentation après que Jean-Baptiste Bouchard Dorval, son propriétaire depuis 1691, l'eût abandonné vers 1720?

Marie-Antoinette Choüart, la femme de Dorval, prenait rang parmi les créanciers de son mari en vertu de son contrat de mariage. Les créanciers convinrent avec elle de procéder au partage du domaine de la Présentation qui était leur gage commun. L'acte de partage fut passé devant le notaire Jacques David, de Montréal, le 11 mai 1723.

Voici la comparution des parties à l'acte:

> Sont comparus honneste femme Marie Antoinette Choüart, femme Jean-Baptiste Dorval, absent, autorisée en justice pour la poursuite de ses droits, d'une part; et Florent Delacotierre tant en son nom que pour les autres intéressés poursuivant la vente et adjudication de leur terre nommée la Présentation avec l'île et les deux îlets desquels soustraction doit être de la moitié pour la consécration du douaire coutumier stipulé par son contrat de mariage.

Dans le corps de l'acte les parties conviennent de la constitution de deux lots, le premier formé de la grande île et de sept arpents de terre ferme, et le second formé des deux îlets et de treize arpents de terre ferme. (On estimait donc à vingt arpents, comme dans le terrier du Séminaire de St-Sulpice, la largeur du domaine de la Présentation.) L'entente voulait qu'un premier lot fût vendu au bénéfice des créanciers et que le second lot restât la propriété de Marie-Antoinette Choüart.

Le 30 octobre 1725 le même notaire Jacques David, «de Montreal», reçoit un acte entre «Marie Antoinette Choüart, veuve de feu sieur Jean-Baptiste Dorval, demeurant en cette ville» et un habitant, par lequel elle «a baillé à titre de ferme et à moitié profit», commençant à la fête de la Toussaint (donc le premier novembre suivant), la terre de la Présentation. Le bail est consenti pour sept années entières. Il contient des stipulations détaillées concernant les cultures et les bestiaux, ce qui nous révèle que le sieur Dorval s'était adonné sérieusement à l'agriculture et à l'élevage.

Le sieur Charles de Coüagne était évidemment au nombre des créanciers du défunt. Mais on ignore quels furent les termes convenus avec lui.

Il n'y a pas de doute cependant que les de Coüagne en vinrent à prendre possession d'une partie de la propriété de Dorval. Car, à la date du 18 juin 1753 nous trouvons dans le greffe du notaire Hodiesne, de Montréal, un acte de vente par René de Coüagne en faveur d'Antoine Meloche, de Lachine, se rapportant à une terre «sise à la Chine, au lieu nommé la Présentation». Mais la description de l'emplacement est vague et le vendeur ne justifie pas de son titre, se bornant à déclarer que l'immeuble lui appartient «par bonne et loyale acquisition qu'il en a faite, ainsi qu'il l'a dit et affirmé». Nous savons par ailleurs que l'ancien bailleur de fonds du sieur Dorval, Charles de Coüagne, avait un fils du nom de René et que, jusqu'à la conquête, celui-ci joua un rôle actif dans la vie commerciale de la colonie. Quant à Meloche, c'est un nom que nous retrouverons dans la suite du récit.

* * *

En 1731 les Sulpiciens procéderont à un «aveu et dénombrement» de leur seigneurie de l'île de Montréal (l'aveu, c'était la déclaration écrite constatant l'engagement du censitaire envers le seigneur à raison de la concession foncière qu'il en avait reçue; le dénombrement, c'était l'énumération des familles habitant le territoire). Cette tâche fut confiée à l'un de leurs prêtres, Messire Louis Normand. Rendu à la toute dernière des concessions de la paroisse des Saints-Anges, l'abbé Normand inscrira dans son texte le relevé suivant:

> Qu'au dessus *(c'est-à-dire plus haut, le long du fleuve, que la propriété précédente)* et joignant les représentans Robert Reaume sont les représentans le sieur Dorval qui possèdent vingt deux arpens de terre de front sur vingt arpens de profondeur, avec une île et deux îlets nommés îles de Courcelles étant au-devant de ladite concession, le tout chargé de cinq livres dix sols de cens et rentes, lesquels ont maison, grange, étable, cinquante arpens de terre labourable et quinze arpens de prairie.

Signalons que Messire Normand donne la terre des «représentans le sieur Dorval» comme la toute dernière de la paroisse des Saints-Anges de Lachine. Au-delà, en remontant le fleuve, commencent les terres de la paroisse de St-Joachim de la Pointe Claire. En effet, après la description de l'ancien domaine de la Présentation on trouve la suivante:

> Que, dans l'étendue de la quatrième paroisse nommée St-Joachim *(les trois premières étant, dans l'ordre, l'Enfant-Jésus, St-François à la longue pointe et les Saints-Anges)*, en commençant au nord-est à la ligne des représentans le sieur Dorval:
>
> Pierre Pomminville joignant la terre du sieur Dorval *(ce qui nous apprend que Pomminville était l'ayant cause du premier censitaire, Picoté de Belestre)*, qui possède sept arpens de terre de front sur trente arpens de profondeur, chargés de cinq livres cinq sols et cinq minots et quart de bled de cens et rentes, lequel a maison, grange, étable, quarante quatre arpens de terre labourable et cinq arpens de prairie.

Les deux extraits ci-dessus cités nous permettent d'établir pour les années 1730 la géographie humaine de cette partie de la Côte de Lachine qui correspond à la ville moderne de Dorval quant à son territoire riverain du lac St-Louis.

Soixante ans après l'établissement du domaine de la Présentation, celui-ci était encore identifié comme tel. Sa largeur s'établissait à vingt-deux arpents selon l'abbé Normand. Il prenait place dans le prolongement sur la terre ferme des trois îles Dixie, Bushy et Dorval actuelles. L'abbé Normand ne nous dit pas qui étaient «les représentans le sieur Dorval» ayant succédé au défunt Jean-Baptiste Dorval. À l'est de la Présentation (donc du côté de Lachine), occupant la concession accordée en 1682 à Jacques Morin, se trouvaient «les représentans Robert Réaume», ce qui indique que ledit Robert Réaume, jadis le voisin de Dorval, était décédé lui aussi. À l'ouest de la Présentation (donc du côté de la Pointe Claire), occupant la concession accordée en 1672 à Picoté de Belestre, se trouvait un nommé Pierre Pomminville.

La limite entre la paroisse des Saints-Anges de Lachine et celle de St-Joachim de la Pointe Claire n'allait pas être respectée jusqu'à nos jours. L'actuelle ligne de division des cadastres et l'actuelle ligne de division des villes de Dorval et de la Pointe Claire (ces deux lignes coïncident) se trouvent passablement plus loin à l'ouest que la ligne de 1731 entre la Présentation et Pomminville.

* * *

En 1781 le nom de la Présentation apparaît dans un nouvel «aveu et dénombrement», établi cette fois encore par un prêtre du Séminaire de St-Sulpice, Messire Jean Brassier, dans un document intitulé DÉCLARATION DU FIEF ET SEIGNEURIE DE L'ISLE DE MONTRÉAL.

Notons qu'entre temps la domination française a pris fin (à Montréal en 1760) et que ce sont désormais les Anglais qui gouvernent. Ce nouvel «aveu et dénombrement» paraît d'ailleurs avoir été exécuté sinon à la demande, du moins au bénéfice du gouverneur Sir Frederick Haldimand à qui il est dédié.

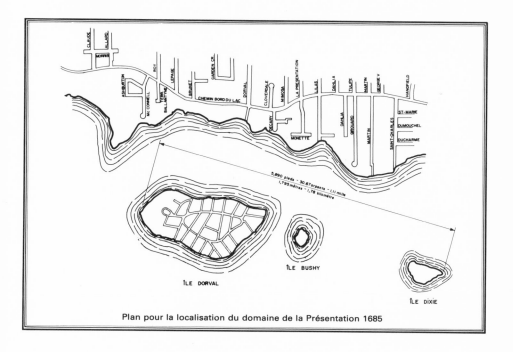

Plan pour la localisation du domaine de la Présentation 1685

On se rappellera qu'aux termes du traité de Paris de 1763, par lequel le Canada fut officiellement cédé par la France à l'Angleterre, les sujets de l'ancienne Nouvelle-France gardaient l'usage des lois civiles françaises. Le système seigneurial de tenure des terres fut donc maintenu. L'administration anglaise fronça bien les sourcils en apprenant que la direction du Séminaire de St-Sulpice à Montréal relevait exclusivement de prêtres français de France, mais les choses finirent par s'arranger et les Sulpiciens demeurèrent les seigneurs de l'île. On sait que les Anglais n'aimaient guère le clergé catholique, les Jésuites en particulier, dont ils avaient confisqué les biens dès la conquête du pays. Mais, à l'égard des Sulpiciens les Anglais n'entretenaient pas de sentiments hostiles.

Après avoir décrit le terrain qui était en 1731 celui de Pierre Pomminville, et qui est en 1781 la propriété d'un nommé Pierre Brault, Messire Jean Brassier ajoute:

> Ensuite est un Terrein dit De la Présentation d'environ dix sept Arpens sur vingt de profondeur, sur lequel Terrein Pierre Monet possède six arpens quatre Perches sur vingt Arpens avec Maison, Grange, Étable, quatre vingt Arpens de désert, doit 3 livres 5 sols 3 minots ¼ de bled;

> Sur le même Terrein Joseph Monet possède quatre Arpens sept Perches sur vingt Arpens avec Maison, Grange, Étable, soixante Arpens de Désert, doit 2 livres 7 sols 6 deniers 2 minots ⅜ de bled;

> Sur le même Terrein Joseph Roy possède un Arpent six Perches sur vingt Arpens avec vingt Arpens de Désert, doit 16 sols ¾ de minot de bled;

> Sur le même Terrein Pierre Legaud possède quatre Arpens cinq Perches sur vingt avec Maison, Grange, Étable, trente Arpens de Désert, huit Arpens de Prairie, doit 2 livres 5 sols 2 minots ¼ de bled.

Le nom de Dorval n'apparaît pas dans ces descriptions. En 1781 on ne trouvait donc au domaine de la Présentation aucun descendant de son propriétaire des années 1700.

* * *

Il est temps de nous demander où se trouvait exactement cet historique domaine de la Présentation.

D'après le registre des terres des seigneurs de l'île de Montréal (un grand livre portant le nom bien pittoresque de «terrier»), ce domaine comprenait les îles de Courcelles et un grand quadrilatère découpé à même la terre ferme. Les quelque quatre cents arpents de superficie de ce quadrilatère (soit vingt arpents de largeur sur vingt arpents de profondeur) se situaient dans le prolongement des îles.

Cette localisation est d'autant plus satisfaisante qu'elle place en face de l'extrémité ouest de la grande île la concession accordée à Picoté de Belestre en 1672. Comme on invitait ce dernier à se départir de ses îles, il était logique de lui offrir une concession sur la terre ferme au même endroit ou peu s'en faut que les îles en question. Belestre n'aurait pas accepté de se voir repoussé loin à l'ouest, c'est-à-dire bien au-delà de son ancienne propriété.

Pourtant, le premier maire du Village de Dorval, Désiré Girouard, ne voyait pas du tout les choses de cette manière.

Il arriva qu'en 1889 le curé de Lachine demanda à Girouard, qui était un érudit et qui se passionnait pour l'histoire de son patelin, de déterminer le site de la première chapelle de Lachine.

On croyait fermement que les prêtres nommés à la Présentation s'étaient empressés d'y ériger une chapelle. Cette chapelle, le cas échéant, aurait été la première chapelle de Lachine, puisque le domaine de la Présentation appartenait à la Côte de Lachine. Il n'était évidemment pas question de Dorval dans les années 1670. Comme le village de Lachine n'eut sa chapelle qu'en 1676, on considérait que la chapelle de la Présentation était historiquement la toute première chapelle de la Côte de Lachine.

(Incidemment, il n'est pas du tout certain qu'il y eût une chapelle à la Présentation. Les Sulpiciens y avaient établi une mission, quelques prêtres y avaient été assignés, ces prêtres disaient la messe, fort bien. Mais, cela ne signifie pas nécessairement qu'on y eût bâti une chapelle. Les prêtres pouvaient dire la messe dans leur habitation. On doit donc modifier la question du curé de Lachine et se demander plutôt à quel endroit avait été célébrée la première messe.)

Assez logiquement Désiré Girouard considéra qu'il lui fallait tout d'abord assigner ses limites à l'ancien domaine de la Présentation, après quoi il lui serait possible de déterminer avec une certaine précision le site de la première chapelle.

Il se plongea aussitôt dans ses titres de propriété. Signalons tout de suite que Girouard avait sa maison au bord du lac St-Louis, en face de l'île Bushy. Il se disait non sans raison que les vieux actes notariés qu'on lui avait remis lors de son achat allaient lui livrer le secret de l'énigme.

Le résultat de ses recherches est assez bizarre.

C'est dans une très longue lettre signée le 5 novembre 1889 que Désiré Girouard communiqua ses conclusions au curé de Lachine. Le texte s'en trouve dans l'ouvrage qu'il publiera en 1891 sur LES ANCIENS FORTS DE LACHINE ET CAVELIER DE LA SALLE.

Malheureusement il est difficile de se situer à partir des explications fournies par Girouard étant donné qu'il procède à la localisation des éléments de sa recherche en fonction des propriétaires de son temps. Tout de même, un bout de phrase inséré dans l'un de ses paragraphes livre la clé de sa recherche et de son explication. Parlant de la terre de Jacques Morin, le premier voisin de la Présentation à l'est, il la présente comme la sienne:

— ... celle que j'occupe, écrit-il.

Or, nous savons que Désiré Girouard avait sa maison au bas de l'actuelle avenue des Dahlias, juste en face de l'île Bushy.

Placer à cet endroit la concession jadis accordée par les Sulpiciens à Jacques Morin, voilà qui est pour le moins étonnant. Car, il faudrait alors compter les vingt arpents de largeur du domaine de la Présentation à partir de la toute petite île Bushy plutôt qu'à partir de l'île Dixie. Cela fait toute la différence du monde, étant donné que l'île Dixie se trouve à une bonne distance de l'île Bushy. L'explication de Girouard place l'île Dixie et les terres d'en face tout à fait en dehors du groupe formé par les îles et le grand quadrilatère mentionné dans les vieux contrats notariés de 1685 et 1691.

Girouard ne paraît pas se soucier de ce que dans tous les anciens documents il est écrit en toutes lettres que le domaine se situe «en face des île et îlets de Courcelles». En ignorant l'île Dixie il rend difficile la compréhension de ces documents.

Que faut-il conclure?

Une première hypothèse, ce serait qu'en l'absence d'un arpentage en bonne et due forme, les Repentigny et, après eux, Bouchard Dorval aient rendu leurs limites plutôt incertaines, en quelque sorte mobiles, très vulnérables à des empiètements de la part des voisins. Rappelons-nous qu'à l'origine, à supposer que la petite colonie des Sulpiciens occupât le centre des vingt arpents de largeur de tout le domaine, ce n'était de chaque côté que du terrain vague.

Comment s'étonner dans ces conditions que les propriétaires successifs en soient venus à empiéter les uns sur les autres, et surtout les plus petits sur le plus grand? Le contraire serait plutôt surprenant. Au cours des années il est possible que les successeurs de Jacques Morin se soient portés vers l'ouest, agrandissant leur propriété à même le domaine de la Présentation.

Cette explication demeure quand même difficile à accepter. Un empiètement de la taille de la distance entre l'île Dixie et l'île Bushy n'aurait pas manqué d'attirer l'attention des propriétaires ainsi envahis.

Désiré Girouard a probablement commis une erreur dans l'interprétation de ses vieux actes ou bien il a interverti les noms. Chose certaine, le domaine de la Présentation commençait bel et bien à l'entrée de l'actuelle ville de Dorval, aussitôt qu'on sort de la ville de Lachine. La preuve en est que là se situe la terre des Meloche. Or, nous savons que la terre des Meloche vient des de Coüagne qui la possédaient à titre de créanciers de Dorval.

Il nous suffit donc de marcher à partir de la limite est de Dorval et de nous arrêter quelque vingt arpents plus loin pour nous trouver dans l'ancien domaine de la Présentation du Séminaire de St-Sulpice, des Repentigny et du sieur Bouchard Dorval.

* * *

Nous en arrivons maintenant à la Guerre de Sept Ans, une guerre européenne, mais qui n'en eut pas moins des répercussions capitales en Amérique du Nord puisqu'elle y mit aux prises une fois de plus Anglais et Français. Cette guerre dura de 1756 à 1763 et se termina par la signature du traité de Paris. Ses principaux épisodes canadiens furent: le 13 septembre 1759, la bataille des Plaines d'Abraham; le 9 septembre 1760, la capitulation de Montréal; en 1763, le traité de Paris, comportant la cession complète et définitive du Canada à l'Angleterre (à l'exception des îles St-Pierre et Miquelon).

Mais, on ne peut pas dire que ces événements considérables affectèrent grandement la vie des riverains du lac St-Louis.

Dans le bas du fleuve, c'est-à-dire en aval de Québec, les troupes du général Wolfe, débarquées des navires de l'amiral Saunders, ravagèrent la Côte de Beaupré. Rien de tel ne se produisit dans la région de Montréal alors que pas moins de trois armées anglaises confiées au commandement suprême du général Amherst convergeaient sur Montréal. Le général Murray, successeur du général Wolfe tué au cours de la bataille des Plaines d'Abraham, remontait le St-Laurent, alors que le général Haviland suivait la route du lac Champlain et de la rivière Richelieu, et que le général Amherst lui-même s'amenait à partir du fort Oswego sur le lac Ontario.

L'armée du général Amherst était de beaucoup la plus imposante, atteignant jusqu'à dix mille hommes, paraît-il.

La volonté anglaise de prendre le Canada nous étonne aujourd'hui. C'est l'une des grandes ironies de l'histoire qu'en agissant de la sorte l'Angleterre travaillait contre son propre intérêt puisqu'elle pavait la voie à l'émancipation de ses treize colonies nord-américaines. Mais William Pitt, le Premier ministre d'Angleterre, l'incroyable dynamo à l'arrière-plan de cet impressionnant dispositif militaire, ne pouvait le prévoir: il n'envisageait alors que la sécurité de la Nouvelle-Angleterre et le monopole du commerce nord-américain. Il faut reconnaître toutefois que, lors du blocus continental décrété par Napoléon et conçu pour mettre l'Angleterre à genoux, c'est le Canada qui assurera le ravitaillement de la Grande-Bretagne et lui permettra de tenir le coup.

Mais, revenons au général Amherst et à ses troupes.

Au cours de juillet 1760, à Oswego les Anglais s'employèrent fiévreusement à construire des embarcations. Le 10 août l'armée s'embarqua sur plus de huit cents de ces embarcations de divers genres.

La flottille eut tôt fait d'atteindre la tête des rapides qui parsèment le St-Laurent à partir du lac Ontario et en abaissent considérablement le niveau. On s'en tira assez bien les premières fois. Mais, comme on approchait de l'île Perrot, il fallut s'attaquer aux rapides des Cèdres et des Cascades.

Ici les choses se gâtèrent. Une cinquantaine d'embarcations sombrèrent dans les flots tumultueux et plus de cent hommes perdirent la vie.

L'armée anglaise campa à l'île Perrot. À partir de là il va sans dire que la navigation sur le lac St-Louis ne fut rien d'autre qu'une promenade d'été. Tout ce que les habitants de la rive connurent de la guerre, ce fut le spectacle de centaines de bateaux chargés d'habits rouges défilant pendant des heures sous leurs yeux. Évidemment il s'agissait d'ennemis. C'est la mort dans l'âme que les familles de la Présentation, comme toutes les autres de la Côte de Lachine, assistèrent à ce défilé qui annonçait la chute de Montréal et l'écroulement de la Nouvelle-France tout entière.

* * *

À la faveur de la paix retrouvée, les terres de la Présentation (car l'ancien domaine avait été fragmenté au cours des années) entrent dans une longue période sans histoire.

En fait, toute l'énergie de l'ère nouvelle — la *domination anglaise* dont parlaient autrefois les manuels d'histoire du Canada — se concentra à Lachine. Trésor caché, Dorval n'allait sortir de son assoupissement à peu près complet qu'à la faveur d'un phénomène entièrement inconnu avant la seconde moitié du XIXᵉ siècle et qui a nom la «villégiature».

La villégiature se définit comme un «séjour de repos, à la campagne ou dans un lieu de plaisance tel qu'une ville d'eaux, une plage, un lac, un joli patelin».

Or, quant à lui, le phénomène de la villégiature découla de l'instauration du chemin de fer. On est encore loin du règne de l'automobile, et toute la faveur du public va à ces merveilles que sont les locomotives et les wagons qu'elles tirent sur d'interminables rails qui traversent la campagne et permettent d'atteindre les coins les plus reculés de l'Amérique du Nord. D'innombrables petites gares de chemin de fer, parsemées le long de ces routes sans fin, permettaient aux familles aisées de s'établir pour l'été dans la localité de leur choix.

Il y avait donc sur le rivage du lac St-Louis un paradis en puissance pour accueillir les familles bourgeoises de la ville. Il y avait un chemin de fer pour amener hommes, femmes et enfants dans un lieu de rêve où passer l'été. De ce lieu enchanteur on voyait le soleil se lever sur la rive opposée et la lune rousse de juillet et d'août monter lentement dans le ciel en traçant un sillage de lumière sur les eaux argentées.

Le Village de Dorval naquit de cette conjoncture. Mais, cela sera le sujet d'un autre chapitre.

DORVAL
AU FIL
DES ANNÉES

Désiré Girouard. Cette photo du premier maire du Village de
Dorval (1892) est celle qui apparaît dans son livre sur LAKE ST. LOUIS
OLD AND NEW AND CAVELIER DE LA SALLE (1893).

Harry Markland Molson. Ce portrait du premier maire de la Ville de Dorval (1903) vient d'une toile gardée en l'église St. Mark's à Dorval, église dont Molson fut l'un des bienfaiteurs.

Au début du siècle, le droit de faire commerce à Dorval était
attesté par des plaques de couleur en métal émises par le conseil
municipal, chacune portant un numéro. Comme on ne voulait pas
du numéro 13, ces deux plaques n'ont pas été utilisées et sont restées
à l'hôtel de ville où on les trouve encore.

Hôtel de ville de Dorval. Cette photo est de 1988, mais d'après l'architecture on voit qu'il s'agit d'une construction remontant à la fin du siècle dernier. L'hôtel de ville de Dorval se trouve au coeur de l'ancien village de Dorval.

Ville de Dorval

Dorval, P.Q.

34

Je, Robert. Poulin, chef de Police de la Ville de Dorval
Jure solennellement que je remplirai avec honnêteté et
fidélité les devoirs de cette charge au meilleur de mon
jugement et de ma capacité.
Ainsi que Dieu me soit enaide.

Chef de Police.

R. Poulin

Assermenté par moi à Dorval,
ce 5ième, jour de septembre. 1917.

MAIRE.

Assermentation du chef de police de Dorval le 5 septembre 1917. Le serment fut reçu par le maire Charles-C. Descary. Le chef de police agissait aussi comme chef des pompiers. — À noter que le papier à en-tête de la Ville de Dorval arbore le sceau du Village de Dorval adopté en 1892 à la suggestion du maire Désiré Girouard.

Brigade de feu de Dorval et *hosewagon* No 21 en 1916. De gauche à droite le Chef Robert Poulin, Willie Rousse, Antoine Gouin, J. Giroux, René Massie et Philéas Quesnel.

R. John Pratt. Maire de Dorval de 1955 à 1964. (La Ville de Dorval devint la Cité de Dorval en 1956.)

M. Sarto Desnoyers. Maire de la Cité de Dorval de 1964 à 1982.

Plaque à la mémoire du *ferry command* de la seconde Grande Guerre et de ses hommes qui firent le sacrifice de leur vie (RCAF Association, Bd Sherbrooke ouest; une réplique s'en trouve à l'aérogare de Dorval).

Carte postale montrant l'aérogare de l'aéroport international de
Montréal à Dorval en 1960.

Poteau indicateur aux entrées de Dorval.

M. Peter B. Yeomans. Maire de la Cité de Dorval depuis 1982.

M. Robert Bourbeau, conseiller municipal.

M. Jules Daigle, conseiller municipal.

M. Ian Heron, conseiller municipal.

M. Émile La Coste, conseiller municipal.

M. Frank Richmond, conseiller municipal.

M. Edgar Rouleau, conseiller municipal.

Chapitre cinq

LE FORT DE LA PRÉSENTATION

---

une méprise historique?

Qu'il y eût quelque part en Nouvelle-France un fort de la Présentation, cela ne fait aucun doute. Tout le monde est d'accord là-dessus. Mais, les Français auraient-ils bâti deux forts de ce nom? Voilà ce que nous devons déterminer.

Le premier maire du Village de Dorval, Désiré Girouard, quant à lui, ne doutait pas qu'un fort se fût dressé sur la rive du lac St-Louis au domaine de la Présentation, donc sur le site même de la moderne ville de Dorval.

Dès la deuxième réunion du conseil de ville de la municipalité nouvellement formée du Village de Dorval, soit le 7 septembre 1892, le maire Girouard présenta à ses collègues un projet de sceau pour la jeune corporation municipale. Un artiste de ses connaissances en avait dessiné l'esquisse. Et, le maire de préciser que l'idée lui en avait été suggérée par l'histoire de la localité.

Le procès-verbal de la réunion ne rapporte rien de plus à ce sujet sinon que le dessin fut accepté et le sceau, dûment approuvé. Le secrétaire-trésorier découpa alors la vignette de l'artiste, laquelle était en forme de cercle, et la colla dans la marge de son grand livre. On l'y trouve encore aujourd'hui tout comme l'on trouve encore entre les mains du greffier de l'actuelle Cité de Dorval le sceau qui fut coulé dans le cuivre après la réunion du 7 septembre 1892.

Or, le sceau du Village de Dorval montre une imposante construction rectangulaire dont les éléments principaux sont quatre tours rondes placées aux angles et reliées l'une à l'autre par une haute palissade. Au sommet de chacune des tours flotte un drapeau. Cette image, c'était le fort de la Présentation tel que Girouard et son ami l'artiste se l'imaginaient. Au-dessus du fort se déploie une banderolle portant les mots «LA PRÉSENTATION 1665». Au premier plan se profilent deux canots d'Indiens glissant sur les eaux du fleuve. Pour couronner le tout, l'inscription suivante: «DORVAL 1892».

Il était malaisé pour ses collègues de contredire le maire Girouard. Celui-ci avait publié en 1891 une étude sur LES ANCIENS FORTS DE LACHINE ET CAVELIER DE LA SALLE dont pas moins de huit pages étaient consacrées au fort de la Présentation.

À la lecture de ces pages on s'étonne cependant que l'auteur fasse de bien longs détours avant d'en venir à son sujet. Il flâne en route, pour ainsi dire.

Tout d'abord il cite Faillon, ce prêtre sulpicien qui avait publié en 1869 une HISTOIRE DE LA COLONIE FRANÇAISE EN CANADA. Mais, Faillon ne parle pas d'un fort à la Présentation.

Soudain, Girouard glisse dans son texte l'énoncé que voici:

— Le Séminaire (de St-Sulpice) profitant de la paix qui régnait avec les Iroquois, aurait commencé cet établissement (de la Présentation) vers le temps que de La Salle jetait les premières fondations du village de Lachine. Il fut construit comme tous les autres du même genre en forme de fort, avec clôture de pieux et bastions.

Ensuite l'auteur cite un extrait de l'acte de donation de 1674 par l'abbé de Fénelon en faveur du Séminaire de St-Sulpice. Mais, il n'y est pas question d'un fort. Puis il passe à la description du domaine de la Présentation donnée dans l'acte d'échange entre le Séminaire de St-Sulpice et Agathe de St-Perre. Il n'y est toujours pas question d'un fort.

Vient alors une tentative de localisation de la propriété qu'Agathe de St-Perre avait cédée aux Sulpiciens, aussitôt suivie d'une tentative de localisation du domaine de la Présentation lui-même.

Enfin voici que l'auteur nous annonce l'abandon de la mission de la Présentation en 1685. C'est ici qu'il traite du fort:

— L'acte d'échange du 7 septembre 1685 entre le Séminaire et Melle Agathe de Saint-Perre, explique-t-il, constate que le Séminaire ne devait abandonner la mission de la Présentation que de septembre 1685 à Pâques 1686. On y lit que le Séminaire se réservait tous ses meubles, bestiaux, grains, fourrages et instruments d'agriculture qui étaient sur le dit domaine. C'est probablement durant l'hiver de 1686 que la résidence du curé de Lachine fut effectivement transportée au fort de l'Église. — Ajoutons, poursuit-il, que le fort de la Présentation, comme les autres forts de Lachine, avait garnison d'au moins quelques soldats réguliers. [...] Les soldats logeaient dans des tentes, ou durant l'hiver dans des cabanes dont mention est faite dans l'acte d'échange du 7 septembre 1685. M. de Cathalogne nous assure qu'il était bien gardé lors du massacre en 1689, et l'on sait que la population du haut de la Présentation ne fut pas même attaquée.

Nous n'apprendrons rien de plus au sujet du fort de la Présentation.

Ce que, dans cet extrait, Désiré Girouard appelle «la résidence du curé de Lachine» n'est rien d'autre que la maison d'habitation de la Présentation décrite dans le contrat de 1685. Dans la mesure où les prêtres de la mission dispensaient leur ministère aux Français de Lachine, il n'est pas faux de considérer que ces prêtres se trouvaient d'une certaine manière à la tête d'une paroisse. Mais rigoureusement, il n'y eut pas de curé à la Présentation avant 1895.

Quant à Gédéon de Cathalogne, c'était un militaire qui remplissait en temps de paix la fonction d'arpenteur. Les Sulpiciens recouraient à lui à l'occasion. On a de lui un procès-verbal d'arpentage des terres d'un certain Jean Millot, de la Chine, dressé le 2 mars 1689. Il est fâcheux que Girouard ne fournisse au lecteur aucune référence quant à cette affirmation de Cathalogne comme quoi en août 1689 le fort de la Présentation était bien gardé.

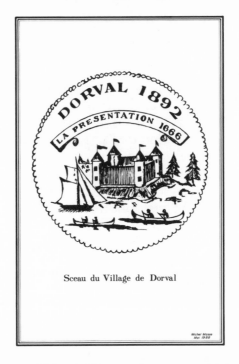

Sceau du Village de Dorval

Notons que Désiré Girouard se permet ici une certaine pétition de principe, en ce sens qu'il considère comme certaine l'existence d'un fort à la Présentation alors que le lecteur s'attend plutôt à ce qu'il lui en fasse la démonstration. Les Français avaient-ils vraiment bâti un fort à cet endroit? Voilà ce qu'on désire savoir.

Or, on n'a jamais trouvé à Dorval les moindres vestiges supposant l'existence d'un fort. Rue Sherbrooke ouest, à Montréal, sur le site de l'ancien fort de la Montagne, on voit encore les deux tours de pierre construites à l'époque. À la Pointe Claire l'imposante structure de pierre du moulin banal, propriété des seigneurs de l'île, se dresse encore à l'extrême pointe des terres. À Dorval, rien de rien.

Dans une conférence donnée à Lachine le 6 août 1889 — qu'il publiera sous le titre de LE VIEUX LACHINE ET LE MASSACRE DU 5 AOÛT 1689 —, Girouard avait déjà abordé le sujet. Voici ce qu'il croyait alors:

— ... Un officier du fort Rolland, déclare-t-il, affirme qu'il y avait en 1689 un fort «au-dedans» de l'île de la Présentation, aujourd'hui l'île Dorval. [...] Il est certain que ce fort était dans le fief de la Présentation, afin d'y offrir, là comme ailleurs, un refuge aux missionnaires et aux colons, avantage qu'un fort sur l'île Dorval aurait été loin de donner. Il fut construit aux environs de la montée de Dorval pour protéger la mission que le Séminaire venait d'y établir. [...] Le fort de la Présentation a dû être construit par le Séminaire. Il ne reste aucune trace de toutes ces fortifications. ...

Girouard reviendra une troisième fois à cette question. Ce sera en 1893 dans son grand ouvrage sur LAKE ST. LOUIS OLD AND NEW AND CAVELIER DE LA SALLE, traduit du français par Désiré H. (pour Howard) Girouard, son fils, et publié à Montréal.

Quatre pages de ce livre sont consacrées au fort de la Présentation. Cette fois encore l'auteur se permet bien des détours avant d'en venir au vif du sujet. Finalement le voici qui revient à son affirmation antérieure:

— ... Like all other establishments of a similar nature, it (la mission) *was built on the model of a fort, with staked fence, the whole in wood...* (p. 63)

L'auteur ne dit rien de plus, quitte à faire de nouveau allusion à ce présumé fort quelques pages plus bas, c'est-à-dire lorsqu'il parle de l'abandon de la mission:

— It may be added that Fort La Présentation, like the other Lachine forts, had a few regulars among its garrison. [...] The soldiers camped out in tents during the summer, occupying huts during the winter; reference is made to the latter fact in the deed of exchange of the 7th September, 1685. Mr. de Cathalogne assures us that the fort was well guarded during the massacre of 1689, and it is well known that the upper part of La Présentation was not even attacked. (p. 70)

En fait Girouard exagère énormément. Tout ce qu'on peut relever à ce sujet dans l'acte d'échange en question, c'est la mention de «cabanes» dont il n'est pas dit à quoi ni à qui elles servaient. Il n'y est pas question de soldats. D'ailleurs, même en ce temps-là, les soldats ne logeaient pas en des cabanes en plein hiver. Vient ensuite dans le contrat la mention d'un «enclos de pieux de cèdre». Cet item suit la mention du puits et des jardins, ce qui ne comporte évidemment rien de militaire.

Maintenant, posons-nous la question suivante:

— Pourquoi y aurait-il eu un fort à la Présentation, soit dans la grande île, soit sur la terre ferme?

Il est reconnu que l'île de Montréal n'était pourvue d'aucun système de défense, pas plus que ne l'était la Côte de Beaupré dans la région de Québec. À Québec même, où la haute-ville était relativement facile à défendre, la basse-ville en revanche n'était guère plus protégée qu'elle ne l'est de nos jours. Sur la Côte de Beaupré on trouvait ici et là des «réduits», qui étaient de simples abris, non pas des forts.

En somme le système défensif de la Nouvelle-France se résumait à peu de chose.

À Montréal il parut futile aux autorités (soit les Sulpiciens à titre de seigneurs de l'île, soit le gouvernement de la Nouvelle-France) d'entreprendre la construction de véritables ouvrages de défense. On s'en tint à une simple palissade autour de Ville-Marie, palissade dont il est admis qu'elle tombait en ruines dans les années 1700. Les Montréalais du temps ne se faisaient pas faute d'y pratiquer des ouvertures afin de circuler plus librement de l'intérieur à l'extérieur. C'est uniquement à partir des années 1720 qu'en raison de la menace anglaise on envisagea sérieusement la construction de fortifications. Mais, elles n'étaient pas encore terminées en 1760, et de toute façon cette année-là elles ne furent d'aucune utilité contre l'armée du général Amherst.

On peut donc se demander pourquoi au domaine de la Présentation les Français auraient agi autrement que partout ailleurs en Nouvelle-France.

Désiré Girouard ne s'arrête pas à ces considérations. Dès le début de ses recherches il pose comme indiscutable l'existence d'un fort au domaine de la Présentation. Il ne s'arrête pas davantage au fait que les Français ne construisirent jamais de fort pour la simple protection des Indiens.

Dans les années 1650, quand les Français voulurent mettre à l'abri de leurs ennemis les malheureux Hurons que les Iroquois achevaient de détruire, ils les installèrent à l'île d'Orléans, près de Québec, s'en remettant à l'insularité du lieu pour assurer leur sécurité. Cela n'empêcha pas les Iroquois de passer sous le nez de la garnison française cantonnée au château St-Louis au sommet du cap Diamant, et d'aller massacrer les Hurons qu'on croyait bien à l'abri. Les Français ne leur avaient pas construit de fort! C'est à ce moment-là que les Jésuites fondèrent la mission de la

Jeune Lorette le long de la rivière St-Charles, au pied des Laurentides, assez loin du fleuve pour que les Iroquois leur laissent la paix. Mais, on ne leur construisit pas de fort!

En revanche, les Français construisirent des forts pour la protection de leurs routes commerciales. Cela est parfaitement connu. Les forts étaient érigés en des points stratégiques. Ils servaient à la fois de postes de traite, de relais pour les voyageurs et de stations pour les militaires, le cas échéant.

Maintenir un fort sur la rive nord du lac St-Louis, au fond de la grande courbe que cette rive dessine, à quelques lieues à peine de Montréal, cela aurait été un luxe inutile. L'ennemi aurait dû faire exprès pour venir s'exposer aux mousquets des soldats. Et, par-dessus le marché, les îles auraient obstrué la vue des défenseurs. Fâcheux inconvénient pour les sentinelles! Et puis, voyageurs et traiteurs n'allaient pas s'attarder à une lieue de leur point de départ.

Nous avons là-dessus un témoignage auquel nous allons nous arrêter un instant.

Les Archives de la Guerre gardent, à Paris, le manuscrit d'un livre intitulé VOYAGES ET MÉMOIRES SUR LE CANADA et rédigé par un ingénieur français du XVIIIe siècle du nom de Louis Franquet. Les Archives nationales du Canada firent transcrire ce manuscrit en 1854. Le texte en fut publié à Montréal en 1974 de sorte qu'on le trouve maintenant dans la plupart de nos bibliothèques.

En 1750 Louis Franquet se voit confier la mission d'inspecter les postes militaires de la colonie du Canada. Le voici donc qui s'amène en Nouvelle-France en 1752. Le 27 juillet de cette année-là, il quitte Québec à destination de Montréal sur un bateau mis à sa disposition par l'intendant Bigot. Il sera de retour à Québec le 23 août d'où il repartira pour l'Acadie. En février 1753, revenu à Québec, il accompagne le gouverneur Duquesne à Montréal.

Franquet écrivit la relation de ses deux voyages au Canada. Voyons ce qu'il raconte au sujet de ses allées et venues sur le lac St-Louis.

Le 2 août 1752, Franquet et ses compagnons quittent Montréal pour se rendre au lac des Deux Montagnes:

— Sortis de Montreal en calèche à cinq heures du matin, écrit-il, (avons) pris à droite en sortant le long des murs de l'enceinte de la ville, [...] suivi le chemin du village de la chine. Il est établi dans une commune jusqu'à la rencontre du fleuve, de là jusqu'au dit village (de la Chine) il cotoye la rive Nord, et de droite et de gauche sont des maisons; arrivés chez M. le Curé à neuf heures du matin.

Quittant Lachine, Franquet traverse ensuite au village du Sault St-Louis, «scitué vis-à-vis celui de la chine et à la rive sud du fleuve». Qu'il y eût là un fort, cela ne fait aucun doute:

— De là, écrit-il, (c'est-à-dire de l'église du Sault St-Louis), étant muni du plan du village et du fort y adhérant, j'en parcourus l'enceinte. [...] Après quoi je pris le parti de me rembarquer pour aller coucher à la pointe claire; il était environ cinq heures après midi...

Franquet raconte alors que son groupe fut menacé d'un «gros temps» sur le lac:

— L'on tâcha, écrit-il, de joindre promptement la rive du Nord, on la cotoya jusqu'à la pointe de la grande anse. Le patron (c'est-à-dire le chef du canot) m'y représenta que de là à la dite pointe claire, il n'y avait que ¾ de lieue, qu'il me conseillait de mettre à terre, que si la pluye survenait je trouverais du couvert dans l'une des habitations répandues le long de la côte ... Effectivement, nous essuyâmes beaucoup de pluye; mais il s'était trompé sur la longueur du chemin: je le trouvai long d'une lieue et demie ...

Notre voyageur arriva tard chez le curé de la Pointe Claire:

— Depuis le village de la chine jusqu'à la pointe claire, explique-t-il laconiquement, on estime trois lieues.

Et Louis Franquet de poursuivre sa course jusqu'au village du lac des Deux Montagnes où il y avait aussi un fort («Ce fort est aujourd'huy inutile», note-t-il). Au retour, quittant le lac des Deux Montagnes «entre 4 à 5 heures du matin», il contournera le bout de l'île de Montréal, et il sera chez le curé de Lachine à midi d'où il rentrera aussitôt à Montréal.

On ne relève dans ce premier récit aucune mention d'un établissement quelconque entre Lachine et la Pointe Claire. Rappelons que nous sommes en 1752.

Le 14 janvier 1753, Franquet quitte de nouveau Québec à destination de Montréal. Cette fois il fait partie du voyage annuel du gouverneur dans le haut du pays. Le gouverneur de la Nouvelle-France est alors le marquis de Duquesne, que le narrateur appelle «le général». Le 27 février nous retrouvons notre homme au lac des Deux Montagnes, après que ses compagnons et lui soient «... entrés sur le fleuve, cotoyés les terres de sa rive gauche, traversés la grande anse du lac St. Louis en pointe, mis à terre à celle de Ste. Claire chez le curé de la paroisse de ce nom, y chauffés, déjeunés amplement, et pris des chevaux frais pour aller plus loin».

Soudain, attention! Voici que Franquet glisse dans son récit une anecdote qui va nous intriguer:

À la sortie de chez le dit Ladéroute (son hôte), raconte-t-il, visités le général et l'intendant, et nos dames de Québec, ensuitte madame Benoist femme de l'officier commandant en ce village. Le général ne se portait pas bien; il tint néanmoins ce jour-là un conseil sauvage Iroquois. Après plusieurs compliments autant à charge qu'ennuyants de la part de cette nation, il leur créa un chef, et il distribua des médailles à trois autres; ensuitte il furent manger deux boeufs qu'il leur avait fait donner pour festin. Il y avait pour lors, dans le lieu, une vingtaine d'Iroquois du village de la Présentation, que Mr. Piquet, l'un des prêtres Sulpiciens, dessert à titre de missionnaire et d'aumônier du fort nommé la Galette; ils prirent part à la fête ...

Nous avons bien lu: des Iroquois du village de *la Présentation* étaient venus prendre part aux réjouissances. Ils étaient sans doute accompagnés de ce prêtre sulpicien du nom de Piquet ou Picquet, sinon le narrateur ne parlerait pas de ce dernier.

Cet abbé Picquet était de fait un prêtre du Séminaire de St-Sulpice. Digne émule de l'abbé de Fénelon dont le nom est mêlé à la primitive histoire de Dorval, il s'était voué au maintien de la domination française en Amérique du Nord et à la conversion des Indiens à la religion de Jésus-Christ.

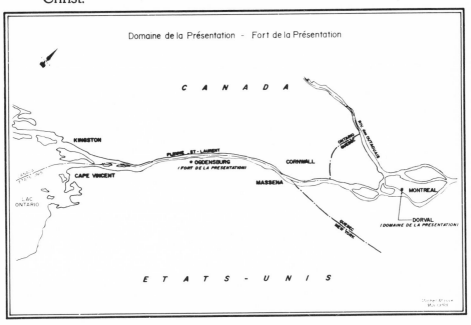

Domaine de la Présentation - Fort de la Présentation

Sous le rapport de la renommée, l'abbé Picquet a pris dans l'histoire une certaine avance sur Fénelon. Depuis 1899 il a en effet son monument. La ville américaine d'Ogdensburg, sur la rive sud du St-Laurent en face de la ville canadienne de Prescott, lui fait l'honneur de le considérer comme son fondateur. On a érigé sa statue dans un parc de la ville.

Comme nous venons de le dire, la ville d'Ogdensburg occupe la rive sud du St-Laurent en face de la jolie ville ontarienne de Prescott, laquelle se situe à mi-chemin entre Cornwall et Kingston. On sait que Kingston, c'est l'ancien fort Cataracoui, appelé aussi fort Frontenac, qui fut un important poste de traite jusqu'à la conquête. Dans cette région les Anglais de la Nouvelle-Angleterre eurent tôt fait de s'amener, et au lieu connu des Français sous le nom de Chouagen ils établirent le fort Oswego.

Mais, d'où vient qu'on trouve un prêtre sulpicien à Ogdensburg en 1753? — C'est là une assez longue histoire.

Toujours hantés par leur idéal d'un village indien chrétien, les Sulpiciens avaient jeté les yeux sur la rive du lac des Deux Montagnes à l'endroit connu de nos jours sous le nom d'Oka. Ils s'y installèrent en 1715 grâce à une concession accordée par le gouverneur de Vaudreuil et l'intendant Bégon. C'est à notre abbé Picquet que les Sulpiciens confièrent la réalisation du projet.

Une fois à l'oeuvre, l'abbé Picquet montra qu'il n'avait pas seulement l'esprit apostolique, mais qu'il possédait également un certain sens militaire. Il fit ériger une enceinte autour du village. Bientôt il la jugea insuffisante, désireux qu'il était d'offrir à ses ouailles «une protection efficace sous les plis du drapeau fleurdelisé», comme l'explique l'un de ses biographes. Il se mit à construire un véritable fort selon les règles de l'art avec fossé, rempart et bastions.

Or, le lac des Deux Montagnes n'était pas un endroit stratégique et un fort à cet endroit ne pouvait en rien contribuer à la défense de la Nouvelle-France contre les Anglais. L'abbé Picquet se mit donc en quête d'un site nouveau où créer un village pour les Indiens et construire un fort pour contenir l'envahisseur anglais, le cas échéant.

Nonobstant le traité de paix de 1701 la question de l'alliance indienne comptait pour beaucoup aux yeux des militaires. L'abbé Picquet fut alors chargé par les autorités françaises de rallier les tribus indiennes à la cause des Français, à tout le moins de les maintenir dans la neutralité. Pour cela, il fallait être proche du fort Oswego d'où les Anglais travaillaient à soustraire les mêmes tribus indiennes à l'influence française.

Il arrêta son choix sur l'actuel emplacement d'Ogdensburg dans l'État de New York, sur la rive sud du St-Laurent, un peu plus haut que les rapides du Long Sault. Au village qu'il fonda il donna le nom de la Présentation.

On a supposé que l'abbé Picquet avait choisi ce nom en l'honneur du jour où, à l'époque, les prêtres sulpiciens renouvelaient leurs promesses cléricales. D'autre part, il semble qu'il ait arrêté son choix du site de cette Présentation No 2 le 21 novembre 1748, c'est-à-dire le jour de la fête de la Présentation. Cela paraît un peu trop précis pour être vrai.

Toujours est-il qu'il y eut une seconde mission de la Présentation en Nouvelle-France. En vue de l'affrontement imminent entre la France et l'Angleterre en Amérique du Nord, le gouverneur mit l'abbé Picquet en charge de la construction d'un fort en son village. S'il faut en croire Louis Franquet, ce fort portait le nom de la Galette. On le désignait également sous le nom de la Présentation.

Voilà comment il se fait qu'en 1753 il existait dans la région du haut St-Laurent une mission de la Présentation et un fort du même nom.

De cette seconde mission de la Présentation et du fort qui s'y rattachait Désiré Girouard savait-il quelque chose? Cela n'est pas sûr. Mais, il vint à en soupçonner l'existence. Voici en effet ce qu'il nous confie dans son livre sur LES FORTS DE LACHINE ET CAVELIER DE LA SALLE:

— Quand ce fort (de la Présentation de Dorval) fut-il démoli? La Société Numismatique de Montréal disait du chevalier Claude Nicolas Guillaume de Lorimier, dont elle exposait le portrait à sa magnifique exposition de 1887, qu'il était «commandant du fort de la Présentation de *1755 à 1759*». Je suis porté à croire que ce fort n'était pas à Lachine, mais à l'ouest sur la route de Cataracoui et la rive sud du St-Laurent. Une copie du plan de ce fort existe aux archives de Québec, avec une soixantaine d'autres dont le département s'est enrichi en 1889. Chose surprenante, on n'y trouve pas une seule carte des anciennes fortifications de Lachine.

Ces constatations auraient dû amener Girouard à s'interroger sérieusement sur la vérité historique de ses précédents énoncés. Mais, rien au monde ne pouvait ébranler sa conviction patriotique et lui arracher de l'esprit la certitude qu'il y avait eu à Dorval des remparts, des bastions, des soldats, en un mot un fort.

Que faut-il conclure?

On ne peut s'empêcher de penser qu'une simple méprise est à l'origine de la croyance de Girouard et, après lui, de quantité de citoyens de Dorval au sujet de l'existence d'un fort français en *leur* domaine de la Présentation.

Cette méprise tient à diverses similitudes. Pour désigner deux établissements différents, on a utilisé le même nom. À l'origine des deux établissements on trouve un projet de mission indienne. Un prêtre sulpicien fut le fondateur de la mission dans un cas comme dans l'autre.

Pour tout dire, du fort de la Présentation de Dorval il n'a jamais rien existé d'autre que la jolie esquisse d'un artiste collée dans la page du procès-verbal de la réunion du conseil du Village de Dorval tenue le 7 septembre 1892 ...

Chapitre six

SIR GEORGE SIMPSON

**un pilier de
l'Empire à Dorval**

Le 18 août 1860, toute la population de Québec se retrouva dans les rues de la basse-ville, sur les quais, sur le toit des maisons, sur la cime du cap Diamant, sur le glacis de la citadelle.

Sur le quai de la Reine se tenaient, en proie à une vive excitation, les ministres du gouvernement des Canadas-Unis, le maire de la ville et les échevins, l'évêque anglican et l'évêque catholique romain, et quantité de notables. Québec s'apprêtait à accueillir en terre d'Amérique un jeune prince de dix-neuf ans que sa mère, la reine Victoria, avait laissé partir pour le Canada en réponse à l'invitation du gouvernement de cette colonie de l'Empire britannique.

Dès que le *Hero,* de la *British Navy,* qui amenait Son Altesse le Prince de Galles, se fût détaché du fond sombre de l'île d'Orléans, et comme le navire poursuivait sa progression vers le rocher de Québec, le canon se mit à retentir du haut de la citadelle.

On aurait pu croire à une attaque sur Québec, comme au temps de l'amiral Saunders et du général Wolfe. Il n'en était rien évidemment, bien au contraire. Après que le prince de Galles eût mis pied à terre, les régiments de l'armée anglaise cantonnés à la citadelle l'escortèrent dans les rues étroites de la basse-ville couvertes de drapeaux et d'arches de verdure, puis dans la côte de la Montagne, enfin dans les avenues de la haute-ville jusqu'à l'hôtel du parlement où le gouvernement l'accueillit officiellement.

Réceptions, dîners, discours, bals, visite des antiques institutions de la ville, le prince de Galles se prêta de bonne grâce à tout ce qu'on voulut bien lui proposer.

Le futur Édouard VII — qui n'allait accéder au trône qu'en 1901, à la mort de la reine Victoria, soit quarante et un ans plus tard — était un jeune homme frêle, à la physionomie avenante. Tout au long de son voyage au Canada, le prince allait être l'objet d'une incroyable surenchère de manifestations enthousiastes.

C'était l'époque du *king-worship*. La fierté d'être britannique inspirait à tous les sujets de la Reine une sorte de passion pour l'Empire et un profond sentiment de vénération pour les membres de la famille royale. Il suffit de se rappeler à ce sujet l'orgueilleuse proclamation de Sir John A. Macdonald, le plus célèbre des Pères de la Confédération et le premier Premier ministre du Canada:

— *A British subject I was born, a British subject I will die!*

Le représentant d'un empire sur lequel le soleil ne se couchait jamais fut au Bas-Canada (le Québec d'aujourd'hui) et dans le Haut-Canada (l'Ontario d'aujourd'hui) l'objet d'emphatiques expressions de loyauté. Son voyage se poursuivit de ville en ville avec l'allure d'une tournée triomphale.

C'est ainsi qu'à Montréal, au cours d'une cérémonie élaborée, le prince de Galles fixa le dernier rivet au pont Victoria et procéda à son inauguration en prenant place dans le premier train à le traverser. Le pont Victoria était considéré comme une merveille du génie.

Ici entre en scène un homme qui le 2 septembre 1854 avait fait l'acquisition des trois îles de Dorval. Ce jour-là Sir George Simpson avait acheté de la famille Meloche, de la Côte de Lachine, les trois îles en question, lesquelles sont ainsi décrites dans l'acte de vente:

> ... three Ilands (*sic*), the said Ilands commonly called & known as Îles Dorval, situated in the River St. Lawrence, in the Parish of Lachine, in the said district of Montreal, in or about nine acres more or less from the shore, opposite the land of Joseph Lepage, Jean-Bte Monette & Benoit Gibb Esq., the largest whereof containing one hundred arpens in superficie (*sic*), the other about eight arpens in superficie & the other about one arpent in superficie, the whole more or less, without any warranty of correct measurement.

Sir George Simpson avait construit dans la plus grande de ces îles une immense maison à deux étages destinée à lui servir de villa d'été, car il demeurait à Lachine. Tout alentour il avait fait tracer des allées et aménager des parterres.

Depuis quarante ans Sir George était l'homme fort, le souverain pourrait-on dire sans exagération, de la *Hudson's Bay Company* en Amérique du Nord. Son titre officiel était celui de «gouverneur». Les historiens le désignent comme l'«*overseas governor of the Hudson's Bay Company*», le «*Governor of Rupert's Land for the Hudson's Bay Company*», le «*Governor-in-chief of the Hudson's Bay Company Territories*».

Pour caractériser l'extraordinaire personnage que fut Sir George Simpson, les historiens l'ont appelé «*the Little Emperor*».

Il faut dire qu'en raison de leur incroyable étendue les territoires de la *Hudson's Bay Company* formaient un véritable empire.

(Signalons que cette célèbre compagnie existe encore de nos jours. Ses magasins de vente au détail et ses comp-

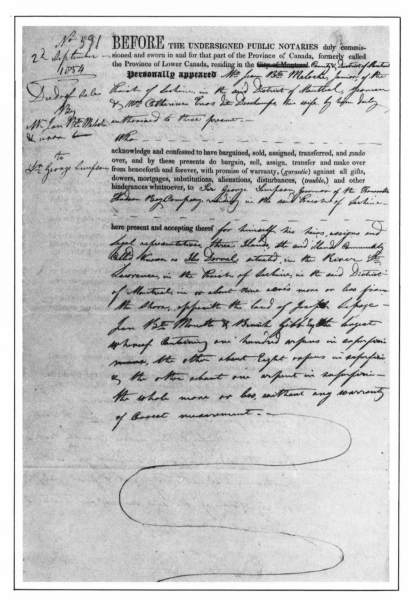

Nº 591
22 September
1854

Deed of Sale
By
Mr Jean Bte Meloche
& uxor

to

Sir George Simpson

BEFORE THE UNDERSIGNED PUBLIC NOTARIES duly commissioned and sworn in and for that part of the Province of Canada, formerly called the Province of Lower Canada, residing in the ~~City of Montreal~~, County & District of Montreal

Personally appeared Mr Jean Bte Meloche, junior, of the Parish of Lachine, in the said District of Montreal, yeoman & Mrs Catherine Enos dit Deschamps, his wife, by him duly authorized to these present —

Who

acknowledge and confessed to have bargained, sold, assigned, transferred, and made over, and by these presents do bargain, sell, assign, transfer and make over from henceforth and forever, with promise of warranty, (*garantie*) against all gifts, dowers, mortgages, substitutions, alienations, disturbances, (*trouble*,) and other hinderances whatsoever, to Sir George Simpson, Governor of the Honorable Hudson Bay Company, residing in the said Parish of Lachine

here present and accepting therof for himself his heirs, assigns and legal representatives, three Islands, the said Islands Commonly Called Known as Isles Dorval situated in the River St Lawrence, in the Parish of Lachine, in the said District of Montreal, in or about nine acres more or less from the Shore, opposite the land of Joseph Lepage — Jean Bte Monette & Benoit Gibb by the largest whereof Containing one hundred arpens in superficial more, the other about Eight arpens in superficie & the other about one arpent in superficie — the whole more or less, without any warranty of Correct measurement. —

Première page de l'acte de vente par les Meloche à Sir George Simpson.

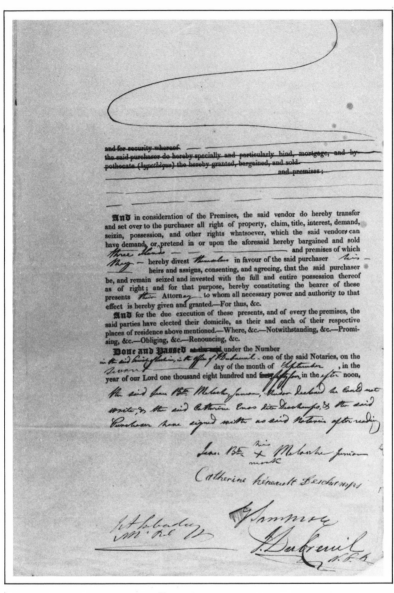

~~and for security whereof, ————
the said purchaser do hereby specially and particularly bind, mortgage, and hy-
pothecate (hypothèque) the hereby granted, bargained, and sold
 ——— and premises ;~~

And in consideration of the Premises, the said vendor do hereby transfer
and set over to the purchaser all right of property, claim, title, interest, demand,
seizin, possession, and other rights whatsoever, which the said vendor*s* can
have demand, or pretend in or upon the aforesaid hereby bargained and sold
three thousand ——————————————— and premises of which
they — hereby divest *themselves* in favour of the said purchaser *his* —
heirs and assigns, consenting, and agreeing, that the said purchaser
be, and remain seized and invested with the full and entire possession thereof
as of right ; and for that purpose, hereby constituting the bearer of these
presents *the* Attorn*ey* to whom all necessary power and authority to that
effect is hereby given and granted.—For thus, &c.

And for the due execution of these presents, and of every the premises, the
said parties have elected their domicile, as their and each of their respective
places of residence above mentioned.—Where, &c.—Notwithstanding, &c.—Promising, &c.—Obliging, &c.—Renouncing, &c.

Done and Passed ~~at the said~~ under the Number
in the said Longueuil, in the office of Dubreuil one of the said Notaries, on the
seven ————— day of the month of *September* , in the
year of our Lord one thousand eight hundred and ~~forty~~ *fifty four*, in the *after* noon,

*the said Jean Bte Malachie junior, vendor declared he could not
write, & the said Catherine Enos dite Deschamps, & the said
Purchaser have signed with us said Notaries after reading*

Jean Bte $\overset{his}{\times}$ *Malachie junior*
 mark

Catherine hénault Deschamps

Jh Lebaudy
McGill N.P.

G Simmon

L Dubreuil
N. P.

Dernière page.

toirs de vente sont implantés dans presque toutes les localités du Canada. De la *Hudson's Bay Company* de Sir George Simpson à *The Bay* ou à «la Baie» d'aujourd'hui la continuité est parfaite. *The Hudson's Bay Company* ou *The Bay,* c'est toujours la même compagnie, maintenant vieille de plus de trois cents ans.)

Sa fondation remonte à 1670, au 2 mai 1670 pour être exact, c'est-à-dire au jour où le grand sceau de l'Angleterre fut apposé sur la charte accordée par le Roi à *The Governor and Company of Adventurers of England trading into Hudson's Bay,* en abrégé *The Hudson's Bay Company.*

L'«honorable compagnie», comme on l'a souvent appelée, compta toujours dans son conseil d'administration les hommes les plus illustres d'Angleterre, depuis ce cousin du roi Charles II connu sous le nom de Prince Rupert jusqu'à Sir Winston Churchill, Premier ministre de Grande-Bretagne durant la guerre de 1939-1945. Churchill y détenait le titre de «Grand Seigneur». C'est d'ailleurs à cause de ce prince Rupert que les territoires octroyés à la *Hudson's Bay Company* s'appelèrent *«Rupert's land»* ou «Terre de Rupert», comme les petits écoliers canadiens le lurent dans leurs manuels de géographie pendant plusieurs générations.

Chose étonnante, c'est en bonne partie grâce à un personnage que nous connaissons déjà, Médard Choüart sieur des Groseilliers, que la *Hudson's Bay Company* vit le jour. Médard Choüart était le beau-père de Jean-Baptiste Bouchard Dorval (qui a donné son nom à la ville de Dorval), ce dernier ayant épousé Marie-Antoinette Choüart, la fille de Médard.

Or, c'est le même Médard Choüart des Groseilliers et son beau-frère Pierre-Esprit Radisson qui, passés en Angleterre en 1669, étaient parvenus à intéresser les Anglais à se livrer au commerce des pelleteries en utilisant la route de la baie d'Hudson. À leurs interlocuteurs Choüart et Radisson proposaient un plan d'une audace inouïe.

Après maintes démarches, les deux beaux-frères avaient obtenu une audience du roi Charles II, pour en arriver enfin à ce qu'on leur confie deux navires leur permettant de mettre leur dessein à exécution. Il s'agissait de rien moins que de gagner les territoires de la baie d'Hudson et de s'y livrer à la traite des pelleteries en évitant complètement les Français de la Nouvelle-France.

Les deux navires mis à la disposition de Choüart et Radisson n'étaient pas les plus impressionnants du royaume. Quand on visite aujourd'hui le *Nonsuch,* dont l'exacte réplique est gardée au musée *Man and Nature* de Winnipeg, on a peine à croire qu'un bâtiment pareil — un esquif, quoi! — ait jamais pu servir à franchir l'Atlantique. Nos deux Canadiens, quant à eux, éprouvèrent de sérieux doutes sur l'aptitude des deux navires à tenir la mer.

Peu rassurés sur l'issue de la traversée, les deux hommes convinrent de faire route séparément, chacun sur son navire. Radisson s'embarqua à bord de l'*Eaglet,* capitaine Stannard, et des Groseilliers à bord du *Nonsuch,* capitaine Gillam.

Les instructions données aux deux capitaines étaient de se mettre à la disposition de *Mr. Radisson* et de *Mr. Gooseberry* (traduction du nom de Choüart des Groseilliers) dès que les deux navires seraient en vue des rives de la baie d'Hudson.

Au cours d'un orage l'*Eaglet* fut passablement endommagé, dut faire demi-tour et rentrer au port. Quant au *Nonsuch,* on ne savait rien de lui. On l'avait aperçu qui plongeait au plus creux de la vague pour disparaître ensuite au coeur de la tempête. Radisson appréhendait le pire. Or, contre tous les pronostics, le *Nonsuch* parvint à destination.

Avec l'enthousiasme d'un découvreur, des Groseilliers s'élança à terre. Les matelots lui prêtant main forte, il érigea aussitôt un poste de traite, le premier jamais construit à la baie d'Hudson. On l'appela *«Rupert House»*. La rivière à l'embouchure de laquelle il s'élevait reçut également le nom de Rupert. Cet endroit historique appartient maintenant à la province de Québec, car la rivière Rupert vient de la rive orientale de la baie James.

La route établie par Médard Choüart des Groseilliers allait demeurer pendant deux cents ans l'itinéraire classique du commerce anglais des pelleteries.

Des Groseilliers put rapporter à Londres une impressionnante quantité de peaux. La démonstration exigée était donc concluante. On ne perdit pas de temps: la *Hudson's Bay Company* fut aussitôt créée.

La charte de la *Hudson's Bay Company* était aussi généreuse dans son octroi des terres d'Amérique aux *Adventurers of England* que la prise de possession du coeur du continent par les Français du *sieur* de Saint-Lusson en 1671 pouvait être ambitieuse.

Cette charte concédait à la compagnie «l'exclusif négoce et commerce sur toutes les mers, détroits, baies, rivières, lacs, anses et rades sous quelque latitude qu'ils soient qui se trouvent à l'entrée du détroit communément appelé détroit d'Hudson de même que toutes les landes et territoires se répartissant sur les contrées, côtes et confins des susdites mers, baies, rivières, anses et rades qui ne sont pas déjà en possession de certains de nos sujets ou à eux concédés ou en possession de tout autre Prince ou État chrétien».

Chez les Anglais de 1670 comme chez les Français de 1671 on n'avait pas une idée précise de la superficie des territoires que chaque nation prétendait posséder. Les termes relativement aimables de la charte de 1670 — elle respectait en principe le droit de tout autre "Prince chrétien" (donc du Roi de France) — et la tolérance que les Français de la Nouvelle-France montrèrent au début envers les Anglais installés à la baie d'Hudson s'expliquent par les bonnes relations que les rois Stuarts et les rois Bourbons entretenaient entre eux à cette époque. En réalité, les uns et les autres entendaient bien s'approprier tout le continent inconnu qui entourait la vallée du St-Laurent.

Le quasi incommensurable territoire de l'Amérique du Nord n'avait donc, à la fin du XVIIᵉ siècle, que deux propriétaires, soit le Roi de France et la *Hudson's Bay Company*. Le voyageur qui par hypothèse aurait envisagé de franchir l'Amérique du Nord depuis le pôle nord jusqu'au golfe du Mexique n'aurait eu que deux permis à demander, soit à la *Hudson's Bay Company* pour traverser la Terre de Rupert jusqu'à la vallée du St-Laurent, et au Roi de France pour circuler depuis le St-Laurent jusqu'à la Louisiane, qui baigne dans les eaux du golfe du Mexique.

Or, en 1860, l'année de la visite du Prince de Galles, le Canada n'avait toujours de juridiction que sur la vallée du St-Laurent. Tout le reste du Canada d'aujourd'hui appartenait à la *Hudson's Bay Company*, aussi extraordinaire que cela paraisse. Rien d'étonnant à ce qu'on ait décrit la propriété de l'honorable compagnie comme un empire.

Rien d'étonnant non plus à ce qu'on ait comparé à un empereur l'homme qui depuis quarante ans exerçait sur la Terre de Rupert une autorité incontestée. Sir George Simpson n'était pas seulement une sorte d'empereur, il était du même coup le pilier de l'Empire britannique dans cette partie du monde, c'est-à-dire depuis la baie d'Hudson jusqu'à l'océan Pacifique, et depuis l'embouchure du fleuve Mackenzie jusqu'au 49ᵉ parallèle.

(Pour l'intelligence du récit, rappelons qu'en 1870 le Canada allait acheter la plus grande partie de la Terre de Rupert, c'est-à-dire depuis l'extrême nord du continent jusqu'au 49ᵉ parallèle, le territoire inférieur au 49ᵉ parallèle appartenant désormais par traité aux États-Unis d'Amérique.)

En août 1860, Sir George Simpson estima donc que la Terre de Rupert formait à elle seule un territoire où le prince de Galles, en tant que représentant de la reine Victoria et futur souverain de l'Empire britannique, devait se rendre. Puisque l'itinéraire du voyage princier ignorait la Terre de Rupert (qui n'était tout de même qu'une étendue sauvage et déserte de terres, de lacs, de cours d'eau et de montagnes), le gouverneur de l'honorable compagnie décida que l'île Dorval, sa propriété personnelle, symboliserait pour la circonstance les territoires de la *Hudson's Bay Company* et qu'il y recevrait l'auguste visiteur.

Seulement, Sir George Simpson, tout gouverneur qu'il fût de la *Hudson's Bay Company,* tout maître qu'il fût du plus grand territoire de tout l'Empire, n'était vis-à-vis du protocole royal qu'un simple particulier. Rien ne lui permettait d'être l'hôte du prince de Galles en tournée officielle.

Qu'à cela ne tienne!

Sir George décida de céder provisoirement son île au commandant en chef des forces armées britanniques au Canada, Sir Fenwick Williams. Ce dernier avait sa résidence à Montréal. Il devint pour un court laps de temps le seigneur de l'île Dorval, comme l'abbé de Fénelon l'avait été de 1672 à 1674. En fait, cette comparaison n'est pas rigoureuse, puisque la tenure seigneuriale avait été abolie au Canada en 1854. Mais, enfin c'était tout comme.

Officiellement ce fut donc Sir Fenwick Williams qui fut l'hôte du prince de Galles à l'île Dorval le 29 août 1860. Sir George Simpson se tenait à son côté, il va sans dire, comme une sorte d'éminence grise.

Ce jour-là, le cortège princier s'amena à Dorval par la route qui longe le lac St-Louis. On s'arrêta en face de l'île où une embarcation détachée du navire le *Kingston* (à bord duquel le prince et sa suite avaient sauté les rapides du Long Sault) attendait le visiteur.

Comme le prince est à mi-chemin entre la terre ferme et l'île, voici qu'une flottille de douze canots, mus chacun par dix avironneurs habillés de rouge et coiffés de plumes, arborant le fanion de la *Hudson's Bay Company,* fait soudain irruption dans le cours d'eau séparant les îles de la terre ferme. Elle fait alors un quart de tour et se met à escorter le visiteur jusqu'au débarcadère.

Ces avironneurs n'étaient autres que les célèbres «voyageurs» de la *Hudson's Bay Company,* en majorité — semble-t-il — des Indiens de la bourgade de Caughnawaga. Même s'il se trouvait des Canadiens parmi eux, ils avaient tous arboré pour la circonstance la tenue indienne, ajoutant à leur chemise rouge le bandeau et les plumes des enfants de la forêt.

Le prince de Galles séjourna dans l'île Dorval une couple d'heures, le temps d'admirer les lieux, de prendre le lunch, de faire quelques pas dans les parterres. Entre temps nos avironneurs de tout à l'heure faisaient dans leurs canots le tour de l'île en chantant leurs refrains de route, animant le paysage de leurs mouvements cadencés. Le prince de Galles voyait donc de ses yeux le spectacle familier à plusieurs générations de Canadiens, celui de ces hommes se dirigeant à toute allure vers les régions du Nord-Ouest.

Au départ, le prince de Galles prit place dans un canot d'écorce en vue de la traversée du lac St-Louis, car il était prévu que la flottille allait défiler devant la population de Caughnawaga avec, à son bord, l'illustre visiteur et sa suite.

Laissons plutôt la parole à un témoin oculaire, un nommé Engleheart, qui était le secrétaire particulier du duc de Newcastle, un ministre du gouvernement britannique, en l'occurrence le directeur du voyage et le mentor du prince:

The Prince started at 1 p.m. to the Île Dorval, to lunch with Sir Fenwick Williams. The General rents the House from Sir George Simpson, the Governor of the Hudson's Bay Company's Territory. It is a secluded little retreat, well adapted for a pic-nic, and secure from all intruders. As the Prince crossed to the island he was met in mid-channel by twelve ten-paddle birch canoes, manned by Caughnawagas and Canadian boatmen, in the employ of the Hudson's Bay Company, all dressed in scarlet, with appropriate ornamentations; and, backed up as they were by the green waving woods of the island, they presented a singularly gay and striking spectacle. At luncheon it was remarked that our little company comprised all ranks and orders of British society, viz. —

H.R.H.	*Metropolitan (Fulford)*
Duke (Newcastle)	*Bishop (of Huron)*
Marquis (Chandos)	*Admiral (Milne)*
Earl (Mulgrave)	*Commodore (Seymour)*
Viscount (Hinchingbrook)	*Captain (Vansittart)*
Baron (Lyons)	*Generals (Williams*
Baronet (Sir A. McNab)	*& Bruce)*
Knight (Sir E. Taché)	

After luncheon we strolled about the grounds, while the flotilla of birch canoes paddled in full song around the island, and on their return took us on board. Lord Lyons, the Commodore, Mr. Rose, and myself, seated in one, our backs supported by a cushioned bar, our feet and legs wrapped in buffalo skins, our faces towards the bow, with five paddles before and five behind us, found the mode of locomotion very comfortable. The stroke of the paddle was timed by the cadence of their wild but monotonous songs. The whole scene was a strange one, especially when, on crossing to Caughnawaga, all the red faces, squaws, and children, came chattering to the water's edge, to give their rude welcome to the Prince.

Comme le dit si bien l'écrivain Stephen Leacock dans son MONTREAL SEAPORT AND CITY (1942):

— *The Prince of Wales was at a time of life, and lived in a time of history, when it was still fun to be a prince — a poor trade now.*

Le souvenir de cette journée mémorable s'est transmis, très vif, dans les familles de Dorval jusqu'à ces dernières années. Nul doute qu'il tendra à s'estomper d'ici la fin du siècle, d'autant plus qu'il ne reste absolument rien, en l'île Dorval, de la propriété princière que Sir George Simpson y avait fait construire. Raison de plus pour transmettre à la postérité ces images romantiques où la puissance britannique se célébrait dans les titres de noblesse, les uniformes militaires, les garden-parties, les crinolines, et trouvait son apothéose champêtre dans le décor paisible et lumineux du lac St-Louis, en l'île fleurie, au son des refrains des «voyageurs» canadiens.

Ce fut sans doute la dernière fois où, sur le rivage enchanteur, retentirent les airs familiers d'«*En roulant ma boule*», «*Par derrière chez ma tante*» et «*C'est la belle Françoise*».

Chapitre sept

L'ÂGE D'OR DE
LA VILLÉGIATURE

**les «messieurs»
de la ville**

On trouve au bureau d'enregistrement de Montréal le plan officiel du cadastre de la paroisse de Lachine. Il s'agit d'une toile de six pieds et demi de longueur et de quatre pieds de largeur. Ce plan porte la date du 30 mai 1873.

La légende qui l'accompagne (on appelle «légende» un court texte explicatif se rapportant à une image ou à un plan) nous fournit les renseignements suivants:

> SAINTS-ANGES DE LACHINE (bureau de poste «Lachine») — Comté de Jacques-Cartier — Diocèse de Montréal — Érection canonique le 30 octobre 1678 — Limites de la paroisse fixées par l'Ordonnance du 3 mars 1722 — La municipalité de la paroisse de Saint-Michel-de-Lachine, alias Saints-Anges-de-Lachine, a été érigée par l'Acte 8 Vict., ch. 40, le 1er juillet 1845. — Pour description, voir «Municipalités et Paroisses» de Deschamps, pages 307, 325 et 1094. — Plan déposé le 2 octobre 1876. — Cadastre mis en vigueur le 2 novembre 1877.

(On entend par «cadastre» un registre public faisant connaître la description de tous les fonds de terre d'une région donnée, avec mention du nom du propriétaire dans chaque cas. C'est en vertu d'une loi de la province de Québec qu'il fut ordonné de procéder à la confection du cadastre. Cette loi exigeait que chaque lot — tel est le terme générique s'appliquant aux diverses sortes de fonds — apparaisse sur un plan et qu'on lui assigne un numéro; aussi que, dans un document séparé, on le décrive par tenants et aboutissants après en avoir donné les dimensions, et qu'on y inscrive le nom de son propriétaire. Le terme de «cadastre» resta attaché au plan, tandis que le document écrit l'accompagnant fut appelé «livre de renvoi».)

Sur ce plan de 1873 le nom de Dorval n'apparaît qu'une fois. À l'intérieur du périmètre de la plus grande des îles du domaine de la Présentation de jadis on lit les mots «île Dorval». Quant au reste, rien ne s'appelle «Dorval», ni paroisse ni cadastre ni rue. Encore aujourd'hui, nonobstant la création du Village de Dorval en 1892 et de la Ville de Dorval en 1903, c'est toujours le nom de la paroisse de Lachine qui apparaît au cadastre, si bien que dans toutes les ventes d'immeubles on ne peut s'empêcher de céder à l'acheteur un lot portant un certain numéro du *cadastre officiel de la paroisse de Lachine*. Tel est le lien historique, permanent et indéfectible qui continue d'unir ces deux villes par ailleurs parfaitement indépendantes l'une de l'autre.

Le plan du cadastre et le livre de renvoi ignorent le passé. C'est essentiellement et uniquement au présent que ces deux documents se rapportent. Le présent de 1873, bien entendu. C'est en vain qu'on y chercherait les numéros que les anciens seigneurs de l'île de Montréal, les Sulpiciens, avaient assignés aux terres de leurs censitaires. Le nom même de la Présentation qu'ils avaient donné à leur mission, ce nom a disparu.

Pour tout dire, le cadastre marque un nouveau point de départ.

Du passé un élément subsiste cependant, c'est l'aménagement du territoire dans son ensemble. Dans la mesure où le cadastre respectait la division de l'île de Montréal à laquelle on avait procédé du temps des Français, les anciennes paroisses survécurent. Ainsi, autour de la future ville de Dorval on trouve en 1873 les cadastres de la paroisse de Pointe Claire, de la paroisse de St-Laurent et de la paroisse de Montréal.

Or, la configuration de ces vieilles paroisses s'était dessinée au fur et à mesure, sans plan préalable. Aucun territoire n'a jamais été organisé d'une façon aussi désordonnée. La paroisse de Lachine, quant à elle, en était venue à prendre l'allure d'une scie gigantesque avec des dents et des creux, comme si une main malicieuse s'était amusée à dessiner une ligne brisée sur le plan.

Ce qui étonne le plus, c'est qu'on en soit venu à ignorer la profondeur uniforme de vingt arpents imposée par les Sulpiciens dans les actes de concession de la fin du XVIIᵉ siècle. En 1873 les terres issues de l'ancien domaine de la Présentation ont pour la plupart une profondeur bien inférieure à vingt arpents. On est amené à croire qu'une modification d'envergure du lotissement avait eu lieu au cours des années 1800.

Un second sujet d'étonnement, c'est que les terres ne sont point perpendiculaires à la rive. Cela non plus ne correspond pas à la volonté initiale des seigneurs. À l'est de la ville de Lachine, les terres se poursuivent vers le nord à angle droit par rapport à la rive. Soudain, à mesure qu'on gagne vers l'ouest un angle de quinze à vingt degrés se dessine, si bien que les terres se mettent à pencher vers l'ouest. La ligne perpendiculaire ne se redressera pas. À l'extrémité ouest de Lachine, l'inclinaison s'accentue et les terres penchent de plus en plus. Évidemment il ne s'agit là que d'une observation, en pratique sans conséquence.

Quand vint le moment d'assigner leur numéro aux fonds de terre de la paroisse de Lachine, on commença à l'extrémité ouest du territoire, c'est-à-dire contre la limite est de la paroisse de la Pointe Claire, donc à l'ouest de la présente ville de Dorval.

Il y avait à cet endroit un chemin qui à partir du lac St-Louis montait vers la Côte St-Rémi, celle-ci s'étendant à l'ouest de la Côte de Liesse. C'est à dessein que nous parlons d'un chemin qui «montait» vers la profondeur des terres. Tout chemin de traverse portait alors le nom de «montée», même en l'absence d'inclinaison du terrain. Il s'agit là d'un canadianisme, c'est-à-dire d'un terme propre au Canada. Le DICTIONNAIRE GÉNÉRAL DE LA LANGUE FRANÇAISE AU CANADA de Bélisle le définit ainsi: «Chemin privé, pas nécessairement en pente, qui va du chemin public à la maison ou de la maison à l'extrémité de la ferme».

Ce chemin de traverse servant de limite aux paroisses de la Pointe Claire et de Lachine s'appelait la «montée des Sources». Ce nom a survécu jusqu'à nos jours puisqu'au même endroit nous trouvons maintenant le boulevard des Sources.

Avec le chemin du bord de l'eau (que les anciens appelaient tout simplement le «chemin de la Pointe Claire»), cette montée des Sources est l'une des plus vieilles artères de Dorval. Elle est antérieure à la montée qui deviendra, après un léger déplacement de son assiette vers l'est, l'avenue Dorval actuelle. Un contrat de vente de 1859 par les André Legault dit Deslauriers, mari et femme, en faveur des Jean-Baptiste Legault dit Deslauriers, mari et femme, stipule le droit pour les vendeurs de passer et repasser sur la terre vendue «dans le chemin existant sur ladite terre» pour communiquer au chemin de la Côte de Liesse. Mais, la montée des Sources est plus ancienne que cela. Elle apparaît en effet sur la carte de l'île de Montréal dressée par le géographe Joseph Bouchette en 1815 alors que le chemin des Legault dit Deslauriers n'y figure pas.

Revenons à notre cadastre.

Comme il était bien normal, la toute première terre de la paroisse de Lachine reçut le numéro 1. Cette terre donne en biseau sur la baie de Valois. Elle appartenait d'ailleurs à un cultivateur du nom de Damase Valois.

La terre suivante, celle de Dosithée Carrière, porte le numéro 2. Cette terre finit en pointe au bord du lac de sorte que là se termine la baie de Valois. La pointe elle-même s'appelle la «pointe Valois».

Et, le déroulement du cadastre de se poursuivre vers l'est de la paroisse:

No 3 — terre de Dosithée Allard;
No 4 — terre de Jean-Baptiste Legault dit Deslau-
          riers;
No 5 — terre de Joseph Legault dit Deslauriers;
No 6 — Honoré Brunet: il s'agit d'un emplacement
          au bord de l'eau;
No 7 — James Smith: il s'agit également d'un empla-
          cement au bord de l'eau;
No 8 — Alfred Brown: il s'agit d'un lopin de terre de
          forme triangulaire, situé au sud du chemin
          de la Pointe Claire et se terminant au lac à
          l'endroit appelé la «pointe Brown»;
No 9 — terre de James Smith, située au nord du
          chemin;
No 10 — terre d'Isaïe Saint-Denis;
No 11 — terre de Placide Allard;
No 12 — terre de Clovis Poireau dit de Bellefeuille;
No 13 — terre de François Paré;
No 14 — terre de Peter McMartin;
No 15 — terre de Clovis Poireau dit de Bellefeuille;
No 16 — terre de Placide Allard;
No 17 — terre de Jean-Baptiste Poireau dit de Belle-
          feuille;
No 18 — terre de Dosithée Legault dit Deslauriers;

No 19 — terre de Joseph Roy dit Lepage;

No 20 — Alexis Brunet: il s'agit d'un lopin de terre de forme triangulaire, situé contre la voie ferrée.

Cet Alexis Brunet, de Montréal, avocat de profession, avait acheté la ferme de Benjamin Legault dit Deslauriers en 1872. Outre le lot no 20 ci-dessus mentionné, Benjamin Legault possédait une terre qui aurait dû porter au plan du cadastre le numéro 21. Or, Brunet n'avait rien d'un cultivateur, ni même d'un *gentleman farmer*. Il s'associa à un nommé Henry Shackell qui avait acheté de Zéphirin Allard les deux terres voisines. Groupant leurs trois terres, les deux hommes envisagèrent une puissante opération immobilière.

C'est ainsi qu'au lieu de rapporter au Service du cadastre les trois terres qui normalement auraient reçu les numéros 21, 22 et 23, Brunet et Shackell présentèrent un plan de subdivision de huit cent quarante-quatre lots, lesquels à l'exception de quelques rues avaient des dimensions uniformes de 20′ sur 120′. Il fallut consacrer cent cinquante pages du livre de renvoi à la description de cette pléthore de lots à bâtir.

À eux seuls Brunet et Shackell absorbèrent les numéros 21 à 864 si bien que les deux terres de Benjamin Décary qui venaient après, au lieu de porter les numéros 24 et 25, reçurent les numéros 865 et 866.

Notons en passant que Brunet et Shackell déplacèrent le chemin des Legault qui montait vers la Côte de Liesse. Ils tracèrent une rue à partir du point de jonction du chemin de la Côte de Liesse et du chemin de fer, où se trouvait la gare de Dorval, et la firent descendre directement au lac selon une ligne parallèle à la ligne des terres. Cette rue nouvelle remplaçant le chemin Legault se trouvait sur l'une des deux terres de Shackell. On se mit à l'appeler la «rue Shackell». Elle mesurait 80′ de largeur et 3488′ de longueur. Elle reçut le numéro 804. Ce numéro 804 subsiste toujours.

C'est l'un des rares numéros de cette série noire à n'avoir pas été biffé par la suite.

Le nom de Shackell disparut quelques années plus tard. On donna à la rue de ce lotisseur le nom d'«avenue Dorval».

Poursuivons notre marche vers l'est de la paroisse de Lachine:

No 865 — terre de Benjamin Décary;

No 866 — terre de Benjamin Décary;

No 867 — Onésime Martin dit Ladouceur: il s'agit d'un emplacement situé contre la voie ferrée;

No 868 — terre de Jean-Baptiste Picard (que son petit-fils Désiré Girouard, futur maire du Village de Dorval, achètera en décembre 1873);

No 869 — les Commissaires d'Écoles de Lachine: il s'agit d'un emplacement au niveau du chemin;

No 870 — John Converse: il s'agit d'un emplacement au bord du lac;

No 871 — terre de Jean-Baptiste Picard, près de la voie ferrée;

No 872 — terre d'Onésime Martin dit Ladouceur;

No 873 — Napoléon Saint-Onge: emplacement au niveau du chemin;

No 874 — Damase Décary: emplacement au niveau du chemin;

No 875 — terre de Charles Décary;

No 876 — terre de Charles Décary;

No 877 — Ezra H. Merrill: emplacement au bord du lac;

No 878 — terre de Jean-Baptiste Meloche;

No 879 — terre d'Hyacinthe Lefebvre;

No 880 — terre de Jean-Baptiste Valérie Quesnel;

No 881 — Thomas Davidson: emplacement au bord du lac;

No 882 — terre de Benjamin Lefebvre.

À l'est de Benjamin Lefebvre monte un chemin qui se rend jusqu'au chemin de la Côte de Liesse. Nous n'allons pas plus loin, car nous voilà déjà sortis du territoire de la future Ville de Dorval.

On s'étonne grandement qu'en 1892, lors de la création officielle du Village de Dorval, ce chemin — correspondant aujourd'hui à la 55e Avenue de Lachine — n'ait pas été désigné comme limite de la nouvelle municipalité. Cela aurait entraîné l'inclusion dans son territoire des propriétés d'Hyacinthe Lefebvre, de Valérie Quesnel, de Thomas Davidson et de Benjamin Lefebvre, soit les lots 879, 880, 881 et 882. Mais, ces propriétaires furent laissés de côté, et la nouvelle municipalité s'arrêta au lot 878.

Il convient d'expliquer qu'à cet endroit précis on avait créé une petite municipalité du nom de Summerlea. Celle-ci n'eut qu'une durée éphémère, et son territoire fit bientôt retour à Lachine.

Une autre explication serait que le chemin de la Pointe Claire, qui dans Dorval passe assez loin de l'eau en raison de l'état marécageux du terrain à l'époque, se rapproche soudain du lac St-Louis en arrivant à Lachine. On jugea peut-être que c'était un bon endroit où fixer la ligne de division entre Dorval et Lachine.

Pour terminer ce rapide tour d'horizon, il faut mentionner qu'au cadastre de la paroisse de Lachine les îles Dorval, Bushy et Dixie reçurent respectivement les numéros 1027, 1044 et 1045.

Voilà donc à la date précise de mai 1873 la toile de fond de ce qui allait devenir un jour la Ville de Dorval.

C'était en 1873 une région purement agricole. Sans les ambitions d'Alexis Brunet et de Henry Shackell la future Ville de Dorval aurait compté en tout et partout une quarantaine de lots de cadastre, la plupart — trente exactement — étant des terres de cultivateurs.

Au sein de la population rurale s'étaient implantés discrètement certains citadins de Montréal. Ces nouveaux venus avaient été attirés au rivage du lac St-Louis par la beauté du paysage et la perspective des sports nautiques. Il va sans dire qu'on les trouvait tous au sud du chemin, c'est-à-dire du côté du lac.

* * *

Parmi les nouveaux venus de l'époque du cadastre, il en est un qui mérite une attention spéciale. Il s'agit du futur maire du Village de Dorval, l'avocat Désiré Girouard, historien, député du comté de Jacques-Cartier à la Chambre des Communes, juge à la Cour suprême du Canada.

Bien que né à St-Timothée de Beauharnois, Girouard fut d'autant plus facilement attiré à Dorval qu'il était par sa mère le petit-fils de Jean-Baptiste Picard, propriétaire du lot 868 de la paroisse de Lachine.

En décembre 1873, après le décès de son grand-père, Girouard acheta de ses oncles Paul Picard et Jean-Baptiste Picard non seulement la maison du défunt, mais toute la terre, conjointement avec un nommé Normandeau et un nommé Dugas. Par la suite Girouard rachètera les parts de ses associés, et à partir de 1879 il sera seul propriétaire de la terre.

Pour commencer Désiré Girouard passa l'été seulement dans la maison de son grand-père. On apprend en effet par le *Directory* de Montréal des années 1875 que l'avocat Désiré Girouard avait là son *summer residence*. Bientôt le goût lui vint de s'y établir de façon permanente.

Il se mit alors à agrandir et à embellir à sa façon la maison ancestrale à laquelle il donna le nom des *Quatre-*

Vents. Il nous la montre avec fierté dans son livre, avec la légende que voici: «*Built in 1803 by J.Bte Picard. Restored and enlarged 1874, 1880 and 1885, by his grandson* THE AUTHOR.»

Naturellement, le site est bien joli. Par ailleurs, on doit constater que Girouard a plutôt abîmé la maison de son grand-père. Les propriétaires subséquents l'agrandiront et la modifieront si bien qu'aujourd'hui il ne subsiste plus grand-chose de la maison telle que construite en 1803.

La carrière du propriétaire des *Quatre-Vents* demeure extrêmement caractéristique de la mentalité qui régnait à Montréal à la fin du siècle dernier.

Voici un petit-fils de cultivateur à qui ses parents ont réussi à procurer une éducation universitaire. Comme il était presque de règle chez les Canadiens français, qu'on orientait infailliblement vers le clergé, la médecine, le droit ou le notariat, le jeune Girouard se fait avocat. Ambitieux, découvrant que le succès financier est le lot des Anglais, il épousera en autant de mariages trois femmes de langue anglaise.

Pourtant, tout marié qu'il soit à l'Anglaise de Montréal Mathilde Pratt, puis à l'Américaine de la Nouvelle-Orléans Essie Cranwill, enfin à l'Ontarienne de Cobourg Edith Bertha Beatty, Girouard demeure passionnément attaché à ses origines françaises. Il prendra même la peine, si l'on peut dire, de passer en France s'y renseigner sur les origines des Girouard. Il publiera une étude sur le sujet dans le *Bulletin des recherches historiques*.

Nul doute que Désiré Girouard était bien fier d'habiter la maison ancestrale. Mais, en s'amenant à Dorval il ne repoussait pas la perspective de faire en même temps une bonne affaire. Avocat recherché, par surcroît homme politique, il n'avait évidemment que faire d'une terre. Emboîtant le pas aux Henry Shackell, Alexis Brunet, Benjamin Décary et autres, il procéda au lotissement de la terre ancestrale et se mit à vendre des lots à bâtir.

Bien entendu, il garda l'emplacement le plus enviable, celui de la «pointe Picard» (du nom de l'ancien propriétaire de la terre) où se dressait la maison ancestrale et d'où la vue s'étend sur le lac et les îles.

Jusqu'à son décès survenu en 1911, Désiré Girouard demeura fidèle à sa propriété des *Quatre-Vents*. Nommé juge à la Cour suprême du Canada en 1895, et de ce fait domicilié à Ottawa, il resta attaché au rivage enchanteur du lac St-Louis. On l'y revoyait chaque été pour la durée des vacances judiciaires.

Quand les héritiers de Désiré Girouard vendirent les *Quatre-Vents* le premier septembre 1927, la descendance des Picard disparut à tout jamais de ce coin de terre d'où le regard porte sur les eaux et les îles dont l'histoire n'avait cessé de fasciner l'auteur de LAKE ST.LOUIS OLD AND NEW AND CAVELIER DE LA SALLE.

* * *

Jusqu'à la fin du siècle l'invasion pacifique de «nos messieurs» de la ville, comme les braves gens du village appelaient les citadins, allait prendre de l'ampleur si bien que, dans LAKE ST.LOUIS OLD AND NEW AND CAVELIER DE LA SALLE, Girouard put reproduire les photos de plusieurs maisons somptueuses bâties sur la rive du lac St-Louis.

Le premier villégiateur de Dorval semble avoir été James Brown, le propriétaire du lot 8. Cet homme d'affaires de Montréal s'y fit construire dès 1874 un véritable palace dont Girouard nous donne la photo. Il s'agit d'une maison de pierre de trois étages avec au rez-de-chaussée une baie vitrée et un portique faisant saillie. Le portique donne sur une allée bordée de pierres blanchies à la chaux. Au-delà de cette allée, Brown fit aménager des pelouses et planter des arbres. À sa propriété il donna le nom de *Bel-Air.*

Puisque nous y sommes, autant vaut jeter un regard sur les autres grandes villas de Dorval que Girouard admirait.

Voici tout d'abord la maison de William H. Meredith. Ce Montréalais avait acheté la maison de Joseph Roy dit Lepage, une maison construite vers les 1790 sur la terre devenue le lot 19 du cadastre. Il l'agrandit considérablement, et l'entoura sur trois côtés d'une magnifique véranda au toit de bardeaux soutenu par de minces colonnes de bois.

Juste à côté de Meredith s'installa un homme d'affaires de Montréal du nom de Hartland S. MacDougall. Celui-ci avait acheté cette partie de la terre de Dosithée Legault dit Deslauriers qui s'étendait depuis le chemin jusqu'au lac. Cela formait un emplacement superbe sur lequel MacDougall construisit une maison princière. Il donna à sa propriété le nom d'*Ashberton.* Dans son livre Girouard ne nous donne pas seulement la photo de cette maison, mais aussi la photo de l'*entrance to Ashberton,* une belle allée serpentant à travers les arbres comme dans les tableaux des peintres.

Hartland S. MacDougall était un citoyen considérable de la Métropole. *Financial agent* de profession, il était membre des conseils d'administration du *Montreal Stock Exchange* et du *Guarantee Company of North America,* une compagnie de cautionnement *(suretyship)* de Montréal dont les opérations s'étendaient à une vingtaine de grandes villes du Canada et des États-Unis. Son président n'était autre que Sir Alexander T. Galt, un magnat du chemin de fer et l'un des Pères de la Confédération. Voici en quels termes la compagnie faisait sa publicité: «*It has on its books,* disait-elle d'elle-même, *the records of over 160,000 Employees Guaranteed by it in all parts of the Continent. This company has paid, to Employers, Claims amounting to over*

$1,072,000, and, in 16 years, has contested but 5 cases in the Courts».

Ces quelques renseignements nous donnent une idée du calibre des familles que le rivage de Dorval attirait à cette époque. Les îles jouaient un rôle dans la sélection du site. Les îles confèrent à cette rive du lac St-Louis un charme et un pittoresque qu'on ne trouve pas ailleurs sur la Côte de Lachine. Quant à la vue qui se déploie à partir de la rive, elle est absolument ravissante, où qu'on regarde.

Reprenons notre promenade.

À même la terre de Benjamin Legault dit Deslauriers dont Alexis Brunet avait fait l'acquisition, un négociant de Montréal du nom de Henry E. Murray acheta un emplacement sur le bord de l'eau et s'y construisit lui aussi une maison princière, placée sur une légère élévation. À sa propriété Murray donna le nom de *Beau-Rivage*.

Près des *Quatre-Vents* de la famille Girouard, un nommé Joseph R. Hutchins fit l'acquisition de la maison construite en 1802 par un habitant du nom de Paul Picard. Il la restaura, l'enjoliva, posa des auvents au-dessus des fenêtres, la couvrit de vignes grimpantes. Il appela sa propriété *The Anchorage*.

À *The Anchorage* de Hutchins correspond d'une certaine manière *The Hermitage* de James B. Allan. Nous voici, cette fois, à l'endroit appelé de nos jours *Allan Place*. Nous sommes probablement sur la terre de Peter McMartin, le lot 14 du cadastre. Allan, tout *big shot* qu'il fût, laissa à sa maison l'allure d'une maison d'habitant. Il se contenta de l'entourer d'une large véranda, couverte d'un toit soutenu par de minces colonnes.

Ce James B. Allan était avocat de profession. Il allait d'ailleurs succéder à Désiré Girouard comme maire du Village de Dorval en 1893, après avoir fait partie de l'équipe des conseillers municipaux de 1892. Il appartenait à une famille d'armateurs, ce qui lui donnait l'allure d'un homme d'affaires plutôt que celle d'un juriste.

Toujours à cette époque — vingt ans après la confection du plan de cadastre de la paroisse de Lachine — on trouve à Dorval, l'été, la famille du docteur Duncan McEachran, doyen de la faculté de médecine comparative de l'Université McGill. McEachran avait acheté un emplacement au bord de l'eau, probablement d'Onésime Martin dit Ladouceur, propriétaire du lot 872. Il s'y fit construire un beau grand cottage avec des fenêtres arrondies en arc dans leur partie supérieure et accompagnées de persiennes vertes, et une immense véranda aux coins ombragés grâce à des treillis de lattes, avec des colonnettes ornées de rosiers grimpants. La propriété McEachran reçut le nom de *Kilellan.*

Il y avait aussi une famille Hamilton dont Girouard ne nous montre pas le cottage. Ce cottage portait le nom de *Notlimah,* soit leur propre nom écrit à l'envers.

Nous terminerons cette promenade dans le village de Dorval de 1893 en jetant un coup d'oeil sur le cottage de la famille Marler.

Les Marler avaient leur emplacement du côté sud du chemin de la Pointe Claire, à même la terre de Peter McMartin, et c'est par un chemin privé qu'ils avaient accès au lac. Leur cottage était si grand qu'il nous vient spontanément à l'idée que Me William deMontmollin Marler, le chef de famille, devait compter de nombreux enfants. Or, l'histoire politique de la province de Québec allait mettre en vedette l'un des enfants Marler, George Carlyle ou «George C. Marler» comme il signait. Quant à lui, le père signait «William deM. Marler».

Notaire de profession, George C. Marler commença par exercer sa profession, s'étant joint à l'étude de son père, déjà notaire, en 1919. Il s'intéressa bientôt à la politique municipale, et fut vice-président du conseil de ville de Montréal de 1940 à 1947. Puis, il s'orienta vers la politique provinciale en se faisant élire député de Westmount-St. George en 1942. Il le resta jusqu'en 1953. Sous Duplessis, il agit comme leader de l'Opposition libérale à l'Assemblée législative, c'est-à-dire de 1948 à 1953. Il fit alors un pas de plus. On le trouve en effet à la tête du ministère des Transports du Canada dans le cabinet St-Laurent en juillet 1954.

On se plaît à imaginer George C. Marler enfant puis adolescent causant le soir avec son père et les autres membres de la famille sur le grand balcon ornant l'étage du cottage estival. Car, les enfants Marler pouvaient beaucoup apprendre de leur père.

William deM. Marler était en effet un citoyen en vue de Montréal, un praticien intègre et soigneux et une grande personnalité.

Reçu notaire en 1872, il exerça sa profession pendant plus de cinquante ans, ce qui le tint constamment en contact avec la pratique du droit immobilier. Il fut à la fois un praticien et un civiliste. Professeur à la faculté de droit de l'Université McGill, il y enseigna le notariat pendant huit ans et, à partir de 1898, le droit civil. Il se retira de l'enseignement en 1925.

On lui doit le fameux traité de droit immobilier intitulé THE LAW OF REAL PROPERTY, qui vient d'être réédité (1986), ce qui en montre la valeur durable. Bien que Me Marler eût commencé à rédiger son traité dès ses bonnes années, à sa mort survenue en 1929 l'ouvrage n'était pas entièrement terminé. C'est à son fils George C. que nous devons la compilation finale de tous les travaux déjà accumulés par l'auteur et la rédaction de quelques sections manquantes.

William deM. Marler sera maire du Village de Dorval en 1899, succédant à Dosithée Legault dit Deslauriers.

C'est aux familles dont nous venons de parler et à d'autres moins connues que Dorval doit son existence. Sans leur présence estivale et leur leadership, le Village de Dorval n'aurait pas existé, ni après lui la Ville de Dorval. Sans elles on n'aurait pas trouvé entre Lachine et la Pointe Claire la moindre agglomération. Cette partie du rivage du lac St-Louis aurait continué de présenter le paysage qu'elle montrait dans les années 1800.

Mais, comment l'agglomération initiale en vint-elle à se former?

À cette question la réponse est catégorique. L'ère de la villégiature dans l'île de Montréal tient au chemin de fer. On ne peut comprendre ce phénomène sans le relier aux déplacements rendus possibles grâce à la locomotive et au train qui avaient fait leur apparition au milieu du XIXe siècle.

De la même manière il serait incorrect de raconter l'histoire de Dorval à ses débuts sans faire référence au chemin de fer. Car, c'est vraiment le *Grand Trunk Railway Company of Canada* qui engendra la minuscule communauté qui allait croître au fil des générations au point de se transformer en une ville. Car, aujourd'hui encore cette ville gravite autour du site de l'élégante maison du siècle dernier sur laquelle on pouvait lire «*Dorval Station*». À Dorval comme partout ailleurs chez les Canadiens et chez les Anglais (selon la terminologie du temps) on parlait de «station» et non pas de «gare».

Cette gare, c'était une grande maison à deux étages avec un toit en pente et un pignon donnant sur le quai de la gare. Le corps principal de la construction se prolongeait aux deux bouts et à l'arrière au moyen d'annexes d'un seul étage. Toutes les fenêtres avaient des persiennes et à celles qui correspondaient au logement du chef de gare on voyait pendre des rideaux. L'eau coulant du toit les jours de pluie était recueillie par les gouttières et amenée au sol à la hauteur du solage. Sur la devanture, sous la corniche, s'avançait une baie vitrée au-dessus de laquelle était suspendue une enseigne où l'on pouvait lire «*Telegraph Co.*» Le quai de la gare s'étendait sur quelques centaines de pieds. À cet endroit la compagnie avait aménagé un *siding*, de sorte qu'au-delà du quai c'étaient deux voies ferrées qu'on trouvait, et non point une seule voie comme ailleurs sur l'emprise du chemin de fer.

À l'époque dont nous parlons Dorval avait sa gare depuis un bon moment déjà. Et, cela donne à croire qu'au chemin de fer revient le mérite d'avoir ressuscité le nom de *Dorval,* qui n'était plus guère en usage, limité qu'il était à la désignation de l'île. Si Dorval porte aujourd'hui ce nom, c'est au chemin de fer que nous le devons.

Beaucoup de gens croient que le tout premier train à jamais stopper à Dorval venait de Lachine. Il exista effectivement une voie ferrée de Lachine à Dorval. L'emprise de cette voie ferrée est bien apparente aujourd'hui encore en raison du boulevard Bouchard qu'on y a substitué. En d'autres termes, les autos circulant sur le bd Bouchard remplacent les trains de jadis. Mais, cela ne veut pas dire que le train en question fut le premier à atteindre Dorval.

Ce qui peut créer la confusion, c'est qu'il y eut très tôt une ligne de chemin de fer reliant Lachine à Montréal, ou plus exactement le quai de Lachine à la gare Bonaventure. Très tôt, cela veut dire 1847 puisque le 22 novembre de cette année-là la *Montreal and Lachine Railroad Company* inaugura son service. Par contre, ce ne fut pas avant le 17 septembre 1888 qu'un train en provenance de Lachine stoppa à la gare de Dorval. On venait de construire un tronçon de ligne qu'on appelait en langage technique le «*Lachine Dorval diversion*». Dans le langage populaire, on l'appelait le «*loop line*».

Or, la ligne du *Grand Trunk Railway Company of Canada,* construite dès 1854, avait permis d'inaugurer la liaison Montréal-Brockville (Ont.) le 19 novembre 1855. En raison de son importance, cette ligne était considérée comme le *main line*. Cette ligne passait par Dorval.

Ce qu'on ignore, c'est la date de la construction de la gare de Dorval. On ignore aussi la date où un train stoppa pour la première fois à cet endroit. On sait seulement que la gare existait en 1893 puisque Girouard nous en donne la photographie. Elle existait sûrement avant 1873 puisque sans elle on ne pourrait s'expliquer le projet de lotissement d'Alexis Brunet et de Henry Shackell.

Au fond, c'est la situation d'ensemble qui importe plus que ce détail précis. Voici une gare aménagée au point de jonction de deux chemins, le chemin de la Côte de Liesse et le chemin Legault. À quatre mille pieds de là, en ligne droite, fleurit une sorte de paradis terrestre, c'est-à-dire le rivage du lac St-Louis et les îles que l'on peut atteindre sans peine à partir de la gare.

Ces divers éléments allaient donner lieu au plus heureux mariage que l'on puisse imaginer entre les terriens qui culti-vaient leurs champs de père en fils depuis le temps des Français et les citadins d'origine britannique qu'on appelait «nos messieurs» et pour qui on avait la plus haute consi-dération.

Grâce à une loi de la Législature de Québec, villégia-teurs et cultivateurs seront réunis en 1892 dans une même entité municipale appelée le «Village de Dorval».

Le Village de Dorval, quant à lui, sera le précurseur de la Ville de Dorval, laquelle sera créée en 1903 par une autre loi de la Législature de Québec.

Chapitre huit

LES DÉCARY

**une famille
de pionniers**

Fac-simile des signatures des quatre enfants de Jean Descaris et de Michelle Artus qui ont atteint leur majorité, ainsi que de celle de Jean, fils de Michel et de Marie Cuillerier

Paul Décarr

Paul Décari, l'aîné. D'après un acte de 1694.

Michel descaris

Michel Descaris, le 2me enfant. D'après un acte de 1681.

Louis des Carris

Louis des Carris, le 4me enfant. D'après un acte de 1681.

Jeanne decarris

Jeanne Décarris, le dernier enfant. D'après son acte de mariage, 1681.

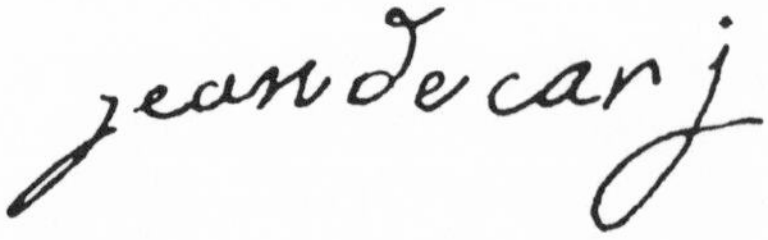

jean de car j

Jean Décary, le seul de la 3me génération dont on puisse relever la signature. D'après un acte de 1758.

Sur la trentaine de terres que le Village de Dorval comptait en 1892 lors de sa formation en municipalité, le plan du cadastre et le livre de renvoi n'en mettaient pas moins de quatre au nom des Décary.

Les deux premières, juste à l'est de l'avenue Dorval, soit les lots 865 et 866, avaient été inscrites au nom de Benjamin Décary. Plus à l'est encore, une troisième terre était inscrite au nom de Charles Décary, soit le lot 875. La terre suivante toujours en gagnant vers l'est, soit le lot 876, était également inscrite au nom de Charles Décary.

Alors que les lots 865 et 866 indiqués comme appartenant l'un et l'autre à Benjamin Décary référaient à un seul et même homme, les lots 875 et 876 indiqués comme appartenant l'un et l'autre à Charles Décary référaient par contre à deux hommes différents. Ainsi ce prénom de «Charles» dont l'emploi est fréquent chez les Décary de toutes les générations prêtait à confusion.

Aussi, en 1892, quand le Charles Décary du lot 875 sera élu membre du premier conseil municipal du Village de Dorval, le président d'élection l'identifiera comme «Charles Décary, fils de Jean-Baptiste». Si le président d'élection avait été un historien, il aurait poursuivi sa remontée dans le passé du conseiller municipal Décary, et il aurait écrit «Charles Décary, fils de Jean-Baptiste, fils de Jean-

Baptiste, fils de Gervais-Marie, fils de Joseph, fils de Paul, fils de Jean».

Si on remontait au-delà de Jean, on quitterait le Canada. Car, ce Jean Décary est l'ancêtre de tous les Décary canadiens.

Afin de mieux nous y comprendre, assignons à chaque génération un numéro d'ordre (en chiffres romains).

Génération I - Jean Décary, époux de
Michelle Artus

Le 5 octobre 1654 était célébré à Québec le mariage de Jean Décary né en France et de Michelle Artus, également née en France. (Notons en passant que leur mariage fut béni par le curé de la paroisse Notre-Dame de Québec, le Père Jérôme Lalemant, l'oncle du Père Gabriel Lalemant, compagnon de martyre du Père Jean de Brébeuf.) Or, Jean Décary était un Montréalais, depuis 1643 compagnon de Maisonneuve le fondateur de la ville. D'où vient alors qu'il soit descendu à Québec pour son mariage?

La raison en est que cette année-là — nous sommes en 1654 — un événement peu banal s'était produit au pied du cap Diamant. Un contingent de jeunes filles y avait débarqué, envoyées de France au Canada pour y permettre la fondation de foyers par les hommes de la colonie. En d'autres termes, il s'agissait de filles à marier à qui les Montréalais tout autant que les Québécois étaient admis à faire des propositions.

Le navire qui avait amené ces jeunes filles apportait divers effets à l'intention des habitants de Ville-Marie (tel était alors le nom officiel de Montréal). Quelques Montréalais, le gouverneur de Maisonneuve à leur tête, descendirent donc à Québec et s'y installèrent pour un certain temps. On peut supposer que les autorités de la Nouvelle-France avaient affecté un coin de quelque bâtiment à l'accumulation d'effets de diverse nature destinés à l'établissement de Montréal et qu'on appelait cet endroit le «magasin de Montréal». Car, les navires venus de France ne remontaient pas au-delà du cap Diamant. Peut-être s'agissait-il d'une maison. On manque de renseignements à ce sujet puisque la seule allusion jamais faite à un «magasin de Montréal» à Québec est celle qu'on trouve dans le contrat de mariage de Jean Décary et de Michelle Artus.

Voilà donc nos Montréalais à Québec. Parmi eux, Jean de Saint-Perre, le père d'Agathe (la propriétaire du domaine de la Présentation de 1685 à 1691); Jean Décary dont on trouvera des descendants à Dorval deux cents ans plus tard; Jean Gervaise, un collaborateur de Maisonneuve et un ami de Jean Décary; Charles Lemoyne qui sera le parrain d'un fils de Jean Décary; et quelques autres qui ne sont d'aucune manière reliés à l'histoire de Dorval.

Jean Décary allait contracter mariage quelques mois après l'arrivée des jeunes Françaises.

Quel rôle pouvait jouer l'amour dans ces mariages conclus à la course au début de la colonie? Il est probable — et bien explicable — que les considérations pratiques l'emportaient sur les élans romantiques. L'histoire des Décary allait compter, à la sixième génération, un épisode touchant que nous raconterons plus loin. Pour l'instant, ce mariage de l'ancêtre Jean Décary naquit problablement de la volonté bien arrêtée de celui-ci de prendre femme. Mais, qui sait? Un homme rêve d'une épouse, et voici que du navire venu de France il voit débarquer une jolie Angevine (Michelle Artus venait de la province de l'Anjou). Elle a vingt-cinq ans. Peut-être répond-elle assez bien à son rêve! Chose certaine, accueillir une jeune femme qui vous arrive comme un présent et que le destin semble vous offrir, voilà une image qui n'a rien de déplaisant.

D'ailleurs, même dans ces circonstances très spéciales d'un pays à bâtir alors que le mariage était commandé par la nécessité, il semble qu'on n'agissait pas avec précipitation. Si, à Québec, Jean Décary contracta mariage avec une jeune femme qu'il ne connaissait pas, Jean Gervaise en revanche attendra une couple d'années avant de prendre femme, et encore! Il le fera pour rendre service, c'est-à-dire en épousant une future maman dont Maisonneuve avait cassé le mariage parce que le mari avait déjà pris femme en France.

(Jean Gervaise nous apparaît dès lors comme un sujet d'élite. En novembre 1657, lors de la création de la paroisse Notre-Dame de Montréal, il fera partie de la première équipe des marguilliers. Il sera l'homme de confiance des Sulpiciens dont il gèrera les créances seigneuriales. Or, nous verrons que Gervaise va prendre place dans l'ascendance des Décary d'aujourd'hui. Voilà donc un ancêtre dont ceux-ci n'ont qu'à se louer.)

Mais, revenons à Jean Décary comme il propose le mariage à Michelle Artus.

Ici on assiste à l'accomplissement d'une formalité assez étonnante eu égard au contexte social. Le 23 mai 1654, avant même la célébration du mariage, les futurs époux se présentent chez le notaire. Il faut savoir qu'en vertu de la loi française du temps — laquelle demeura en vigueur au Bas-Canada jusqu'en 1867, et dans la province de Québec de 1867 jusqu'à nos jours — le contrat de mariage devait absolument précéder la cérémonie du mariage. L'explication de cette exigence de la loi, c'est que le contrat de mariage se rapporte aux biens matériels des époux et qu'on ne pouvait pas procéder au mariage formel à moins d'avoir statué là-dessus tout d'abord.

C'est bien cela qui nous étonne, et qui jusqu'à un certain point nous émerveille. Dans un contrat de mariage passé à Québec en 1654, parler des «bagues et joyaux» de la future épouse alors que celle-ci n'avait probablement que ses hardes, voilà qui nous cause un certain ahurissement. Mais, la réalité abonde souvent en paradoxes. Michelle Artus était une orpheline, il est vrai, mais peut-être avait-elle emporté de France quelques bijoux de famille. Jean Décary, quant à lui, était déjà un propriétaire foncier. Maisonneuve lui avait concédé une terre de trente arpents en l'île de Montréal et un emplacement d'un arpent dans l'enclos de la ville pour s'y construire.

De toute façon, on jugea approprié de passer un contrat de mariage, à la suggestion de Maisonneuve probablement puisque la signature de ce dernier apparaît en premier lieu à la fin du document, suivie de celles de Saint-Perre, de Gervaise, de Lemoyne et d'autres Montréalistes (comme on disait à l'époque pour «Montréalais»).

Génération II - Paul Décary, époux de Marie Hurtubise

Rentrés à Montréal, les Jean Décary gardèrent certainement des liens d'amitié avec le sieur Jean Gervaise qui avait signé leur contrat de mariage à titre d'ami.

Les Jean Décary eurent cinq enfants, dont un garçon du nom de Paul, celui dont la descendance nous intéresse.

Génération III - Joseph Décary, époux de Cunégonde Lefebvre

À leur cinquième fils les Joseph Décary donnèrent les prénoms de Gervais-Marie. C'est la toute première fois qu'un rejeton de la prolifique descendance de Jean Décary recevait le prénom de Gervais. Or, ce nom était appelé à se transmettre d'une génération à l'autre à la manière d'un bien de famille.

Mais, comment expliquer qu'il fasse tout à coup son apparition à la troisième génération? La raison en est que la maman du nouveau-né était la petite-fille de ce Jean Gervaise dont nous parlions il y a un instant. Elle s'appelait Cunégonde Lefebvre. Elle était la fille de Cunégonde Gervaise, fille de Jean Gervaise, épouse de Jean-Baptiste Lefebvre. Cette dernière était donc la grand-mère maternelle du petit Gervais-Marie. Il est vraisemblable qu'au baptême l'enfant reçut le prénom de Gervais, nouveau chez les Décary, en l'honneur de sa grand-mère Lefebvre, née Gervaise.

Voilà donc Jean Gervaise bien inséré dans l'histoire de Dorval puisqu'il prend rang parmi les ancêtres des Décary. Or, il y était déjà. Le même Jean Gervaise avait en effet agi comme témoin dans l'acte de donation par l'abbé François de Fénelon au Séminaire de St-Sulpice en 1674 ainsi que dans l'acte d'échange entre le Séminaire et Agathe de St-Perre en 1685. Ces deux actes sont des jalons de l'histoire de Dorval.

Le baptême de Gervais-Marie Décary eut lieu à Montréal le 4 novembre 1735. La dynastie des Gervais Décary, si l'on peut dire, débuta ce jour-là. Incidemment, Gervais-Marie Décary se mariera à Lachine. Cela nous rapproche déjà de Dorval.

Génération IV - Gervais-Marie Décary, époux de Catherine Picard

De son mariage à Catherine Picard, de Lachine, Gervais-Marie Décary eut une douzaine d'enfants, entre autres Philippe-Gervais, baptisé à Montréal le 30 septembre 1771, et Jean-Baptiste, baptisé à Montréal le 7 juillet 1775. Ces deux fils de Gervais-Marie Décary sont les ancêtres des Décary de Dorval des années 1890.

Génération V - Philippe-Gervais Décary, époux d'Amable Deguire
Jean-Baptiste Décary, époux de Marguerite Boudrias, en secondes noces de Marie Pomminville

Philippe-Gervais Décary (V)

Philippe-Gervais Décary épousa une fille de la Côte St-Laurent du nom d'Amable Deguire. Il faut dire qu'une autre branche des Décary tient une place considérable dans l'histoire de la paroisse St-Laurent. Il est tout à fait vraisemblable que le jeune Gervais-Marie ait circulé dans ces parages, visitant ses cousins ou travaillant pour ses oncles, et qu'il y ait pris femme.

Philippe-Gervais s'établit à Notre-Dame de Grâce sur la ferme de son arrière-grand-père Paul Décary, qui l'avait léguée à son grand-père Joseph, qui l'avait léguée à son père Gervais-Marie, qui la lui céda. Installé sur les hauteurs de Notre-Dame de Grâce, près d'une ville de Montréal en plein essor, Philippe-Gervais Décary devint un cultivateur prospère et confiant en l'avenir.

Le Canada était alors devenu le fournisseur par excellence de l'Angleterre, d'une Angleterre engagée sur le continent européen dans une guerre interminable et forcée de s'approvisionner outre-mer. Les ventes canadiennes à l'Angleterre ne comprenaient pas seulement le bois, mais aussi le blé et d'autres céréales. L'argent roulait à ce point dans le pays qu'au témoignage de l'historien Benjamin Sulte on en vint à désigner cette époque comme «les bonnes années». Il va sans dire qu'à la faveur de cette heureuse conjoncture Montréal se développait comme centre d'exportation. Les cultivateurs des environs de la ville bénéficiaient de la croissance de la métropole autant que du commerce avec l'Angleterre.

C'est alors que Philippe-Gervais eut l'idée de faire instruire ses enfants. Les naissances s'étaient en effet succédé sans interruption depuis son mariage: 1795, 1797, 1799, 1801 ... Et, sa famille de se développer ainsi jusqu'en 1822 avec la naissance de son douzième enfant.

L'idéal, se dit-il, ce serait d'engager une institutrice. Philippe-Gervais pouvait sans peine loger et nourrir une personne de plus chez lui. Il est douteux qu'il ait envisagé de lui verser un salaire. Philippe-Gervais appartenait à une génération qui, même si elle attachait une certaine valeur à l'instruction, n'était pas disposée pour autant à payer pour les services d'une institutrice. On estimait parfaitement raisonnable de lui offrir le gîte et le manger en retour de son savoir.

Voici donc notre Philippe-Gervais, cultivateur à l'allure de patriarche, qui se présente chez son curé (en l'occurrence le curé de la paroisse Notre-Dame de Montréal, car il n'y avait toujours qu'une paroisse à Montréal) et lui expose son projet.

Or, sa démarche arrivait à point nommé. Le brave prêtre s'occupait alors de deux orphelines, deux petites soeurs d'origine anglaise dont le père venait de décéder. L'homme était domicilié au Canada depuis peu. C'était un catholique. Sa femme, de religion protestante, était morte peu après son arrivée à Montréal, non sans avoir fait promettre à son mari de respecter rigoureusement le sentiment des fillettes en matière de religion, c'est-à-dire de ne point les pousser vers la religion catholique.

Il va sans dire que les prêtres de la paroisse n'eurent rien de plus pressé que d'amener leurs protégées au catholicisme, qu'ils jugeaient en toute sincérité la seule bonne religion. Les fillettes se convertirent de leur plein gré et manifestèrent un grand zèle pour leur nouvelle foi.

Au moment de la démarche de Philippe-Gervais Décary auprès de son curé, les deux orphelines étaient devenues des jeunes filles. Celle dont le prêtre crut bon d'offrir les services à son paroissien portait le prénom de Suzanne. Elle était devenue catholique. C'était une jeune fille instruite. Elle parlait couramment français. Suzanne Bert avait dix-sept ans.

Marché conclu! Cela se passait en 1820.

Voilà donc la jeune Suzanne Bert installée chez les Décary de Notre-Dame de Grâce. On l'y traite bien. Elle a sa chambre à elle. Le père et la mère ne lui demandent rien de plus que d'enseigner à leurs enfants.

Or, il se trouve que Suzanne Bert est une jeune femme fort joliment tournée de sa personne. Et, la mère de famille de s'étonner quelque peu:

— Je pense qu'on a une bonne maîtresse, confie-t-elle un jour à son mari, mais c'est quand même bien curieux que Monsieur le curé ait envoyé une belle petite fille comme ça dans une maison remplie de grands garçons comme chez nous!

— Si Monsieur le curé en a décidé ainsi, de répondre le mari, ça doit être bien ...

En fait c'était la mère qui avait raison. Le curé de la paroisse, surtout sensible à l'occasion qui lui était offerte de «placer» l'une de ses deux orphelines, avait oublié de s'enquérir de la composition exacte de la famille de Philippe-Gervais. S'il avait su que ses deux aînés étaient des garçons dans la vingtaine, il aurait d'emblée écarté la candidature de l'orpheline.

Aussi, quand son paroissien se fût ouvert au curé des préoccupations de sa femme, le prêtre réalisa-t-il toute l'horreur de la situation. Il retira aussitôt son orpheline de chez les Décary, et pour bien marquer la sincérité de son repentir il l'expédia dans une famille de Sorel. À l'embouchure du Richelieu, Suzanne Bert oublierait les jeunes Décary et ceux-ci, le cas échéant, leur jolie «maîtresse».

Mais, le mal était fait, si l'on peut dire. L'aîné des Décary, Gervais-Marie, avait eu le temps de tomber amoureux de la jolie institutrice, ce qui ne manqua pas d'irriter son père. Une orpheline, c'est bon pour lui faire la charité. La faire entrer dans la famille, c'est une autre question! Philippe-Gervais ne voulut pas entendre parler d'un mariage Décary-Bert.

Comme il arrive le plus souvent, c'est la mère qui fit preuve de sens commun. Elle parvint à arranger les choses, si bien que le 11 avril 1825 Suzanne Bert l'orpheline, la «maîtresse» des jeunes Décary, devint Madame Gervais-Marie Décary.

L'histoire ne s'arrête pas là. Mécontent, rancunier, Philippe-Gervais, même s'il avait fini par consentir au mariage, retira à l'amoureux opiniâtre son droit d'aînesse. Gervais-Marie dut se contenter d'une terre à la lointaine Côte de Liesse. Ce genre de punition équivalait à l'exil, car à cette époque changer de paroisse, c'était comme changer de pays.

Finalement la palme de la victoire échut à l'orpheline que la Providence avait conduite chez les Décary. Suzanne Bert s'avéra une maîtresse femme dont son beau-père ne put s'empêcher à la longue de reconnaître les mérites, au point que sur son lit de mort il devait lui demander pardon pour s'être montré injuste à son égard.

Jean-Baptiste Décary (V)

Pendant que la famille de Philippe-Gervais Décary (V) progressait, celle de son frère Jean-Baptiste Décary (V) n'en progressait pas moins. Celui-ci eut sa bonne douzaine d'enfants dont l'un porta aussi le prénom de Jean-Baptiste. Ce dernier se trouvait donc le cousin germain de Gervais-Marie Décary dont nous venons de parler.

Génération VI - Gervais-Marie Décary, époux de
Suzanne Bert
Jean-Baptiste Décary, époux de
Claire Dumouchel

Gervais-Marie Décary (VI)

Voici donc Gervais-Marie Décary, son «Anglaise» et ses deux premiers enfants qui s'amènent à Saint-Laurent à la fin de l'été de 1828. Quittant la maison paternelle, Gervais-Marie emménage sur une terre que son père lui a achetée, ou que peut-être il possédait déjà. Plus tard, à l'époque du cadastre, son fils aîné aura trois fois son nom au livre de renvoi officiel, soit comme propriétaire des lots 529, 530 et 537 de la paroisse St-Laurent. La terre portant le No 537, au sud-ouest des deux premières, serait une acquisition tardive, l'achat s'en étant fait vers les 1850. En 1828 Gervais-Marie s'installa sur l'une des deux terres désignées postérieurement sous les numéros 529 et 530.

Comme partout dans la vallée du St-Laurent, les terres de Gervais-Marie Décary formaient de longs rectangles. Elles étaient alignées selon un axe sud-est/nord-ouest. À leur extrémité sud-est, les terres de Gervais-Marie s'appuyaient pour ainsi dire sur les terres de la Côte de Lachine avec lesquelles elles formaient un angle puisque la bordure de Lachine repose sur un axe nord/sud avec une légère inclinaison vers l'ouest. Vues à vol d'oiseau, les terres de la Côte de Notre-Dame de Liesse (appartenant à la paroisse de St-Laurent) et celles de la Côte de Lachine formaient comme une succession d'accents circonflexes.

La terre sur laquelle vivait Gervais-Marie Décary était située juste à la limite des deux paroisses de St-Laurent et des Saints-Anges de Lachine. Un chemin séparait à cet endroit les deux paroisses. C'était le chemin de la Côte de Liesse. L'emprise de ce chemin n'a pas changé depuis cette époque. Question de largeur mise à part, le chemin de la Côte de Liesse de ce temps-là et celui d'aujourd'hui, c'est le même chemin. Ce n'était alors rien de plus qu'un sentier, ce qu'il allait demeurer pendant cent ans encore. Dans le premier quart de notre siècle, le chemin de la Côte de Liesse sera encore une voie étroite, bordée de deux grands fossés où croissent les herbes folles.

(Pour ce qui est du nom de Notre-Dame de Liesse, il provient une fois de plus de la piété mariale des seigneurs de l'île de Montréal, les prêtres du Séminaire de St-Sulpice. Alors que la Présentation réfère à un épisode de la vie de la Sainte Vierge, Notre-Dame de Liesse rappelle un pèlerinage français très fréquenté au XVIIᵉ siècle. C'est là, paraît-il, que le roi Louis XIII et sa femme la reine Anne d'Autriche, les parents de Louis XIV, seraient venus supplier le Ciel de leur accorder un héritier. C'est pour un motif de commodité qu'on se mit à parler de la «Côte de Liesse» plutôt que de la «Côte de Notre-Dame de Liesse», laissant tomber l'expression «Notre-Dame» comme on avait fait dans le cas de la Présentation.)

Les Gervais-Marie Décary demeuraient donc à la Côte de Liesse. Leurs terres seraient restées étrangères à l'histoire de Dorval si, à la suite de plusieurs interventions législatives, quelques terres de la Côte de Liesse, dont celles des Décary, n'en étaient venues à faire partie intégrante de son territoire. Dès 1828 nous voici donc implicitement à Dorval. L'empreinte des Décary à cet endroit subsistera jusqu'en 1914 alors que leurs terres seront vendues en dehors de la famille.

Depuis le temps des ancêtres Jean et de sa femme Michelle Artus, les Décary n'avaient cessé d'être de bons chrétiens. À la sixième génération leur foi fut ravivée par le prosélytisme de l'orpheline de jadis convertie au catholicisme et devenue par son roman d'amour la femme d'un héritier de cette vieille famille. Après avoir longuement réfléchi au problème religieux, voyant le doigt de Dieu dans le déroulement de son existence, Suzanne Bert ranima la foi un peu assoupie des habitués de l'église Notre-Dame de Montréal. Elle inculqua à ses enfants non seulement le respect des pratiques religieuses, mais aussi une ferveur génératrice de «vocations», comme les prêtres disaient en chaire et au collège. Deux de ses fils «prendront la soutane», c'est-à-dire qu'ils entreront dans le clergé séculier.

Ces deux prêtres verront quatre de leurs neveux — un fils de leur frère aîné Jean-Marie-Gervais (VII) et trois fils de leur frère Charles-Gervais (VII) — les imiter, et l'une de leurs nièces se fera religieuse.

La foi n'empêche pas les malheurs. Suzanne Bert perdit son mari en août 1854 au cours d'une épidémie de choléra. Pour éviter la contagion on dut enterrer le défunt à la hâte.

En fait le choléra avait envahi la maison au complet en ce fatidique mois d'août. Laissons un témoin oculaire, Zénon, fils de Charles-Gervais et donc petit-fils de Suzanne Bert, décrire la secousse qui frappa durement la famille de ses grands-parents:

> Grand'mère avait soigné et enseveli des cholériques chez un monsieur Mainville, puis chez un monsieur Roy, des familles de la paroisse St-Laurent. Elle revint à la maison, malade, et communiqua le terrible mal à sa famille. Il y eut sept malades à la fois dans la famille de grand-père: nos grands-parents; nos oncles Benjamin et Roch; tante Mary; et une couple d'autres. Deux moururent: grand-père le 5 août, et tante Mary quatre jours plus tard. Elle était venue soigner grand-père, grand'mère et les autres. Ayant contracté la maladie, elle mourut le 9 août. Grand-père et tante Mary furent inhumés dans la crypte de l'église St-Laurent. Grand-père n'avait été malade qu'une jour-

née. Il reçut les derniers sacrements avec beaucoup de piété, et mourut avec une chrétienne résignation. — «Durant le cours de l'été de 1854, nous a répété papa bien des fois, la chaleur avait été intense. Au matin du 5 août, grand-père ne paraissait pas encore malade, mais grand'maman était très mal ... À peu près vers 9 heures a. m., la voyant bien souffrante, il me demanda d'aller atteler le cheval qui était dans le parc, voulant, dit-il, aller chercher le notaire pour faire ses arrangements ... Je me hâtai vers le parc et fus obligé de courir longtemps avant de pouvoir attraper le cheval. J'eus trop chaud; ajouté à la peine que j'avais, cela développa probablement le germe de la maladie qui commençait à s'emparer de moi. Retourné à la maison, j'étais monté au grenier et m'étais jeté sur des poches de laine, parce que tous les lits étaient occupés. Je passai l'après-midi assoupi; je me rappelle que le soir, entre 9 et 10 heures, la pauvre Mary vint m'éveiller en pleurant, pour m'apprendre que papa venait de mourir ... J'étais si abattu que je ne compris pas ce qu'elle me disait. J'étais vraiment malade! Pourtant cela ne dura pas longtemps et je fus épargné....Dans la maison, on n'entendait que gémissements, votre grand'mère avait à peine sa connaissance (elle prit bien du temps avant de revenir à la santé), les oncles Rémi et Placide étaient condamnés par le vieux docteur Valois, et comme ils souffraient beaucoup de la soif, le docteur permettait qu'on l'on mît un seau d'eau à côté de leur lit avec un pot: «Ils sont finis! Laissez-les boire, les pauvres enfants», disait-il. Quant à eux, ils se tenaient les orteils en se lamentant des crampes dont ils souffraient ... Chaque gorgée d'eau qu'ils prenaient était renvoyée aussi verte que si elle fût devenue un vrai poison ... Néanmoins ils en triomphèrent ...» Pour en revenir à notre grand-père, la bonté et la douceur se reflétaient sur sa figure. Il aimait à laisser décider les choses par grand'maman et il n'en eut jamais de regrets. Quand il recevait de la visite, il aimait à parler des lignées de familles: celui-ci était parent avec celui-là, et un autre avec un autre, à tel degré ... c'était toujours nouveau ... Dans une des Croisades de Tempérance du Père Chiniquy, il avait pris la tempérance totale (quoiqu'il ait toujours été d'une grande sobriété). Durant sa courte maladie, le docteur Valois qui le soignait, le voyant bien souffrant, lui conseilla de prendre quelques gouttes de brandy. «Est-ce que cela va me sauver la vie?» demanda-t-il. «Non, lui répondit le médecin, mais cela calmera vos douleurs». «J'aime mieux ne pas casser ma tempérance», continua-t-il, et il mourut ainsi.

Ces lignes émouvantes méritaient d'être imprimées, car elles nous révèlent un élément intime de la vie de nos ancêtres. Cet élément appartient aussi à l'histoire, autant que les actes d'éclat. De nos jours, alors que le choléra n'est plus qu'un mot, nous devons nous rappeler que le spectre de la maladie était jadis un sujet de crainte justifiée, et que l'épidémie devenait souvent une cruelle réalité.

Ce Zénon Décary, qui s'est fait l'historiographe de sa famille, avait embrassé la prêtrise à la fin de son cours classique. Voici le résumé de sa vie, que l'on imprima sur sa carte mortuaire: *Né à St-Laurent, près Montréal, le 15 juin 1870, ordonné prêtre à Montréal le 29 septembre 1894, curé à Chasm Falls, N.Y., et à Brandon, N.Y., vicaire à Westbrook et à St-André de Biddeford, Maine, curé à Presque Isle 1907, Fairfield 1910, Augusta 1914, assistant à St-André de Biddeford 1920, Syndic des Franciscains 1933, décédé à Dorval, près Montréal, le 26 juillet 1940, inhumé à Biddeford, Maine.*

Voilà qui nous plonge en pleine épopée franco-américaine. Le fait est qu'il exista à cette époque des rapports suivis entre les Décary de Dorval et la Nouvelle-Angleterre. Mais, cela est seulement un cas parmi des centaines et des centaines d'autres. Les nôtres qui avaient émigré étaient heureux là-bas, ils y gagnaient bien leur vie, leurs paroisses étaient prospères, le pays était ravissant. Ils y étaient singulièrement nombreux, ce qui attirait chez eux un cortège continu de prêtres et de religieux accourant pour leur assurer le ministère de la religion et, faut-il le rappeler? pour maintenir le flambeau de la survivance française et catholique.

L'épopée franco-américaine embellit singulièrement la vie des nôtres au début du présent siècle. L'accès de la Nouvelle-Angleterre, surtout à partir de Montréal, était ce qu'on peut imaginer de plus facile. L'un des premiers chemins de fer avait été celui de Montréal à Portland qui passait par Richmond. Et, c'était toujours un plaisir pour les Canadiens du Québec de monter à bord du train à destination de quelque centre de la Nouvelle-Angleterre où vivaient certains de leurs parents. On les y recevait d'ailleurs avec effusion. En ce temps-là la fièvre du voyage prenait cette forme à la fois touristique et familiale.

Que l'abbé Zénon Décary ait expressément demandé d'être inhumé à Biddeford, cela en dit long. On lui fit en l'église de St-André des funérailles impressionnantes, d'autant plus émouvantes que le curé de la paroisse était un autre abbé Décary, son propre frère. Des centaines de personnes couvraient le trottoir et le perron de l'église, une grande église comme les plus belles de Montréal. Jusqu'en 1960, quand on entendait la messe dominicale à St-André de Biddeford, on pouvait se croire transporté par quelque prodige céleste dans la province de Québec tant l'ambiance était la même, c'est-à-dire le type de fidèles qui remplissaient la nef, le parler du prédicateur, l'ordonnance de la cérémonie. De 1900 à 1940 — les années des abbés Décary — l'illusion devait être parfaite.

Délaissons ici l'histoire édifiante de Gervais-Marie Décary et de Suzanne Bert, et disons un mot de Jean-Baptiste Décary II (VI), le cousin germain de Gervais-Marie.

Jean-Baptiste Décary (VI)

Jean-Baptiste Décary (VI), fils de Jean-Baptiste Décary (V) prit pour femme Claire Dumouchel, de Lachine. Leur mariage eut lieu en 1834. Ils eurent treize enfants, dont un fils nommé Charles.

Ce Charles Décary allait être élu conseiller du Village de Dorval en 1892, faisant partie de la toute première équipe municipale, comme nous avons vu au début du présent chapitre.

Génération VII - Gervais Décary, époux de Lucie Fortier
Benjamin Décary, époux d'Angélique Monet
Charles-Borromée, alias Charles-Gervais Décary, époux d'Hélène Valois
Charles Décary, époux de Marie-Louise Leclerc, en secondes noces de Marie Bélanger

Gervais Décary, de la Côte de Liesse, Benjamin Décary du Village de Dorval, et Charles-Gervais Décary, de Dorval aussi, étaient les trois frères; Charles Décary, du Village de Dorval, était leur cousin au troisième degré. Les trois premiers étaient issus du mariage de Gervais-Marie Décary (VI) et de Suzanne Bert, tandis que Charles Décary était le fils de Jean-Baptiste Décary II, le cousin germain de Gervais-Marie Décary. En plus d'être parents, Benjamin Décary, Charles-Gervais Décary et Charles Décary seront des concitoyens à partir de 1892, étant tous les trois du Village de Dorval incorporé cette année-là.

Gervais Décary (VII)

Gervais Décary, l'aîné des enfants de Gervais-Marie Décary et de Suzanne Bert, garda le bien paternel à la Côte de Liesse. À la fin de sa vie, chef d'une famille nombreuse, parvenu au grand âge, Gervais Décary personnifiait l'ancêtre. Ces anciens portaient d'ailleurs la barbe, ce qui leur conférait un air auguste. Les gens de Dorval se mirent à l'appeler «le seigneur de la Côte de Liesse». Il devait vivre jusqu'à l'âge de quatre-vingt-treize ans, ce qui lui permit d'être témoin des premières années du XXe siècle.

Lors de son décès ses enfants se conformèrent à l'usage et firent imprimer une carte mortuaire pour rappeler à ses parents et amis le souvenir de leur père. En cet hommage ultime ils voulurent unir leur père et leur mère. La carte mortuaire montra la photo de l'un et l'autre. Au-dessous on pouvait lire: *À la douce mémoire de* GERVAIS DÉCARY, *décédé le 8 septembre 1923 à l'âge de 93 ans et 6 mois, et de son épouse* LUCIE FORTIER, *décédée le 20 octobre 1886 à l'âge de 57 ans, tous deux décédés à la Côte de Notre-Dame de Liesse, Dorval, R.I.P.*

Benjamin Décary (VII)

Dans LAKE ST. LOUIS OLD AND NEW AND CAVELIER DE LA SALLE Désiré Girouard nous montre une fort belle maison de cultivateur avec un comble à la Mansard (c'est-à-dire avec un toit en pente reposant sur des pans inclinés). Une galerie couverte court le long de la façade et d'un côté. Le bas de vignette porte l'explication suivante: *Built by Pierre Monette about 1780. Restored by his grand daughter, Madame Benjamin Décary, née Angélique Monette.*

Cela est dit assez curieusement. Sommes-nous chez les Décary ou chez les Monette? — La réponse à cette question, c'est que nous sommes chez les Monette (ou Monet, comme on lit dans les vieux documents et comme Angélique elle-même signait).

Benjamin Décary avait épousé la fille de Jean-Baptiste Monet, le fils de Pierre Monet établi à la Présentation en 1781 comme nous l'a appris le recensement dressé cette année-là par les seigneurs de l'île de Montréal. Benjamin Décary avait alors quitté la Côte de Liesse pour s'établir chez les Monette sur la rive du lac St-Louis.

Il est difficile d'expliquer sinon par les habitudes du temps que Benjamin Décary ait été désigné au cadastre comme le propriétaire des lots 865 et 866 alors que ces deux terres appartenaient bel et bien à sa femme.

Il faut dire que le cadastre ne constitue pas un titre de propriété. Quand les Benjamin Décary décidaient de vendre un emplacement, c'est la femme qui devait signer l'acte de vente en tant que propriétaire. Ainsi, en 1894, quand les Pères missionnaires de la Compagnie de Marie jetèrent les yeux sur un terrain en vue de fonder une paroisse à Dorval, il arriva que l'emplacement convoité se trouvait sur le lot 865. Or, la vente du 17 mai 1894 (reçue par le notaire Alphonse-Clovis Décary) émane d'«Angélique Monet, épouse majeure commune en biens de Monsieur Benjamin Décary, cultivateur, demeurant au village Dorval en la paroisse de Lachine dans le comté Jacques Cartier et du dit M. son mari à ce présent dûment autorisée à l'effet des présentes».

Dans l'acte de vente en question il est déclaré en outre: «... La dite venderesse est propriétaire du terrain ci-dessus décrit et vendu pour l'avoir recueilli dans la succession de feu Jean-Baptiste Monet son père décédé *ab intestat* (i.e. sans laisser de testament) et dont elle est la seule et unique héritière».

Comme approchait la fin du siècle, les Benjamin Décary se livrèrent au lotissement de leurs terres à des fins commerciales. En 1895, lors de la formation de la paroisse Notre-Dame de la Présentation, ils donneront à la fabrique le terrain requis pour l'église et le cimetière. La fabrique leur marquera la reconnaissance des paroissiens en leur cédant le premier banc de la nef avec dispense de rente leur vie durant. L'avenue menant de chez eux jusqu'à l'église reçut le nom d'«avenue Décary». C'est la rue latérale qui reçut le nom de «rue de l'Église». À tout seigneur, tout honneur! L'avenue Décary de jadis s'appelle aujourd'hui l'«avenue de la Présentation».

Avant la construction de la chapelle qui précéda l'église elle-même, c'était chez les Benjamin Décary que le curé de Lachine ou son vicaire venait dire la messe. L'esprit de foi de Suzanne Bert continuait d'animer ses descendants.

Benjamin Décary jouera un rôle considérable dans la vie municipale naissante de Dorval, ainsi que nous l'apprendra la suite du récit.

Charles-Borromée, alias Charles-Gervais Décary (VII)

On ne sait pas exactement pour quelle raison Charles-Borromée Décary se mit à s'appeler Charles-Gervais. Simple question d'identification, à supposer qu'il n'ait pas voulu de ce «Borromée» qui lui appartenait depuis le jour de son baptême. Ses petits-enfants (dont quelques-uns vivent encore à Dorval) le désignent sous le nom «Charles-Gervais» pour le distinguer des autres grands-pères Décary ... Il est donc probable que notre Charles-Gervais voulut lui-même se distinguer de son cousin Charles Décary fils de Jean-Baptiste. En s'arrogeant le prénom de Gervais, il s'affichait en outre comme fils de Gervais-Marie (VI) par opposition à l'autre Charles Décary.

Il convenait d'autant plus de distinguer les deux Charles l'un de l'autre qu'ils étaient voisins. Ils avaient tous les deux leur maison sur le chemin de la Pointe Claire à l'est du village. Ces deux maisons subsistent et contribuent à donner à la vieille partie de Dorval son allure de village d'autrefois.

Charles-Gervais était le père de cet abbé Zénon Décary à qui nous devons ce récit pathétique de l'épidémie de choléra chez les Décary de la Côte de Liesse, récit que nous avons rapporté plus haut. L'abbé Zénon Décary avait exercé son ministère chez les Franco-Américains. Or, de ce côté, son père lui avait tracé la voie.

En 1859 Charles-Gervais s'était dirigé vers la Nouvelle-Angleterre. Histoire de voir du pays sans doute. Les voyages forment la jeunesse, dit-on. Il aboutit à Lawrence, État de New York, où vivaient de nombreux Canadiens. Il y fut accueilli par un cousin à lui du nom de Damase Décary, carossier de son métier. Un autre Décary, Johnny, lui céda son emploi de forgeron.

Charles-Gervais apprit l'anglais selon la méthode de *trial and error*. Il courait à cette époque des histoires absolument ahurissantes sur les mésaventures linguistiques des Franco-Américains. Naturellement il est plus difficile d'apprendre l'anglais dans les rues à vingt ans que dans sa famille quand on est enfant.

Sur les instances de sa mère Charles-Gervais rentre au Canada après trois ans. Il continue d'exercer le métier de forgeron. Puis il troque l'enclume pour la charrue. C'est ainsi qu'à l'époque du cadastre on le trouve en possession d'une belle terre à l'embouchure de la rivière Bouchard (appelée aussi «rivière Dorval»). Les gens se mirent à désigner le rivage du lac à cet endroit sous le nom de «grève Décary».

Charles Décary (VII)

À l'ouest de la terre de Charles-Gervais Décary et contiguë à celle-ci se trouvait celle de Charles Décary fils de Jean-Baptiste.

Nous retrouverons ce Charles Décary en retraçant l'histoire municipale de Dorval.

* * *

Les Décary de cette génération eurent beaucoup en commun. Du vieux fonds terrien ils avaient hérité la ténacité dans l'effort. Ils firent instruire leurs enfants dès qu'ils en eurent les moyens. L'instruction, cela voulait dire pour les garçons le collège classique où l'on enseignait tant bien que mal le grec et le latin dans l'espoir que par une magie inhérente à la connaissance de ces langues anciennes on parviendrait du même coup au savoir et à la sagesse. En pratique les collèges classiques demeuraient essentiellement le mode de recrutement du clergé. Accessoirement ils donnaient accès aux professions.

Le fait d'«avoir un prêtre dans la famille», comme l'on disait, était considéré comme une source de bénédictions. Et, il se trouvait généralement, toujours «dans la famille», quelque fille remplie d'abnégation qui voulait bien consacrer sa vie au soin de ses vieux parents et de ses frères prêtres. Tel fut le lot de l'une des filles de Charles-Gervais, la «tante Albina», qui vécut à Dorval jusqu'à l'âge de quatre-vingt-dix ans et qui prit soin jusqu'à la fin de ses jours de ses trois frères prêtres à la retraite. Au-delà de la tombe, cette tante Albina continue d'incarner aux yeux des Décary la quintessence de l'esprit de famille.

Ce ne fut pas sans une certaine difficulté que les Décary s'adaptèrent aux temps nouveaux. Ils n'en firent pas moins leur part pour la chose publique, peut-être pour montrer qu'ils n'étaient pas inférieurs à ces «Anglais» venus de la ville qui avaient pris à Dorval l'initiative de l'organisation municipale. Benjamin Décary, par exemple, sera maire du Village de Dorval en 1894, succédant à James B. Allan et précédant Hartland S. MacDougall, celui-ci (démissionnaire) devant être suivi de Charles-Gervais Décary en 1895. La vie publique, toute nouvelle pour ces braves cultivateurs, amènera à l'hôtel de ville de Dorval plusieurs Décary de la génération suivante.

Les familles Décary des années 1870 à Dorval eurent de nombreux rejetons dont plusieurs restèrent au «village». Ils y furent bientôt rejoints par des cousins du même nom issus d'autres souches. Quand la municipalité du Village de Dorval se forma, en 1892, la localité comptait déjà plusieurs familles Décary.

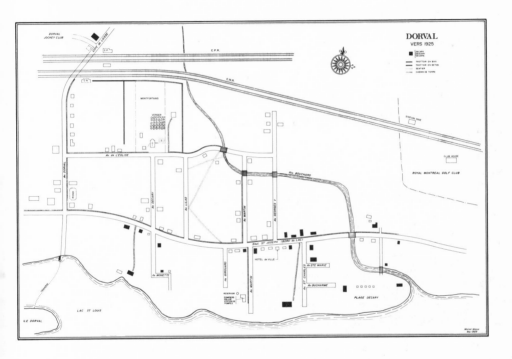

Ainsi, le 2 août 1893, le conseil municipal engagea comme secrétaire-trésorier l'avocat Alphonse Décary, et plus tard lui adjoignit un assistant en la personne de J.-H. Descary. Tant et si bien que, le 2 juillet 1895, comme Charles-Gervais Décary venait d'être élu maire, l'un des conseillers était l'autre Charles Décary, le secrétaire-trésorier était Alphonse Décary, l'assistant de ce dernier était J.-H. Descary, et le constable de la municipalité (engagé le 14 mars 1894) était un troisième Charles Décary. Cela faisait assurément beaucoup de Décary!

Quand il sera question de permettre au village la vente des «boissons enivrantes», le premier candidat à se présenter pour l'obtention du permis sera Joseph-H. Descary, à qui le conseil accordera la licence d'hôtelier en dépit d'une vive opposition. L'opposition eut lieu à l'encontre du principe même de la vente des boissons alcooliques, et non en raison d'une hostilité personnelle à l'égard du postulant.

Les deux premiers juges de paix du Village de Dorval, nommés en 1897, furent Charles Décary fils de Gervais et un autre citoyen de Dorval du nom de Joseph-Jacques de Bellefeuille.

* * *

Les Décary d'aujourd'hui se rappellent toutes sortes de traits pittoresques du «bon vieux temps».

Chez les Benjamin Décary et les Rémi-Benjamin, son fils, on laissait les Indiens de Caughnawaga amarrer leurs embarcations au rivage. Les Indiens partaient ensuite pour la journée vendre par les rues du village le produit de leur artisanat. Il s'agissait d'articles de paille tressée, des paniers notamment. À leur retour, à la fin de l'après-midi, ils avaient habituellement tout vendu.

Les Décary laissaient aussi les occupants de l'île amarrer leurs embarcations chez eux en retour de quoi les enfants Décary avaient le privilège d'«aller aux framboises» dans l'île.

Les petits-enfants de Charles-Gervais, quant à eux, se rappellent avoir passé par les rues pour offrir les légumes du potager familial et le blé d'Inde de leur champ. On les appelait «les p'tits Décary le blé d'Inde». Ou bien les gens, et spécialement les villégiateurs, se présentaient eux-mêmes à la ferme pour y acheter des légumes et des fruits frais. Les braves cultivateurs remarquaient l'extrême politesse des «Anglais».

Chez les Décary comme chez les cultivateurs en général, on suivait un calendrier d'activités successives au fil des saisons. Le plus souvent, c'était la mère de famille qui annonçait la phase du travail à laquelle on était rendu: on tuait le cochon, on taillait la glace à même la glace du lac St-Louis, on préparait le savon, et ainsi de suite, chaque chose en son temps. «Aux fêtes», c'est-à-dire à l'occasion de Noël et du jour de l'An, la parenté se revoyait en des réunions bruyantes où la bonne humeur ne le cédait qu'à l'appétit avec lequel on faisait honneur aux mets plantureux qui garnissaient les tables.

La religion ne perdait pas pour autant ses droits. Le dimanche était vraiment le jour du Seigneur, et de longues heures se passaient à l'église. À table on récitait fidèlement le bénédicité et les grâces. La prière en famille était une habitude de piété à laquelle on ne dérogeait pas. Si d'aventure quelque galant s'amenait voir sa promise à l'heure de la prière, il accrochait son chapeau à la patère pour s'agenouiller avec les membres de la famille et poursuivre la prière avec eux.

Nous voilà dans la petite histoire assurément.

Il faut comprendre qu'à cette époque — nous sommes à la fin du siècle dernier et au premier quart du présent siècle — Dorval n'était qu'un petit patelin de la rive du lac St-Louis. Tout alentour c'était la rase campagne. Il se menait à Dorval une vie pastorale semblable à celle de tous nos ancêtres avant le règne de l'automobile, avant l'ère des sports, avant l'époque des voyages. On ne connaîtrait pas bien l'histoire de Dorval si on imaginait les choses autrement.

Une petite-fille de Charles-Gervais Décary a évoqué en poésie le souvenir de son enfance à la grève Décary. Sous le pseudonyme de «Michelle Artus», son ancêtre, elle a publié entre autres un joli poème intitulé «Rêve du coeur — Panorama du coeur — Éveil». En voici une strophe:

> Eau tranquille,
>   Rêve de jeune fille.
> Coeur qui brise son enveloppe
>   À cause d'une douceur trop forte.
> Paysage aimé, renouvelé, admiré.
>   Paysage printanier.
> Saules aux troncs baignés
>   D'une crue printanière
> Qui semblez n'avoir rien d'autre à faire
>   Que de la charmer.

Voilà qui rend bien l'impression d'un bonheur paisible sur la rive ensoleillée du lac St-Louis à Dorval.

* * *

Certains vieux de Dorval se rappellent les Décary des années '20. Il y aurait eu alors

— Gervais Décary, «le seigneur de la Côte de Liesse», vivant à «l'entrée de Liesse» avec ses soeurs Marie et Alice;

— Rémi Décary, qui avait succédé à son père Benjamin dans la maison des Monette au bord du lac;

— Paul Décary, fils de Rémi, qui tenait garage;

— Benjamin Décary (à ne pas confondre avec l'ancien maire du Village de Dorval), sous-agent de la Banque d'Hochelaga;

— Joseph-H. Descary, l'hôtelier;

— Charles, Noël et Marguerite Descary, les enfants de l'hôtelier;

— Ferdinand Descary, probablement un fils de Charles Décary fils de Jean-Baptiste (les enfants de ce dernier commencèrent à écrire leur nom avec un «s»);

— Ernest H. Descary, le frère du précédent;

— Antoinette et Amanda Descary, qui vivaient dans la maison de leur père Damase Descary;

— Eugène Descary, marchand général;

— Charles-C. (probablement pour «Clovis») Descary, qui fut membre du conseil municipal;

— Charles-Gervais Décary (à qui son fils Avila allait succéder dans la maison familiale);

— J.-C. Descary;

— Henri Descary, frère de Marguerite, Noël et Charles susnommés;

— Avila Décary, fils de Charles-Gervais;

— Albert Décary, fils de Charles-Gervais;

— Albina Décary et Auguste Décary, enfants de Charles-Gervais;

— Ernest Décary, notaire (maison d'été);

— Hector Décary, fils du précédent;

— Romain Décary, anciennement de la Côte de Liesse (dont une fille épousera un Décary, et une autre un Descary).

Parlant des Décary, signalons que d'une génération à l'autre leur nom reçut dans les actes de l'état civil et dans les actes des notaires toutes sortes d'épellations. À partir d'un ancêtre commun on trouve aujourd'hui des Décary, des Descary, des Décarie, des Descarie, des Descaries, des Descarries, parfois des Desquarri. Au fil des ans chaque souche en vint à s'arrêter à un nom propre à elle.

Le village de Dorval à ses débuts n'était pas loin de s'identifier à la famille Décary. En 1890-91 le *Business*

Directory du *Dominion of Canada* décrit la localité en ces termes:

> **DORVAL** — *Jacques Cartier County. Station on Grand Trunk and Canadian Pacific Railways. 1½ miles from Lachine. Population 200. Express Canadian and Dominion. D. Descary, post master.*

C'est ainsi que l'histoire de Dorval ajoute une belle page à l'histoire de cette grande famille qui couvre l'île de Montréal, les Décary.

Chapitre neuf

L'AFFAIRE MELOCHE

**une cause célèbre
à Dorval**

JEAN BAPTISTE MELOCHE *et al.* (PLAINTIFFS) .... } APPELLANTS ;

AND

JOHN HENRY PELLY SIMPSON *et al.* (DEFENDANTS) .... } RESPONDENTS.

1898
*Oct. 13.

1899
*Feb. 22.

ON APPEAL FROM THE COURT OF QUEEN'S BENCH FOR LOWER CANADA, APPEAL SIDE.

Title to land—Substitution—Acceptance by institute—Parent and child— Rights of children not yet born—Revocation of deed—Prescription— Bona fides—Recital in deed—Presumption against purchaser—Arts. 930, 2191, 2193, 2202, 2207, 2251, 2253 C. C.

A substitution created by a donation *inter vivos* in favour of the children of the institute, even before they are born, is irrevocable after acceptance by their parent ; and the law of the Province of Quebec on the subject, as declared by the Civil Code, is the same as the old law of that province in existence before the promulgation of the Civil Code of Lower Canada.

Where an institute has accepted a donation creating a substitution in favour of his children, his acceptance as institute constitutes valid acceptance of the substitution on behalf of his children thereafter born to him during marriage.

Where the title deed of a purchaser of lands bears upon its face recitals which would have led upon inquiry to evidence of the defeasibility of his vendor's title, he must be presumed to have been aware of the precarious nature of the title he was purchasing and prescriptive title cannot afterwards be invoked either by him or those in possession under him as holders in good faith under translatory title.

As good faith is required for the ten years prescription under the Civil Code, that prescription cannot be invoked against a substitution which has been duly registered, such registration being sufficient to constitute any third party, who might subsequently purchase from the institute a holder in bad faith.

---

* PRESENT :—Sir Henry Strong C.J. and Taschereau, Gwynne, Sedgewick and King JJ.

À l'extrémité de Dorval, du côté de Lachine, se dresse une maison que l'on tient pour historique en raison de son âge. Elle aurait été construite vers 1815. Il s'agit de la «maison Meloche». Même en l'absence de descendants des Meloche en cette maison depuis soixante ans on lui laisse son nom. Ainsi se perpétue le souvenir de l'une des plus vieilles familles de la Côte de Lachine.

Au siècle dernier la famille Meloche fut l'instigatrice d'un procès retentissant. Ce procès a laissé sa trace dans nos annales judiciaires et dans les facultés de droit de nos universités, où encore de nos jours on parle de l'«affaire Meloche».

Comme cette affaire fut l'aboutissement d'une longue suite d'événements, on ne peut la raconter sans revenir quelque peu en arrière.

En 1708 les seigneurs de l'île de Montréal — les prêtres du Séminaire de St-Sulpice — concèdent une terre de la Côte de Lachine à un colon du nom de François Meloche. Cette terre se situe à l'est du domaine de la Présentation, alors propriété du sieur Jean-Baptiste Bouchard Dorval.

Après la déconfiture de Dorval les Meloche figurent parmi ceux à qui ses malheurs ont profité. Ils acquièrent une couple de terres détachées du domaine de la Présentation ainsi que les trois îles jadis concédées par Frontenac à l'abbé de Fénelon. Nous savons en effet que, le 18 juin 1753, Antoine Meloche — le fils de François — avait acheté de René de Coüagne (de la famille de Charles de Coüagne, le créancier de Bouchard Dorval) une «terre sise à la Chine, au lieu nommé la Présentation».

Les années passent.

Au début des années 1800 la famille Meloche a pour chef Jean-Baptiste Meloche, que nous appellerons Jean-Baptiste I afin d'éviter la confusion qui autrement s'introduirait dans le récit vu qu'il aura un fils et un petit-fils du même nom. Il a pour femme Marie-Euphrosine Sauvé dit Laplante. Le couple a des enfants dont un fils, Jean-Baptiste, l'aîné, que nous appellerons Jean-Baptiste II.

Le 15 août 1832, par-devant le notaire Généreux Peltier, de Montréal, Jean-Baptiste Meloche I et sa femme cèdent leurs biens immobiliers, notamment «les trois isles appelées isles Dorval», à leur fils Jean-Baptiste. Celui-ci n'est pas marié. La cession des parents Meloche à leur fils prend la forme d'une donation «pure, simple et irrévocable».

Or, l'acte contient la clause suivante:

> Pour par le dit donataire jouir, user et disposer des immeubles ci-dessus désignés sa vie durant à compter de ce jour à la charge de les transmettre en bon état par testament ou par acte entrevifs à tel ou tels de ses enfants mâles nés en légitime mariage qu'il voudra choisir, ou à défaut d'enfants mâles, à telle ou telles de ses filles qu'il voudra choisir ...

Voilà donc le patrimoine des Meloche non seulement promis, mais effectivement cédé aux enfants à naître du mariage du donataire. On peut en conclure qu'en août 1832 Jean-Baptiste II était sur le point de prendre femme. La donation lui était consentie pour la faveur du mariage, comme l'on disait alors.

Cet arrangement entre donateurs et donataire s'appelle une «substitution». Il a essentiellement pour but de garder dans la famille un bien immobilier en le réservant pour la seconde génération. Selon la terminologie légale le fils Meloche devint le «grevé de substitution» et les enfants à naître de son futur mariage, les «appelés à la substitution». La particularité de cette institution juridique, c'est qu'en définitive les vrais propriétaires des immeubles donnés sont de tout jeunes enfants ou même, comme dans le cas présent, des enfants à naître. C'est très singulier, mais c'est vraiment ainsi. Au moyen de ce mécanisme la loi entendait favoriser l'institution du mariage. Il s'agissait aussi de sauvegarder le patrimoine familial en le soustrayant aux coups du destin. En effet, le «grevé de substitution» pouvait toujours se présenter comme un simple administrateur du bien de ses enfants et opposer la substitution à toute tentative de saisie.

Or, il arriva que les îles de Dorval attirèrent l'attention du grand patron de la *Hudson's Bay Company* dont les quartiers généraux pour l'Amérique du Nord se trouvaient tout près, à Lachine. De sa magnifique propriété au bord du canal de Lachine, Sir George Simpson dirigeait un réseau d'opérations commerciales qui s'étendait de la baie d'Hudson jusqu'à la Côte du Pacifique.

Il venait forcément beaucoup de monde chez Sir George pour transiger des affaires de la compagnie. C'est ainsi que le goût lui vint d'une retraite paisible dans l'île de Dorval. Grâce à l'empire incontesté de la *Hudson's Bay Company* sur le commerce des fourrures et grâce à sa fortune personnelle, Sir George Simpson était devenu une sorte de grand seigneur. Il pouvait s'accorder le luxe d'une demeure somptueuse à l'écart du commun des mortels. Au milieu du lac St-Louis il allait faire revivre en terre canadienne son Écosse natale en y construisant un château fleuri comparable à ceux du pays de la reine Mary Stuart.

Il est difficile de savoir si avant 1850 Sir George Simpson avait approché les Meloche en vue de l'achat des îles. De toute façon, le 11 janvier 1850 voici que les Jean-Baptiste Meloche I et II et leurs femmes se présentent à l'étude du notaire Hilarion Jobin, de Montréal, et passent un acte de donation concernant les immeubles qui avaient déjà fait l'objet de la donation du 15 août 1832.

La nouvelle donation apporte une modification majeure à celle de 1832. L'obligation pour Jean-Baptiste II de transmettre ses biens à l'un de ses enfants a disparu. L'acte annule en effet la donation de 1832 («... les parties annulent et résilient de ce jour et à toutes fins que de droit un certain acte de donation, portant substitution ..., voulant que cette donation demeure nulle et comme non avenue ...», dit l'acte). Jean-Baptiste II peut maintenant disposer à sa guise des terres et des îles.

Le 31 août 1854, aux termes d'un acte passé devant le notaire Joseph Dubreuil, Jean-Baptiste Meloche I et sa femme renoncent à leur usufruit sur les trois îles, «... voulant et entendant que Jean-Baptiste Meloche fils et Catherine Enos *(sic)* dite Deschamps en jouissent et disposent en toute propriété ...»

La femme de Jean-Baptiste Meloche II signait «Catherine Héneault dit Deschamps». Elle était la seule des Meloche à savoir écrire. Les autres faisaient leur croix au bas des actes, et le notaire ajoutait leur nom avec les mots «sa croix» au-dessus ou au-dessous.

Comme l'acte du 31 août 1854 effaçait l'hypothèque garantissant l'usufruit des parents Meloche, Jean-Baptiste II jouissait désormais de ce que, de nos jours encore, on appelle «un titre clair». Rien ne faisait plus obstacle à la vente des îles à Sir George.

Enfin, le 2 septembre eut lieu la vente à Sir George Simpson devant le notaire Joseph Dubreuil. Les vendeurs purent souscrire sans crainte à la déclaration comme quoi ils vendaient «... *with promise of warranty* (garantie) *against all gifts, dowers, mortgages, substitutions, alienations, disturbances* (troubles) *and other hinderances whatsoever ...*»

(Parlant de l'acte de vente des îles de Dorval par les Meloche à Sir George Simpson, signalons que ce document vaut à l'histoire de Dorval un document peu banal puisqu'il porte la signature de l'homme le plus en vue et le plus puissant de la Côte de Lachine au XIXe siècle.)

Normalement les choses auraient dû en rester là.

De fait, Sir George Simpson eut tout le loisir de s'installer à son goût dans la plus grande des trois îles. Comme l'on sait, il y recevra en 1860 le futur roi Édouard VII, alors prince de Galles. Sir George mourra cependant l'année même qui avait vu l'apothéose de sa carrière.

Quant à eux, les Meloche père et fils retournèrent à leurs champs. Ce qu'ils firent des quatre mille dollars touchés le jour de la vente, l'histoire ne le dit pas.

Les années passent.

Nous voici en 1867. Sir George Simpson est décédé depuis sept ans déjà. Le 25 juin Jean-Baptiste II Meloche et sa femme se donnent à Jean-Baptiste Meloche III, «leur fils majeur et usant de ses droits, demeurant avec eux, à ce présent et acceptant», comme il est dit à l'acte de donation. Il y a tout lieu de présumer que le fils Meloche avait à ce moment-là entre vingt et un et vingt-cinq ans. Ses parents lui imposent certaines charges au bénéfice de son frère Alphonse avec qui il devra partager le «moulin à battre les grains», et de son frère Antoine que le donataire s'engage à «tenir au Collège de Montréal ou dans tout autre bon collège jusqu'à ce qu'il ait terminé son cours d'étude».

(Le Collège de Montréal, c'est le collège des Sulpiciens qui venait de déménager «à la Montagne», comme l'on disait alors, aujourd'hui rue Sherbrooke à l'ouest du chemin de la Côte des Neiges.)

Et, les années passent.

Nous sommes maintenant en 1893. Les trois frères Meloche sont des hommes d'âge mur. Antoine, le plus jeune, a quarante ans. Les deux autres, Jean-Baptiste III et Alphonse, ont un peu moins de cinquante ans.

Or, voici que cette année-là les trois frères Meloche intentent une action en Cour supérieure, à Montréal, contre les héritiers de Sir George Simpson.

Les Meloche soutiennent que l'acte de donation du 15 août 1832 demeure toujours valide quant à eux, eux les appelés à la substitution créée en leur faveur avant même leur naissance, avant même le mariage de leurs parents. En d'autres termes, ils désavouent leur père et leur grand-père quant à la révocation de 1850. Du même coup ils réclament l'annulation de la vente consentie à Sir George Simpson comme ayant été exécutée au mépris de leurs droits. Pour tout dire, ils entendent se faire déclarer propriétaires des îles et rentrer en possession des lieux.

Rien de moins.

Il est probable que les frères Meloche avaient depuis longtemps découvert le pot aux roses. Comme la maison familiale occupait le rivage du lac St-Louis et qu'en regardant de biais on ne pouvait faire autrement que d'apercevoir les îles, il était virtuellement impossible qu'un jour ou l'autre l'histoire de la première donation, de sa révocation, de la seconde donation, et enfin de la vente à Sir George ne leur soit racontée.

Mais, pourquoi les trois frères Meloche ont-ils attendu jusqu'en 1893 avant d'intenter leur action? Pourquoi ne l'ont-ils pas fait dès 1874, c'est-à-dire quand le plus jeune d'entre eux a atteint sa majorité? Pourquoi avoir fait silence pendant près de vingt ans? Admettons qu'ils n'aient rien voulu faire du vivant de leur père. Or, celui-ci était décédé en 1886. Ses fils avaient donc laissé s'écouler sept années de plus sans bouger.

L'idée de revendiquer leurs droits ne leur serait-elle venue qu'en 1893?

En réponse à cette question, une hypothèse nous vient à l'esprit. Cette hypothèse surgit spontanément du fait que Jean-Baptiste Meloche III connaissait l'avocat Désiré Girouard depuis que ce dernier avait feu et lieu à deux pas de chez lui.

En parcourant le livre de Girouard LAKE ST. LOUIS OLD AND NEW AND CAVELIER DE LA SALLE, on voit que l'auteur s'intéresse aux Meloche. Ce livre contient les photos de sept maisons de ferme de la région de la Côte de Lachine et de la Côte de la Pointe Claire, dont celle des Meloche que Girouard situe à «Dixie».

Il s'agit d'une belle maison de pierre avec un toit en pignon percé de quatre lucarnes. Le bord du toit dépasse le mur de la façade et sert de couverture à une galerie ornée de colonnes et d'une jolie balustrade.

(On s'interroge encore à Dorval sur l'origine du nom de Dixie. Quand parut le livre de Girouard, ce n'était là qu'un nom. En 1893 la Côte de Lachine comptait seulement trois municipalités, soit le Village de Dorval, la Ville de Lachine et la Municipalité de la Paroisse de Lachine, celle-ci d'une très grande étendue puisqu'elle englobait tout le territoire de la Côte sauf Lachine et Dorval. Mais, déjà on utilisait le nom de Dixie. Il appert que le choix de ce nom est attribuable au chemin de fer, tout comme la résurrection du nom de Dorval est due au chemin de fer. «Dixie», ce nom viendrait de «dix». On l'aurait inventé pour désigner la petite gare de l'endroit, juste avant celle de Dorval, parce qu'elle se trouvait à dix milles exactement de la gare Bonaventure, à Montréal. Par la suite le nom de «*Dixie*» s'étendit à tout le secteur géographique situé entre la gare et le lac St-Louis, y compris l'île qui se trouve dans son prolongement.)

Pour en revenir aux Meloche, il est d'autant plus vraisemblable que Girouard s'intéressât à leurs affaires que l'une de ses tantes, c'est-à-dire la femme de son oncle Paul Picard, était une Meloche. On l'apprend à la lecture de l'acte de vente du 29 décembre 1873 qui avait fait de Girouard (conjointement avec un nommé Normandeau et un nommé Dugas) le propriétaire de la terre de son grand-père Picard. Les vendeurs étaient en effet Paul Picard et Henriette Meloche, sa femme, et Jean-Baptiste Picard Jr et Adéline Valois, sa femme. Cette Henriette Meloche était probablement la soeur de Jean-Baptiste Meloche II.

Que Jean-Baptiste Meloche III ait raconté à Me Girouard l'affaire de la donation annulée, puis reprise en des termes différents afin de permettre la vente des îles à Sir George, cela est tout à fait plausible. Chose certaine, au moment où s'instruit la cause de «*J.-B. Meloche et al.* («al.» signifie «*alii*», un mot latin qui veut dire «d'autres») *contre John Henry Pelly Simpson et al.*», le procureur des frères Meloche n'est autre que Me Désiré Girouard.

J. E. H. Pelly Simpson était le fils unique et l'un des héritiers de feu Sir George Simpson.

Le tribunal rendit sa décision le 27 avril 1895. Il débouta les Meloche de leur action.

Le juge estima que les demandeurs avaient décidément attendu trop longtemps. Au moment du procès les Simpson n'avaient cessé d'occuper l'île depuis trente-neuf ans au vu et au su de tout le monde, sans la moindre contestation; le plus jeune des frères Meloche était majeur depuis dix-neuf ans; Jean-Baptiste Meloche, leur père, le «grevé de substitution» de 1832, était décédé depuis sept ans. Le juge se demanda quelle mouche les avait piqués après toutes ces années. Il s'arrêta en conséquence à l'argument des avocats de la famille Simpson comme quoi la prescription avait joué en faveur de leurs clients.

Les Meloche interjetèrent appel.

Le 23 avril 1896 la Cour du banc de la Reine, division d'appel, rendit son jugement. Elle maintint la décision de la Cour supérieure tout en rejetant l'argument de la prescription. Il fallait avant tout statuer sur le fond du problème, dirent les juges, à savoir la validité ou la nullité de la révocation du 11 janvier 1850. Si la révocation était valable, alors le titre de propriété de Sir George Simpson était impeccable. En revanche, s'il fallait s'en tenir à la donation du 15 août 1832 qui avait fait de Jean-Baptiste II le «grevé de substitution», dans ce cas il devenait futile de soulever la question de la prescription. Car, la prescription ne court pas aussi longtemps que le grevé est en vie. La mort de Jean-Baptiste II n'étant survenue qu'en 1886, la prescription ne courait donc que depuis sept ans. Or, pour acquérir un immeuble de cette façon, il faut au moins dix ans de possession paisible, publique et continue. Sous ce rapport Me Girouard avait bien avisé ses clients: les Simpson ne pouvaient fonder leur droit de propriété sur la prescription.

Sur le fond du débat il apparut aux savants juges de la Cour du banc de la Reine que «la révocation de la substitution, faite du consentement des donateurs et du donataire, avant l'ouverture ou l'acceptation d'icelle, était valable et légale». En conséquence et par le fait même la vente consentie par Jean-Baptiste Meloche II à Sir George Simpson était parfaitement valable et légale.

Les Meloche interjetèrent appel une deuxième fois. Ils portèrent leur cause devant la Cour suprême du Canada.

Chemin faisant, ils avaient perdu leur avocat. Le 28 septembre 1895 Me Désiré Girouard avait été nommé juge de la Cour suprême précisément. L'un de ses associés, Me J.-É. Martin, le remplaça comme procureur des Meloche. Lors de l'audition de la cause il va sans dire que le juge Girouard se récusa. En l'occurrence la Cour se composa des juges Henry Strong, juge en chef, Taschereau, Gwynne, Sidgewick et King.

Les quatre juges de langue anglaise, peu familiers avec l'ancien droit français (i.e. le droit d'avant le Code civil du Bas-Canada promulgué en 1866), s'en remirent à leur collègue le juge Henri-Elzéar Taschereau (de la grande famille des Taschereau, de la Beauce, près de Québec) du soin de trancher le débat. C'est donc à ce dernier que revint la tâche de peser les arguments invoqués de part et d'autre, et de rendre la décision de la Cour suprême.

Or, à la grande jubilation des appelants (les Meloche) et à la consternation des répondants (les Simpson), le juge Taschereau donna raison aux Meloche. Après plusieurs pages de considérations doctrinales, le juge conclut ainsi:

> *I would allow the appeal with costs, and order judgment to be entered for the appellants in conformity with the conclusions of their declaration. That is the unanimous judgment of the court.* (J'incline à accueillir l'appel avec dépens et ordonne que jugement soit rendu en faveur des appelants selon les conclusions de leur déclaration. Tel est le jugement unanime de cette cour.)

Le juge Taschereau considéra que les grands-parents Meloche n'avaient pas le droit de révoquer la donation du 15 août 1832, cela au détriment de leurs petits-fils. Le consentement du donataire, c'est-à-dire le père des trois frères Meloche, ne changeait rien à la situation. Le juge alla même jusqu'à soutenir que Sir George Simpson n'avait pas agi de bonne foi puisqu'il était au courant de la donation de 1832.

Le jugement de la Cour suprême du Canada fut rendu le 22 février 1899.

Les justiciables canadiens avaient un ultime recours. C'était d'en appeler au comité judiciaire du Conseil privé du Royaume-Uni lorsque ce dernier voulait bien se rendre à la demande qu'on lui faisait. La permission d'en appeler était accordée ou refusée dépendant de l'importance du cas aux yeux de leurs *Lordships*. Or, la Succession Simpson se vit refuser le privilège d'en appeler à Londres. La palme de la victoire demeura donc aux mains des Meloche.

Aux yeux du juriste moderne, il aurait suffi de signaler aux juges des diverses instances que les frères Meloche étaient les garants de la vente consentie par leur père, cela à titre d'héritiers de ce dernier. Mais évidemment, il est un peu tard pour y penser!

* * *

Durant que les Meloche et les Simpson se disputaient à grands frais la propriété des îles, voyons ce qui se passait dans l'île même de Dorval.

Le 20 octobre 1876 J. H. Pelly Simpson avait loué les îles pour un terme de sept ans à un nommé Robert C. Hamilton. Or, Hamilton était encore là à la fin du siècle. Voici à ce sujet trois courts extraits du rapport d'une agence canadienne (Robertson & Co.) à une agence anglaise (Gordon & Son) — les deux agences s'occupant des affaires des Simpson — en date du 13 septembre 1899:

> — *Under the lease to Mr. Hamilton the rent payable from 1st May 1886 to April 30th 1890 was virtually $600, that is to say Mr Hamilton was supposed to expend $500 a year on the house and pay $100 in cash.*
>
> — *Another question is as to the right of the Meloches to interest upon the fruits in view of the holding of our*

Supreme Court that the possession of the estate Simpson was in bad faith.

— The lot on the mainland was rented to Mr. Hamilton and Mr. Eadie, and we have fined the rental of $10 a year.

Après 1899 les Hamilton demeurèrent locataires de l'île Dorval en vertu de quelque arrangement avec Jean-Baptiste Meloche III.

Puis les îles seront vendues, en route pour ainsi dire vers leur destin de lieu de villégiature. Les chapitres suivants nous fourniront quelques informations là-dessus. Quant aux deux petites îles — les «islets» du temps des Français —, étant impropres à l'habitation, elles sont demeurées à l'état de nature. La grande île forme maintenant une municipalité indépendante. L'île Bushy et l'île Dixie appartiennent à la Cité de Dorval.

Il n'est pas sans intérêt de nous demander en quel sens l'affaire Meloche fait époque dans les annales judiciaires. C'est que le jugement de la Cour suprême du Canada trancha de façon définitive un vieux débat. Les civilistes et les juges s'étaient toujours divisés sur la question de savoir s'il était permis de révoquer une donation accompagnée d'une substitution. Désormais on n'avait plus à discuter: la révocation ne valait pas à l'encontre des appelés à la substitution.

En cette affaire les parties firent preuve d'une grande obstination. Car, dès les années 1890 la splendide propriété de Sir George Simpson était à l'abandon. Aux yeux des Meloche peut-être n'y avait-il rien de malhonnête à reprendre les îles puisque les Simpson les avaient pratiquement délaissées. Piqués dans leur fierté, les Simpson auraient résisté pour l'honneur. Chose certaine, le juge Taschereau s'étonna qu'on se dispute à ce point un immeuble de peu de valeur. Voici ce qu'il écrit à ce sujet dès les premières lignes de son jugement:

... the property in dispute, according to what the tenant in possession said of it at the trial, does not appear to be of very considerable value. (...la propriété qu'on se dispute, s'il faut en croire ce que son locataire en a dit au procès, ne paraît pas avoir une bien grande valeur.)

La disparition soudaine de toute trace des Simpson à Dorval marqua la fin de l'ère victorienne en ce patelin de la rive du lac St-Louis. Non seulement Sir George Simpson lui-même était décédé, mais on était allé jusqu'à éliminer son titre à la propriété des îles.

Quant à Jean-Baptiste Meloche III, il avait mis fin à sa vie de cultivateur en 1896, ayant vendu sa terre aux messieurs du *Royal Montreal Golf Club*. Comme il avait gardé la maison ancestrale du bord du lac, il y coula des heures paisibles jusqu'à la fin de ses jours, entouré de l'estime de tous, respecté au village comme un ancêtre, un vrai représentant — ce qu'il était — des temps anciens.

Chapitre dix

LE VILLAGE DE DORVAL

**l'alliance de la campagne
et de la ville**

Dorval sur la rive du lac St-Louis n'était qu'une petite agglomération de cultivateurs et de citadins qui avaient acheté des emplacements pour y passer l'été quand il vint à l'esprit de quelqu'un d'en faire une municipalité. Il s'agissait de se retirer de la municipalité de la Paroisse des Saints-Anges de Lachine qui gérait tout le territoire de la Côte de Lachine depuis la Côte de Verdun jusqu'à celle de la Pointe Claire à l'exception de la Ville de Lachine. Celle-ci formait une enclave dans l'immense territoire de la municipalité de la paroisse de Lachine.

Officiellement tout commença par une pétition de certains propriétaires de Dorval à l'adresse de l'Assemblée législative siégeant à Québec. Malheureusement ce document ne nous a pas été conservé. On ne sait donc pas qui en furent les signataires, sauf Hartland S. MacDougall, cet homme d'affaires de Montréal qui possédait une villa à Dorval et de qui nous avons parlé dans un précédent chapitre. Dans les *Journaux de l'Assemblée législative de la Province de Québec,* à la date du vendredi 13 mai 1892 il est fait mention en effet de la «pétition de H.S. MacDougall et autres demandant la constitution en corporation du village de Dorval». La pétition avait été présentée à l'Assemblée législative ce jour-là.

La paroisse de Lachine faisait alors partie du comté de Jacques-Cartier, et le représentant de ce comté à l'Assemblée législative de Québec était l'avocat Joseph-Adélard Descarries, de Lachine, membre du parti conservateur alors au pouvoir à Québec. Le député Descarries était un compatriote de l'avocat Désiré Girouard, de Dorval, également membre du parti conservateur.

Girouard et Descarries étaient l'un et l'autre natifs de St-Timothée de Beauharnois. Les deux hommes avaient fait leurs études au Collège de Montréal et à l'Université McGill. Bien qu'il y eût une notable différence d'âge entre eux (Girouard était de dix-sept ans l'aîné de Descarries), on peut croire que ces coïncidences maintenaient un certain courant de sympathie de l'un à l'autre. Mais, ce qui jouait le plus, c'était leur commune allégeance au parti conservateur. Désiré Girouard fut en effet député fédéral du comté de Jacques-Cartier de 1878 à 1895. À cette époque partis politiques fédéraux et provinciaux allaient la main dans la main. On répétait volontiers «bleu à Québec, bleu à Ottawa!» et «rouge à Québec, rouge à Ottawa!» Désiré Girouard, l'un des promoteurs du projet d'incorporation, pouvait donc compter sur la collaboration de son collègue de Québec.

Le 20 mai 1892 le Comité permanent des bills privés fit rapport à l'Assemblée que l'on pouvait procéder quant à la pétition du village de Dorval. Le député de Jacques-Cartier reçut alors la permission de présenter à l'Assemblée législative le bill du village de Dorval. L'Assemblée l'accueillit et le lut pour la première fois. La seconde lecture en fut ordonnée pour le lendemain. En fait, cette seconde lecture n'eut lieu que le 27 mai.

Ici se place un petit incident. On avait prévenu les gens de Dorval que leur bill allait être discuté au Comité des bills privés après la seconde lecture. La date du 8 juin fut mentionnée. Une délégation s'organisa pour venir à Québec ce jour-là. Or, voici que dès le 6 juin la discussion prévue pour le surlendemain eut lieu. Il fallut que le bill soit de

Avis est par les présentes donné par Désiré H.Girouard, Avocat du Village de Dorval, dûment nommé par le Lieutenant-Gouverneur en Conseil, pour présider à la première élection du Conseil du dit Village:

Que la première élection du maire et de six conseillers du "Village Dorval" aura lieu à la Maison d'Ecole à Dorval, mercredi, le troisième jour d'août prochain, à dix heures du matin, et les électeurs du dit Village sont par les présentes convoqués en assemblée générale à l'époque et au lieu indiqués pour la nomination des dits maire et conseillers, suivant les dispositions d'un acte passé à la dernière session de la Législature de Québec intitulé " Un acte pour incorporer le Village Dorval".

La première séance du Conseil du dit Village aura lieu à la dite maison d'école, lundi, le quinzième jour d'août prochain, à huit heures du soir.

Montréal 26 juillet 1892.

D.H.Girouard

Président,

Je, soussigné, certifie que le 26 Juillet, 1892, j'ai affiché l'avis ci-devous au coin de l'Avenue Shackell & le grand chemin et au bureau de poste, à Dorval, et que de plus je l'ai inséré dans la Minerve du 27 Juillet, 1892, à la première page. Et j'ai signé.

Montréal, 27 Juillet, 1892.

D.H.Girouard

Président d'Election

Notice is hereby given by the Undersigned, Désiré
H. Girouard, advocate of the Village of Dorval, duly appointed
by the Lieutenant- Governor in Council to preside at the first
election of the Council of the said Village, that the first e-
lection of the Mayor & six councillors of the "Village Dorval"
will be held in the School House at Dorval on Wednesxday, the
the third day of August next, at ten oclock in the morning and
the electors of the said Village are hereby called upon to be
present at the general meeting then and there to be held for
the purpose of nominating the said mayor and councillors according to the provisions of an act passed at the last session
of the Legislature of Quebec intituled " An act to incorporate
the "Village Dorval".

The first session of the Council of the said Village will be held at the said School House on monday, the fif-
teenth day of August next, at eight o'clock in the evening.

Dorval, 26 th July 1892.

D.H.Girouard

President.

I, the undersigned hereby certify that
on the 26th day of July, 1892, I did myself post up the foregoing notice at
the Grand Trunk Railway Station at
Dorval, & at the Dorval Post Office
And I have Signed.
27th July, 1892.

D.H.Girouard

President

nouveau référé au Comité des bills privés afin de permettre aux intéressés de se faire entendre.

Après la troisième lecture, le 10 juin, le bill prit le chemin du Conseil législatif (il y avait alors deux Chambres à Québec, l'Assemblée législative et le Conseil législatif, de la même manière qu'il y a deux Chambres à Ottawa, la Chambre des Communes et le Sénat).

Le 21 juin l'Assemblée législative procéda aux première, deuxième et troisième lectures des amendements apportés au texte par les conseillers législatifs. Le bill eut dorénavant force de loi.

Le bill ou *Loi constituant en corporation le village de Dorval* fut sanctionné le 24 juin 1892. Dans la liste des cent quatre-vingt-deux bills privés et publics adoptés cette année-là par l'Assemblée législative, celui du Village de Dorval vient tout de suite après la *Loi modifiant les divers statuts relatifs à la Corporation de la ville de Lachine.* La loi relative au Village de Dorval forme le chapitre 60 des lois 55-56 Victoria (c'est-à-dire les lois adoptées au cours de la cinquante-sixième année du règne de la reine Victoria).

On ne perdit pas de temps. Comme l'art. 7 de la loi du Village de Dorval ordonnait au lieutenant-gouverneur en conseil (c'est-à-dire le gouvernement) de nommer «la personne» qui devait présider la première élection du maire et des conseillers, on obtint dès le 12 juillet un mémoire du Secrétaire de la Province, approuvé par le conseil des ministres le 27 juillet, comme quoi M. Désiré Howard Girouard, avocat, du village de Dorval, était nommé pour présider l'élection du maire et des conseillers de la nouvelle municipalité.

Me Désiré H. Girouard, le troisième fils de l'avocat Désiré Girouard, était alors un tout jeune praticien. Né à Montréal en 1869, il avait obtenu sa licence en droit de l'Université

McGill en 1890, et il avait été admis au Barreau l'année suivante. Il était aussitôt entré au bureau de son père.

Le 26 juillet Me Désiré H. Girouard posa des avis en français et en anglais (en français au coin de l'avenue Shackell et au bureau de poste; en anglais à la gare du Grand Trunk Railway et au bureau de poste) comme quoi une assemblée serait tenue à l'école locale mercredi le 3 août 1892 à dix heures du matin, assemblée à laquelle les citoyens de Dorval étaient conviés en vue de procéder à l'élection du maire et des conseillers. Les avis ajoutaient que la première réunion du conseil municipal aurait lieu au même endroit, c'est-à-dire à l'école, lundi le 15 août à huit heures du soir.

Le 3 août le président d'élection ne reçut que deux bulletins de nomination. L'*Acte des Cités et Villes* de 1876, en vertu duquel cette procédure se déroulait, exigeait du président d'élection qu'il donne lecture des mises en nomination. Voici donc, tels qu'ils apparaissent au livre des procès-verbaux du Village de Dorval, les bulletins dont Me Désiré H. Girouard annonça le contenu:

Maire: D. Girouard, C.R., M.P., mis en nomination par les électeurs G.R. Marler, Horace Joseph Benjamin Décary, P. Allard, D. Deslauriers, E. Picard, J. de Bellefeuille, Charles Décary, A. Roy, H.S. MacDougall, George W. Hamilton, James B. Allan et A.H. Riddell.

Conseillers: James B. Allan, mis en nomination par les électeurs ci-dessus nommés;

William de M. Marler, notaire public, mis en nomination par les mêmes;

Benjamin Décary, père, mis en nomination par les mêmes;

Henry Esson Murray, mis en nomination par les mêmes;

Charles Décary, fils de Jean-Baptiste, mis en nomination par les mêmes;

Dosithée Deslauriers, mis en nomination par les mêmes;

Benjamin Lefebvre, mis en nomination par les électeurs James Davis, J.-Bte Meloche, Georges Tardif, Alphonse Turcot, Pierre Pilon, E. Bellefeuille et Godfroi Loiselle.

De tempérament pacifique, Dosithée Deslauriers se retira de la mise en nomination.

On laissa s'écouler une heure, selon la loi. Alors le président déclara élus par acclamation les candidats suivants:

maire: Désiré Girouard, c.r., m.p.

conseillers: James B. Allan, avocat
Benjamin Décary, père, cultivateur
Henry Esson Murray, négociant
William deM. Marler, notaire
Charles Décary, fils de J.-B., cultivateur
Benjamin Lefebvre, voiturier.

À l'ouverture de la première assemblée du conseil de ville, le 15 août, le notaire Marler, qui était aussi juge de paix, assermenta le maire Girouard. Ce dernier assermenta ensuite les six conseillers. Le conseil nomma le jeune avocat Désiré H. Girouard secrétaire-trésorier de la municipalité (il ne semble pas qu'un salaire ait été attaché à cette charge).

Le procès-verbal de cette première assemblée du conseil de ville du Village de Dorval porte donc les signatures des deux avocats Girouard, père et fils.

* * *

Parlons un instant du premier maire du Village de Dorval, l'avocat Désiré Girouard.

Le maire Girouard était une sorte d'amalgame de l'élément rural, représenté au conseil par les deux Décary et Benjamin Lefebvre, et des «messieurs» de la ville, représentés par les Allan, Murray et Marler.

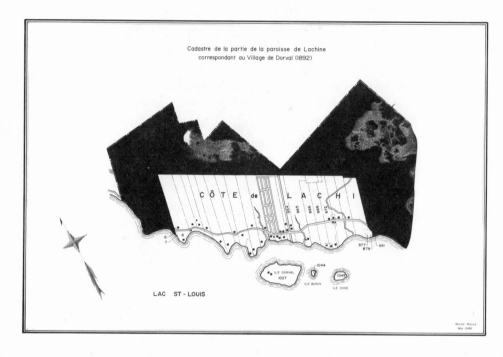

Cadastre de la partie de la paroisse de Lachine
correspondant au Village de Dorval (1892)

Girouard était en effet d'origine rurale. Il était né à St-Timothée de Beauharnois le 7 juillet 1836 du mariage de Jérémie Girouard et d'Hippolyte Picard. Il était par sa mère le petit-fils d'un cultivateur de Dorval, dont il avait acheté la maison. D'autre part, par le fait de ses études à l'Université McGill et par l'exercice de sa profession dans le milieu des affaires de Montréal, il se trouvait en relation constante avec l'élément anglais de la métropole. Le temps venu de se marier, il s'était d'ailleurs tourné de ce côté si bien qu'on ne sait plus trop dans quelle catégorie patriotique le classer.

Il se donnait lui-même passionnément comme un «Canadien», ce qui à l'époque signifiait *Canadien français*.

Après le nom du maire Désiré Girouard on inscrivait toujours les lettres «c.r., m.p.», lesquelles rehaussaient singulièrement le prestige du personnage.

Le titre de «conseil de la Reine», accompagné du privilège pour le titulaire d'attacher à son nom les lettres «c.r.», était fort recherché des membres du Barreau. Si les avocats ne le convoitent plus guère de nos jours, c'est uniquement parce que le sentiment royaliste s'est quelque peu émoussé.

Désiré Girouard avait été admis au Barreau le 1er octobre 1860. Il exerçait donc sa profession depuis plus de trente ans quand il fut élu maire du Village de Dorval. Il avait publié de courts traités de droit fort remarqués. Il dirigeait à Montréal, rue St-Jacques, un important cabinet d'avocats. (En 1893 le *Montreal Citizens' Directory* contient l'inscription suivante à son sujet: *Girouard, D., Q.C., M.P., of Girouard, DeLorimier & Godin, 30 St. James, summer residence Dorval*). Les lettres «c.r.» apposées à son nom attestaient à la fois ses nombreuses années de profession et le succès de sa pratique professionnelle.

Me Girouard ajoutait aussi après son nom les lettres «m.p.», qu'on inscrivait le plus souvent en majuscules, lesquelles signifiaient «Membre du Parlement» (en anglais, «*Member of Parliament*»).

L'avocat Girouard était en effet le député fédéral du comté de Jacques-Cartier. On se rappellera qu'en vertu de la constitution canadienne de 1867 (créée en vertu de l'*Acte de l'Amérique du Nord britannique*) la province de Québec avait été partagée en soixante-cinq districts électoraux correspondant aux divisions électorales de l'ancien Bas-Canada. Jacques-Cartier était l'un de ces districts électoraux. Le comté comprenait les paroisses de Lachine, Pointe Claire, Ste-Anne, Ste-Geneviève et St-Laurent, de même que les îles proches de la terre ferme, y compris l'île Bizarre (ainsi s'écrivait ce nom en 1867). Le Village de Dorval se trouvait donc au coeur de la circonscription électorale du député Girouard.

La carrière politique de Girouard est un modèle de ténacité. D'allégeance conservatrice (le grand leader du parti conservateur était alors Sir John A. Macdonald dont le bras droit au Québec était George-Étienne Cartier, qui aurait poussé Girouard vers la politique active), il se présenta tout d'abord dans Jacques-Cartier en 1872. Il subit alors la défaite par cinquante voix aux mains du libéral Rodolphe Laflamme, avocat comme lui. Il se reprit aux élections de 1876, et parvint alors à réduire la majorité de Laflamme de cinquante à vingt-huit voix. Finalement il l'emporta par deux voix en 1878, cela après un recomptage judiciaire.

C'était l'époque où les luttes électorales se caractérisaient par le désir de l'emporter sur l'adversaire par tous les moyens. Sur le choix des méthodes les organisateurs politiques se montraient peu scrupuleux. Dans le comté de Jacques-Cartier il n'en allait pas autrement qu'ailleurs. Vol de voix, recomptage judiciaire, procès pour fraude, rien n'y manqua à l'occasion de cette élection du 17 juillet 1878.

Une fois victorieux, Girouard se fit réélire sans difficulté aux élections du 20 juin 1882, du 22 février 1887 et du 5 mars 1891.

S'il aimait la vie trépidante du praticien et du politicien, l'avocat et député Girouard n'en recherchait pas moins l'enrichissement intellectuel du chercheur. Ses écrits sur certaines questions de droit en témoignent. Le goût de l'étude ne l'avait jamais abandonné. Aussi, quand la possibilité s'offrit à lui d'accéder à la Cour suprême du Canada, il accepta volontiers ce couronnement de sa carrière de juriste. Il devait siéger au plus haut tribunal du pays jusqu'à sa mort, survenue à Ottawa le 22 mars 1911.

En même temps que le comté de Jacques-Cartier perdait son député en raison de sa nomination à la Cour suprême, le Village de Dorval perdait son citoyen le plus éminent par son changement de domicile. En effet, dans le répertoire social de la ville d'Ottawa, la capitale du pays, un nouveau nom apparut, celui de «*Girouard, Hon. and Mrs. Désiré, 398 Wilbrod St.; Summer Residence Quatre-Vents, Dorval*».

Ce qui nous frappe le plus dans la personnalité de Désiré Girouard, c'est à la fois son aptitude et son ardeur au travail. Le fait est que, depuis le jour de son entrée au collège jusqu'au jour où il signa son dernier jugement à la Cour suprême, cet homme ne s'accorda pour ainsi dire aucun moment de répit. Dans une société largement dominée par l'*establishment* anglais il eut à se frayer un chemin qui était loin d'être tracé d'avance. *If you cannot beat them, join them*, dit l'axiome. Girouard fit sienne cette règle. Il s'attela résolument à la tâche. Faisant flèche de tout bois, à force d'acharnement le p'tit gars de St-Timothée de Beauharnois se tailla une place enviable dans la carrière où ses jeunes ambitions l'avaient poussé.

Tel était déjà le jugement que portaient sur lui ses contemporains.

Dans une présentation biographique des hommes politiques ayant occupé à la Chambre des Communes d'Ottawa le trente-huitième fauteuil, le chroniqueur Joseph Tassé (LE 38e FAUTEUIL ou SOUVENIRS PARLEMENTAIRES, Montréal, 1891) nous trace le portrait de Désiré Girouard qui occupait justement ce fauteuil en 1891, l'année de la publication du livre de Tassé.

Voici comment Tassé le décrit: «Je ne sais pas de tâche qui soit au-dessus de ses forces. On pourrait croire qu'il se complait dans les questions les plus abstraites, les plus compliquées, les plus hérissées de difficultés. Des monticules de paperasses ne l'effraient pas s'il peut trouver le rayon de lumière qu'il cherche. M. Girouard n'était pas mieux doué que bien d'autres, mais son âpreté au travail a suppléé ou plutôt lui a fait acquérir tout ce qui pouvait lui manquer au début. Étudiant, il guettait l'aurore, faute d'huile dans sa lampe... Il travailla davantage, quand sa lampe fut remplie. C'est Émile Girardin qui a dit: *Paris est à ceux qui se lèvent à cinq heures du matin.* Vous avez là tout le secret de la carrière de Désiré Girouard.»

Un autre mérite qu'il faut reconnaître au premier maire de Dorval, c'est d'avoir stimulé chez les Canadiens de sa génération la connaissance et l'amour du passé. Ses nombreuses conférences sur des sujets historiques font de lui un historien. Son livre LAKE ST. LOUIS OLD AND NEW AND CAVELIER DE LA SALLE reste l'ouvrage auquel de nos jours encore on réfère spontanément dès qu'il est question de l'histoire de la Côte de Lachine et de la Côte de la Pointe Claire. Les documents de toutes sortes qu'il y a consignés en font un trésor d'information si bien qu'on se demande si l'on parviendrait sans lui à faire l'histoire de Dorval. De toute façon, on lui doit beaucoup sous ce rapport.

C'est avec raison que Joseph Tassé écrit: «M. Girouard a un culte pour tout ce pays dont il connaît l'histoire jusque dans ses plus petits détails».

* * *

Le maire Girouard et ses six conseillers avaient à gérer l'*Acte constituant en corporation le village de Dorval*. L'art. 2 de cette loi attribuait le nom de «Village de Dorval» aux habitants et contribuables de «cette municipalité».

L'art. 1 de la charte (nous appellerons désormais «charte» la loi constitutive du Village de Dorval) décrivait ainsi le territoire de la nouvelle municipalité:

> Cette partie de la paroisse des Saints-Anges de
> Lachine qui se trouve bornée au nord par la ligne de

chemin de fer exploitée par la compagnie du chemin de fer du Pacifique Canadien, à l'est par la ligne nord-ouest du lot numéro 881 et la ligne est du lot numéro 878 de ladite paroisse, à l'ouest par la ligne est des lots numéros cinq et six de ladite paroisse, et au sud par le fleuve Saint-Laurent ou lac Saint-Louis, avec et y compris les îles Dorval, Dixie et Bushy et autres îlots compris dans les dites limites.

Cependant, ce territoire était susceptible de s'agrandir. L'art. 29 contenait à ce sujet les dispositions suivantes:

> Il sera et pourra être loisible à tous propriétaires de terrains immédiatement adjacents ou contigus aux limites du village de Dorval, moyennant avis donné par tels propriétaires aux autorités municipales du dit village et le consentement des dites autorités, signifié par un règlement fait par elles à cet égard, de la manière ordinaire, de demander et d'obtenir que le ou les dits propriétaires soient inclus dans les limites du dit village et ainsi de suite successivement pour d'autres propriétaires ayant des propriétés adjacentes à des propriétés ainsi successivement incluses dans les limites du dit village.

Effectivement, le 14 novembre 1894 deux voisins du Village de Dorval du côté de Lachine demandèrent à faire partie de Dorval.

Valérie Quesnel était le propriétaire de la terre portant le numéro 880 du cadastre. Benjamin Lefebvre possédait un emplacement au bord du lac portant le numéro 881. Quesnel et Lefebvre présentèrent ensemble leur requête, laquelle leur fut accordée «pour toutes fins municipales» le 10 décembre suivant au cours d'une assemblée spéciale du conseil municipal.

Les art. 5 à 12 de la charte se rapportaient au conseil de ville et aux élections municipales. L'article principal de cette série (qui formait le TITRE II de la loi) était l'art. 5, lequel réglait la composition du conseil et la succession des maires et des conseillers. Il se lisait ainsi:

> La corporation sera représentée par un maire et six conseillers élus, le premier pour un an, et les derniers pour trois ans. — Deux des conseillers élus à la première élection ne resteront qu'une année en charge; deux autres sortiront de charge l'année suivante. — Ceux qui sortiront de charge avant l'expiration de leur terme d'office seront désignés au moyen d'un tirage au sort en la manière déterminée par le conseil.

Voyons de quelle manière ces dispositions se transposèrent dans la réalité historique.

Le 7 juin 1893 le conseil municipal tira au sort les noms des deux conseillers appelés à se retirer le 30 du même mois. Le sort tomba sur les conseillers Murray et Marler. Le terme d'office du maire Girouard se terminait aussi le 30 juin. Le 3 juillet (l'art. 10 de la charte exigeait que les élections aient lieu le premier jour juridique de juillet de chaque année) les électeurs élurent par acclamation James B. Allan comme maire et, comme conseillers, Henry E. Murray (réélu) et W. H. Meredith.

Comme James B. Allan était déjà conseiller municipal, on lui trouva un remplaçant en la personne de James A. Gordon, élu le 15 juillet.

Un an plus tard, le 3 juillet 1894, Benjamin Décary fut élu maire, et les deux conseillers nouveaux furent Amédée Roy et Benjamin Lefebvre. Il est jusqu'à un certain point émouvant de lire au bas des procès-verbaux de l'année 1894-95 la signature pénible de ce brave cultivateur devenu le maire de sa municipalité. Benjamin Décary signait «Benj. Décary» en grosses lettres inégales tracées avec application.

Le 2 juillet 1895 on élut Hartland S. MacDougall à la charge de maire et comme conseillers J. Alexander Gordon et Charles Décary, fils de Jean-Baptiste. Le même mois, MacDougall démissionna. Nouvelle élection le 2 août alors que sur proposition de Charles Décary, fils de Jean-Baptiste, de Benjamin Décary et d'autres, on élut comme maire Charles Décary, fils de Gervais. Le nouveau maire signait son nom sans y mettre l'accent aigu, ce qui donnait «Decary» et non «Décary» comme l'écrivent ses descendants.

Le 2 juillet 1896 Robert FitzGibbon devint maire, et les deux conseillers nouveaux furent Henry E. Murray et William F. Torrance.

Le 2 juillet 1897 le nouveau maire fut Dosithée Legault dit Deslauriers, «cultivateur», et les nouveaux conseillers furent Amédée Roy, également «cultivateur», et Georges Tardif.

Quand vint la fin de son terme, soit le 30 juin 1898, le maire Dosithée Legault dit Deslauriers posa un précédent en acceptant d'être réélu lors de l'élection du 2 juillet suivant. C'est alors qu'on vit se retirer de la scène municipale un ouvrier de la première heure, c'est-à-dire Charles Décary, fils de Jean-Baptiste, qui avait siégé au conseil depuis six ans.

Lors de l'élection du 3 juillet 1899 les électeurs mirent en nomination au poste de maire le notaire William deM. Marler et un ancien cultivateur de Dorval devenu «bourgeois» (on dirait aujourd'hui «retraité») Jean-Baptiste Meloche. Quand vint l'élection (le «*poll*» ou même le «pole», comme on lit dans les procès-verbaux) Meloche se désista, respectant ainsi le principe de l'alternance entre les vieilles familles de Dorval et les Anglais de Montréal.

On peut se demander quels sentiments faisait surgir en l'âme des gens de Dorval la fin imminente du XIXe siècle. Ce siècle avait été fertile en événements: la succession des régimes politiques aboutissant à la Confédération de 1867, la confection du cadastre de la paroisse des Saints-Anges de Lachine et l'incorporation du Village de Dorval, pour ne mentionner que ceux-là.

Mais l'avènement du siècle nouveau n'est pas signalé dans les procès-verbaux des assemblées du conseil municipal, lequel poursuivit son train-train mensuel de 1899 à 1900 comme si de rien n'était. On sauta même la réunion de janvier 1900 de sorte que la vie municipale du XXe siècle commença à Dorval le 7 février 1900, date de la première assemblée du conseil cette année-là.

En réalité le siècle nouveau allait amener un changement de garde. Lors de l'élection du 3 juillet 1900 l'un des conseillers élus sera Rémi-Benjamin Décary qu'on désignait communément sous le prénom de «Rémi-B.» afin de bien le distinguer de son père, l'ancien maire Benjamin Décary. Par surcroît de précaution on se mit à appeler ce dernier «Benjamin Décary senior». Lors de l'élection du 9 juillet 1901 on verra un Charles-C. Décary ou Descary faire son entrée au conseil de ville. Il était le fils de l'ancien conseiller Charles Décary, fils de Jean-Baptiste. Le «C» ajouté à son prénom de Charles ne correspondait à aucun nom que l'on sache, n'étant qu'un moyen d'identification.

Jean-Baptiste Meloche fut élu maire par acclamation le 2 juillet 1901. Sous son administration le conseil de ville se composait des citoyens suivants: Robert FitzGibbon, Rémi-B. Décary, E. Kirk Greene, Charles-C. Descary, Alexander W. Morris et Emery de Bellefeuille. On avait donc gardé intacte l'alliance des cultivateurs de Dorval et des «messieurs» de la ville.

Les anciens ne s'étaient pas entièrement retirés toutefois. En 1901 on chargea de l'évaluation municipale les ex-conseillers Benjamin Décary Sr, Benjamin Lefebvre et William deM. Marler.

Le maire Jean-Baptiste Meloche accepta le renouvellement de son mandat lors de l'élection du 5 juillet 1902 en même temps qu'on voyait revenir au conseil Benjamin Lefebvre, ce vétéran de la vie municipale locale. De façon générale on s'était rendu compte que l'assiduité aux affaires de la municipalité était plus grande de la part des gens de Dorval que de la part de leurs concitoyens villégiateurs.

Jean-Baptiste Meloche allait être le dernier maire du Village de Dorval. Mais, cela vint par accident, pour ainsi dire. Le conseil de ville de 1902 envisageait certains changements à la charte de la corporation. Ainsi on voulait abandonner le nom de «Village de Dorval» et s'appeler la «Ville de Dorval». On voulait aussi agrandir le territoire et obtenir de nouveaux pouvoirs administratifs. Le secrétaire-trésorier avait même préparé un projet de loi pour modifier la loi constitutive de 1892. Personne ne parlait d'une loi nouvelle. Or, de Québec vint un avis contraire. Le Comité des ordres permanents de l'Assemblée législative proposa d'abroger la loi de 1892 et de passer une autre loi. C'est ainsi que *subito presto* disparut le Village de Dorval, l'ancêtre de l'actuelle Cité de Dorval. C'est ainsi que par le fait même Jean-Baptiste Meloche fut le dernier maire du Village de Dorval.

Le conseil municipal du Village de Dorval tint sa dernière réunion le 3 juin 1903. Pour en approuver le procès-verbal on ne pouvait pas attendre à la réunion mensuelle suivante puisqu'il n'y aurait pas de réunion suivante. Le maire et les conseillers se réunirent donc une dernière fois juste pour l'approbation du procès-verbal le 26 juin. Pressé ou ému, le secrétaire-trésorier commit une coquille en inscrivant «1902» au lieu de «1903» dans l'ultime procès-verbal des assemblées du conseil municipal du Village de Dorval.

Les procès-verbaux furent toujours écrits à la main dans un gros livre solidement relié, aux pages lignées. En onze ans on utilisa deux de ces cahiers. Les pages du second cahier sont numérotées.

La rédaction des procès-verbaux se fit exclusivement en français, sans manquer, depuis le 15 août 1892 — date de la toute première réunion du conseil municipal — jusqu'au 3 juin 1903 — la dernière —. Cependant, les avis officiels adressés par le secrétaire-trésorier aux conseillers absents d'une réunion et les convoquant à la réunion suivante étaient rédigés dans la langue du destinataire.

Les réunions du conseil se tenaient «à la maison d'école de Dorval», ainsi qu'il est mentionné aux procès-verbaux. On était d'autant moins désireux d'emménager dans un hôtel de ville que les ressources de la corporation étaient faibles. Il n'y avait pas d'employé de bureau permanent. Si d'aventure le conseil n'avait pas accès à la maison d'école, le maire et les conseillers se transportaient chez un particulier. Ainsi, en 1895, un jour que l'on procédait à la désinfection de l'école le conseil siégea chez Charles Décary, fils de Jean-Baptiste; en 1901, un jour que la gardienne de l'école était absente on alla siéger chez l'hôtelier Joseph-H. Descary. Le 19 juin 1896 un particulier du nom de J.-B. Onésime Martin avait bien essayé de vendre un lopin de terre à la municipalité, mais son offre n'eut pas de suite. Le conseil de ville, dont le terme achevait, référa la question à la prochaine administration, laquelle laissa tomber la proposition.

* * *

Le TITRE III de la charte, intitulé HYGIÈNE, SÛRETÉ PUBLIQUE ET TAXES, comptait seulement huit articles, soit les art. 13 à 20. Autant dire que l'administration municipale du temps était ce qu'on peut imaginer de plus rudimentaire.

Histoire de garnir rapidement le trésor public, on commença par imposer aux contribuables une taxe personnelle. Tout citoyen mâle de vingt et un ans et plus fut assujetti à une taxe d'«une piastre». Cela explique que l'un des premiers gestes du conseil municipal de 1892 fut d'instituer un recensement de la population (laquelle, selon le rapport déposé le 7 septembre 1892, s'élevait à 571 habitants).

Quand le rôle d'évaluation de 1894-95 fut établi, on abolit la taxe personnelle et l'on biffa des livres de la corporation les vieux comptes relatifs à des débiteurs décédés ou n'ayant plus leur domicile dans la municipalité. Le 14 novembre 1894 la taxe foncière fut établie à trente-deux cents «par cent piastres».

Le conseil municipal s'attaquait aux divers problèmes de la localité au fur et à mesure qu'ils se présentaient.

De nombreux règlements municipaux furent adoptés. Après les décisions d'ordre fiscal (taxe personnelle, taxe foncière, licences pour les commerces et les clubs) le conseil envisagea la question de la paix publique, celle des chemins et des trottoirs, celle du nettoyage des cours d'eau et des fossés, celle de la vente des boissons alcooliques, celle de la suppression des barrières de péage (barrières qu'on ne parvint pas à éliminer au cours de ces années-là).

Moyennant une réunion mensuelle et un procès-verbal d'une page ou deux, on avait fait le tour de l'horizon. Il y eut très tôt des comités pour l'examen de situations particulières. De toute évidence l'avocat Alphonse Décary, le secrétaire-trésorier de la municipalité, joua un grand rôle dans l'administration du Village de Dorval.

Me Alphonse Décary fut durant toutes ces années (dix années, pour être exact, car il fut nommé au début de la seconde année) la cheville ouvrière de l'administration. Le secrétaire-trésorier fit bénéficier le conseil des ressources cléricales de son bureau d'avocat de Montréal, et à l'occasion il agit comme procureur du Village de Dorval devant les tribunaux.

À la date du 8 octobre 1892 on relève dans le livre des procès-verbaux une résolution voulant «que la montée (du village) soit désormais connue sous son ancien nom d'Avenue Shackell et non celui d'Avenue Dorval». Mais en pratique le conseil fut le premier à ignorer cette décision. Les procès-verbaux subséquents, qu'il s'agisse d'y épandre des «gravois» ou d'y planter des arbres, continueront de faire mention de l'«avenue Dorval».

Les procès-verbaux de 1892 à 1903 ne rendent pas bien compte des changements profonds que subissait le territoire au tournant du siècle. Au conseil municipal ne parvenaient que les échos du village, de ce village qui croissait de façon étonnante, à tel point qu'on pouvait parler d'une ville.

Le destin de la moderne cité de Dorval était amorcé, et l'on pouvait s'attendre pour l'avenir à de grandes transformations.

Chapitre onze

DORVAL À L'AUBE DU XXᵉ SIÈCLE

---

une cité-jardin

Dans la colonne des sports du quotidien montréalais *The Gazette* du 30 mars 1888, un vendredi, dans la section du *Yachting* parut l'avis suivant à l'intention des *Lake St. Louis Yachtmen:*

> *(traduction)* Une réunion des *sailing men* passant l'été à St-Lambert, Lachine, Dorval, Valois, Pointe Claire et Ste-Anne aura lieu aux locaux du M.A.A.A. samedi soir, le 31 courant, à 8 heures p.m., pour envisager l'organisation d'une association de yachtmen, et si possible, d'élire des officiers et d'adopter une constitution. Quiconque s'intéresse à ce sport est invité cordialement.

Un chapitre de l'histoire de Dorval s'ouvrit ce jour-là. Car, de cette convocation allait naître le *St. Lawrence Yacht and Sailing Club* de Dorval. Du même coup Dorval allait bénéficier d'une recrudescence de villégiateurs. Et non seulement cela, mais l'ensemble de son territoire allait désormais former une cité-jardin avec ici une piste de course, là un terrain de golf, ailleurs un *country club,* ailleurs encore un second terrain de golf, sur le rivage du lac St-Louis la marina du yacht-club, plus loin des plages où, l'été, accouraient les citadins.

L'histoire de Dorval présente en effet cette particularité que le passage de son territoire de l'état rural à la condition urbaine connut l'insertion d'une phase intermédiaire. Après que les terres des «habitants» eurent subi de nombreux morcellements au bénéfice des villégiateurs et des nouveaux venus en général, mais avant que ne s'implantât l'embryon de la ville moderne, une sorte de Paradis terrestre s'établit entre la montée de Liesse à l'est et la montée des Sources à l'ouest. Dorval apparaissait comme un parc — l'été à tout le moins — où chacun ne faisait que jouir des sports nautiques, de l'agrément des pelouses et des fleurs, des longues marches sur les *fairways* de golf, des agréables flâneries dans les champs, des courses de chevaux, des soirées paisibles sous la voûte étoilée, des produits frais de la ferme.

Cette période idyllique dura cinquante ans. Elle se prolongea depuis l'année 1888 qui valut à Dorval le *St. Lawrence Yacht Club* jusqu'à la seconde Guerre mondiale. En fait elle dure encore grâce à la permanence du yacht-club et du *country club* (le *Forest and Stream Club*). De nombreux jardins publics, dont l'un en bordure du lac, gardent à la ville de Dorval son allure de cité-jardin et rappellent le temps où en somme elle n'était que cela.

Pour en revenir au *St. Lawrence Yacht Club,* il arriva que la réponse à l'invitation lancée le 30 mars 1888 fut plus fructueuse que prévu. On dut utiliser le gymnase du *Montreal Amateur Athletics Association* (M.A.A.A.) pour contenir tout le monde. La réunion procéda dans l'enthousiasme. Les représentants de Dorval étaient des villégiateurs du nom de Jamieson, Fry et Greene.

On commença par s'entendre sur le territoire maritime du club, à savoir tout le fleuve St-Laurent depuis Kingston en descendant. On forma ensuite un comité en vue d'élaborer une constitution, avec instructions de faire rapport le samedi suivant. Il fut décidé séance tenante que l'association s'appellerait «the St. Lawrence Yacht and Sailing Club». Cela se passait le 31 mars 1888.

Le 7 avril les règlements généraux furent adoptés.

Au cours de cette même réunion il fut décidé à l'unanimité que l'organisation aurait son domicile à Valois, c'est-à-dire là où le yacht-club se trouve présentement. En fait il n'existait pas de municipalité de ce nom, et il n'allait pas en exister par la suite. Valois, ce n'était qu'un lieu, ainsi désigné parce qu'une terre de l'endroit appartenait à une famille Valois. Quant au site précis du yacht-club, il s'agissait de la terre de la famille de Bellefeuille, soit le lot 15 du cadastre.

On élabora aussi le programme de la saison, comptant l'inaugurer dès la fête de la Reine ou, au plus tard, le *Dominion Day* (l'ancêtre de notre actuel Jour du Canada). On fut en mesure d'organiser des régates pour les 23 et 30 juin, 2 et 21 juillet, 18 août et 1er septembre de cette année-là.

Dès les débuts le *St. Lawrence Yacht Club* fut réservé au sport amateur. *The Gazette* du 11 juin 1888, parlant du nouveau club, contenait l'entrefilet suivant:

> *(traduction)* Lors de la dernière réunion du *St. Lawrence Yacht Club,* on a apporté un changement majeur aux règlements de navigation, prohibant désormais la présence de tout marin professionnel à bord d'un yacht prenant part à une compétition. Seuls les membres *bona fide* du club pourront monter à bord. Le sentiment de l'assistance fut très ferme là-dessus, et à l'avenir les amateurs seront opposés les uns aux autres de façon équitable.

Le magazine *The Dominion Illustrated* du 19 juillet 1890 donnait la description des yachts engagés dans les régates de 1888, 1889 et 1890. On y apprend que le grand enjeu de ces régates était le *Commodore's Cup*.

Lors de son installation à Dorval le yacht-club eut comme compagnon un groupement d'une nature assez particulière, hautement sélectif, qui avait élu domicile un peu à l'ouest de l'autre, *The Forest and Stream Club*.

Au moment de sa fondation en 1884 ce *country club* s'était installé au bord de la rivière des Prairies. Son nom un peu bizarre s'explique par le fait que l'endroit choisi était la propriété d'un nommé Frank Stephen. Celui-ci avait fait graver ses initiales sur sa coutellerie d'argent. Comme le club nouvellement formé devait acheter non seulement l'immeuble de Stephen, mais aussi le contenu de la maison, on voulut que les lettres «F.S.» répondent au nom des nouveaux propriétaires. De là cette appellation de «*Forest and Stream Club*». Le tour était joué, et l'on pouvait fièrement exhiber à table des ustensiles d'argent aux initiales du club.

D'une petite brochure publiée lors du centenaire du *Forest and Stream Club* le 1er décembre 1984, nous extrayons le passage suivant:

> *(traduction)* Le club fut formé par M. Stephen et certains *gentlemen* de ses amis le 1er décembre 1884, et il vendit sa propriété et tout son contenu au club. Le nom de *Forest and Stream Club* fut choisi parce que toute sa coutellerie portait les initiales gravées «FS». Le *membership* fut limité à trente, et les membres devaient se rencontrer au *St. James Club* pour se rendre au *Forest and Stream Club,* où bien des événements mémorables eurent lieu. Le club avait pour but l'encouragement à la promenade, au canotage, à la pêche, aux réunions du club de chasse et autres sports, et le maintien d'un lieu à la campagne en vue des réunions sociales.

Au printemps de 1889 le *Forest and Stream Club* transporta ses pénates à Dorval en la propriété qu'il occupe toujours après cent ans.

Nous nous retrouvons ici en terrain connu. Au chapitre consacré à la villégiature nous avons en effet rencontré un villégiateur du nom d'Alfred Brown, qui à l'époque de la confection du cadastre possédait le lot 8 de la paroisse des Saints-Anges de Lachine. Brown l'avait acheté en 1872 d'un

ALBUM

DU

BON VIEUX TEMPS

La plupart des photos anciennes de nos trois albums d'illustrations proviennent de la Société historique de Dorval qui les tient des gens de Dorval à qui revient en définitive le mérite de les avoir conservées. C'est à M. Jean-Louis Rousse, le président de la société, que nous devons de les avoir réunies.

Avenue Dorval avant la Grande Guerre.

Avenue Martin avant la Grande Guerre.

L'église de la Présentation un jour de procession dans les premières années de la paroisse, c'est-à-dire au début du siècle. Les drapeaux alignés le long de l'avenue Décary (de nos jours la Présentation) ne sont pas tous les mêmes: à l'extrême gauche, c'est un drapeau marial; à l'extrême droite, c'est le drapeau papal. À l'époque cette photo avait été mise en carte postale.

Église de la Présentation. Intérieur vers les années 1950.

VOL. I   FÉVRIER 1915   No 2

Bulletin

Paroissial

*" Le bon journal est une
mission continuelle
dans une paroisse."*
LÉON XIII

LA PRÉSENTATION DE LA SAINTE-VIERGE

DORVAL

Pique-nique annuel de Ayers Motor Sale. 1920 environ. Dorval
Jockey Club.

Dorval, Que. Water View at Mrs. Torrance.

Propriété Torrance. À l'arrière-plan, le yacht de Harry Markland Molson l'*Alcyone*. Début du siècle.

Dorval Station 1901, Grand Trunk Railway Company of Canada

La photo ci-dessus et les deux photos de la page suivante ornent la salle de billard du Forest and Stream Club.

1er Propriétaire d'une auto dans Dorval 1920, appartenait a M. S. MacDougall
1st owned car in Dorval 1920, owned by Hartland S. MacDougall

Coin Martin & Lakeshore, Hotel Dorval — Corner Martin & Lakeshore, Hotel Dorval

Thomas Oneson et sa fiancée dans une auto empruntée pour l'occasion. Avant 1912.

LA MAISON DANS LE PRÉ. La maison de la famille Oneson, avenue des Lilas, 17 septembre 1916.

Embarquement pour l'île Dorval. Entre les deux guerres.

Église St. Mark's avant les agrandissements, c'est-à-dire autour de 1950 probablement, à l'occasion d'une cérémonie célébrée à l'extérieur.

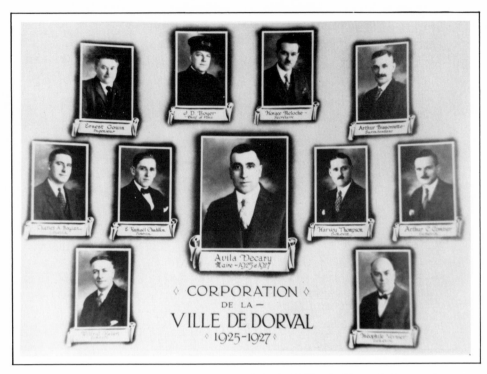

1925-1927: conseil municipal de la Ville de Dorval; le secrétaire de la corporation; le chef de police.

cultivateur du nom de James Smith. (Les cultivateurs de langue anglaise ne furent pas légion en l'île de Montréal. À Dorval, outre James Smith, il y eut un nommé Alexander McMillan qu'on appelait familièrement «Sandy». Il fut inspecteur agraire et de voirie en 1909.) Ce James Smith s'était installé à Dorval en 1872, ayant fait l'acquisition de la ferme de Joseph-Eusèbe et Jean-Baptiste Dubois.

Le long de la Côte de Lachine il n'existe guère d'emplacement comparable à celui d'Alfred Brown. Se terminant en pointe dans le lac St-Louis, il est borné par une petite baie du côté du *St. Lawrence Yacht Club,* et de l'autre côté par l'immense baie Valois. À l'est on aperçoit donc la marina du yacht-club; à l'ouest, au-delà de la baie immense, se profile à l'horizon la pointe de terre dominée par la flèche de l'église de la Pointe Claire. Brown bâtit à cet endroit une maison princière, sorte d'hôtel particulier dont les vastes pièces et le site superbe font l'admiration des visiteurs. Dans un élan de fierté bien légitime Alfred Brown, en qui l'on voit le pionnier des villégiateurs de Dorval, donna à sa propriété le nom de «Bel-Air».

Sans rien dire de mal de la rivière des Prairies, on comprend sans peine qu'en 1889 ces messieurs du *Forest and Stream Club* aient quitté l'ancienne propriété Stephen pour emménager en celle de Brown sur la rive du lac St-Louis. Brown était décédé en 1886. Ses exécuteurs testamentaires gardèrent l'immeuble quelque temps, jusqu'au 15 mai 1889 exactement alors que fut signée la vente en faveur du *Forest and Stream Club.*

On trouve liés à l'histoire du *Forest and Stream Club* des noms qui par ailleurs sont liés à l'histoire de Dorval.

Ainsi son président de 1884, de 1888, de 1903 et de 1904 fut Hartland S. MacDougall, en 1892 l'un des signataires de la pétition demandant l'incorporation du Village de Dorval. On s'explique du même coup le déménagement du club, parti de la rivière des Prairies pour venir au lac St-Louis, puisque MacDougall était de toute évidence tombé en amour avec son patelin de Dorval. MacDougall fut brièvement maire de Dorval en 1895.

Un autre président du *Forest and Stream Club,* en 1902 et en 1907, fut Harry Markland Molson, le premier maire de la Ville de Dorval, en 1903.

James B. Allan, le second maire du Village de Dorval (1893), fut président du *Forest and Stream Club* en 1898.

Le *Forest and Stream Club* fut à Dorval le symbole de l'ère victorienne telle qu'elle se manifesta dans les années qui suivirent sa fondation. Le chauffeur et la limousine de Hartland MacDougall dont la photo décore la salle de billard du *Forest and Stream Club* demeurent la marque par excellence de la haute société montréalaise de ce temps-là.

MacDougall était un homme à la silhouette puissante, et c'est ainsi que les vieux de Dorval se le rappellent. Tout ce qui le touchait était «gros»: *big head, big shoulders, big belly, big business, big car, big yacht, big house, big club.* À quelques variantes près, on peut prêter pareille allure aux L.J. Forget, R.B. Angus, W.H. Meredith, G.W. Hamilton, J.B. Allan, H. Markland Molson et à tous les autres qui prenaient à tour de rôle la tête du *Forest and Stream Club.*

On aperçoit aussi sur les murs du *clubhouse* du *Forest and Stream Club* une photo du *Hunt Club* de Montréal dont le *clubhouse* se dressait quelque part le long du chemin de la Côte des Neiges. Cela nous crée un certain choc. Pouvait-on vraiment s'adonner au sport de la chasse en pleine île de Montréal au tournant du siècle? Eh bien! oui, l'on pouvait. Comme au temps des Français et comme au temps des Anglais de la conquête.

Cela nous est raconté de façon charmante par Edward Andrew Collard dans le numéro du samedi 28 août 1987 du quotidien *The Gazette*. Nous ne pouvons résister au plaisir de reproduire une partie de son récit. Voici:

> *(traduction)* Pour la chasse au renard aucune partie de l'île ne tint bon aussi longtemps que le *lakeshore,* ou *West Island,* à Dorval. On le désignait au *Montreal Hunt Club* comme *«the old happy ground»*. — À l'occasion le *Forest and Stream Club,* en sa propriété de Dorval, servait de lieu de rencontre, où l'on servait le déjeûner de chasse. Un train du GTR venait de la gare Bonaventure, emmenant à Dorval les membres du club dans un *coach* et les chevaux et la meute dans plusieurs wagons.

Le nom de «Bel-Air» fut donné à une piste de course aménagée à Dorval vers ce temps-là. On la devait probablement à cet Alfred Brown dont l'emplacement se situait sur la terre du fermier Smith. La piste de course se trouvait du côté nord de la route de la Pointe Claire, sur la terre de Smith justement. (Les Anglais parlaient volontiers du «Queen's Highway», mais on ne trouve jamais l'équivalent du côté canadien français. Les anciens documents ne mentionnent toujours que le «chemin de la Pointe Claire» ou le «chemin de la compagnie de péage».) Le *Bel Air Jockey Club* fut l'ancêtre en quelque sorte du *Dorval Jockey Club,* situé plus au nord et appelé à disparaître lors de la construction de l'aéroport de Dorval.

Ces trois organisations sportives, le *St. Lawrence Yacht and Sailing Club,* le *Forest and Stream Club* et le *Bel Air Jockey Club* furent les premiers requérants de licences dans le Village de Dorval. Le conseil municipal détenait en effet le pouvoir de réglementer le commerce des boissons enivrantes sur son territoire. L'art. 20 de la charte lui confiait le contrôle de la «vente de toutes liqueurs spiritueuses, alcooliques ou enivrantes dans les limites du village». Les trois noms reviendront périodiquement dans les procès-verbaux du conseil de ville, et cela continuera sous le régime de la Ville de Dorval à partir de 1903.

Les choses allaient toujours sans problème quant au yacht-club et au *country club*. Quand le conseil de ville en venait au *Jockey Club,* c'était chaque fois des discussions à n'en plus finir. Cela venait de ce que le *Jockey Club* ne connaissait que des manifestations sporadiques. D'autre part, quand il y avait des courses, toutes sortes de gens faisaient soudain irruption dans Dorval. D'un côté, l'organisation s'objectait à payer la taxe ou licence que lui réclamait la municipalité, et de l'autre côté celle-ci faisait grief au club des soucis qu'il lui causait.

Le 7 octobre 1896 le conseil de ville dut adopter un règlement spécial concernant le club en question. En voici le premier «attendu»:

> Attendu que par suite des courses qui ont eu lieu cet été au champ de course du *Bel Air Jockey Club* à Dorval, la municipalité a été obligée de faire des dépenses extraordinaires pour assurer la paix et la sécurité publique, qui était menacée par le rassemblement considérable d'étrangers sur ledit champ ...

Par la suite on dut engager des constables à l'occasion des courses. Le 1er octobre 1900 le conseil de ville enverra un compte au club à ce sujet. Le 6 août 1902 on apprend que «durant l'année commencée le 1er juillet dernier, le *Bel Air Jockey Club* n'a donné qu'une seule journée de course et aussi que ce club a jusqu'à présent prêté gratuitement son terrain pour les expositions agricoles du comté de Jacques-Cartier ...» et que, pour ces raisons, il paiera en taxes la somme de $25. au lieu de $50.

En 1904 le *Bel Air Jockey Club* ne tint qu'une journée de courses, puis il en vint bientôt à disparaître, absorbé, semble-t-il, par la compagnie *Dorval Park and Amusement Co.* En mars 1916, lors de la présentation des demandes de certificat pour la vente des boissons enivrantes, il n'est plus question ni de l'un ni de l'autre. Les seules organisations qui réclament ce privilège sont le *St. Lawrence Yacht Club,* le *Forest and Stream Club* et le *Royal Montreal Golf Club.*

On découvre ici qu'une nouvelle organisation sportive s'était jointe aux clubs de Dorval. Après un yacht-club et un *country club,* voici que Dorval avait attiré sur son territoire un club de golf, et non le moindre.

Pour quelles raisons le *Montreal Golf Club* (devenu le «*Royal*» *Montreal Golf Club* par la permission spéciale de Sa Majesté la Reine Victoria) avait-il délaissé les pentes du mont Royal, plus précisément le *Fletcher's Field,* pour étendre ses pelouses et planter ses petits drapeaux à Dorval?

La réponse, c'est que la population croissante de l'est de Montréal en quête d'espace libre envahissait le *Fletcher's Field.* Les golfeurs ne s'y sentaient plus chez eux. Les autorités municipales leur offrirent alors le sommet de la montagne, mais la direction du club jugea ce site tout à fait inapproprié. En revanche, le long de la voie ferrée du CPR, à dix milles exactement de la gare Bonaventure (tout près de la gare centrale actuelle), quelques membres avaient découvert une ferme que traversait un petit cours d'eau et que son propriétaire était disposé à vendre. Grâce à ses méandres, le petit cours d'eau allait permettre d'aménager un parcours de golf de quelque difficulté (étant bien reconnu qu'on n'éprouve guère de plaisir à pousser seulement sa balle devant soi dans un grand champ) alors que par ailleurs le train laisserait les golfeurs au lieu même de leur sport favori, et cela dix minutes après le départ de la gare.

On opta donc pour Dixie, dans l'est de Dorval, où le club fit l'acquisition de la terre des Meloche.

Nous avons déjà croisé les Meloche dans notre chapitre sur L'AFFAIRE MELOCHE, dans lequel il est question des îles de Dorval. Cette fois, nous restons sur la terre ferme. En 1896 Jean-Baptiste Meloche III vendit ses cent trente arpents de terre au *Royal Montreal Golf Club,* et les quelque $18,200. qu'il toucha s'ajoutèrent dans le patrimoine familial aux $4,000. que Jean-Baptiste Meloche II avait touchés des mains de Sir George Simpson en 1854 lors de la vente des îles.

The Royal Montreal Golf Club se donnait comme «*the oldest golfing association on this continent*». Ayant débuté à Montréal en 1873, il allait demeurer à Dixie soixante-deux ans, soit de 1896 à 1958.

Chacun des dix-huit *fairways* portait son propre nom, généralement inspiré de données géographiques, parfois assaisonné d'une saveur poétique, par exemple: *Lower Brook, Upper Brook, Elm Tree, Meadow* ... L'un s'appelait le «Quesnel», du nom du fermier qui avait vendu un lopin de terre au club pour lui permettre de s'agrandir. Au bénéfice des initiés, précisons que le parcours faisait 5665 *yards*.

Mais, pourquoi le *Royal Montreal Golf Club* en vint-il à délaisser Dorval?

La raison en est que ses dix-huit *fairways* ne suffisaient plus à la demande. Car, de la ville on venait désormais en auto. En outre, le chemin de fer si utile au début apparut bientôt comme une nuisance. Passe encore pour la voie du CPR qui bornait le terrain au nord, mais songez que le tronçon de voie ferrée du GTR venant de Lachine traversait effrontément l'ancienne terre des Meloche. Les golfeurs se voyaient donc aspergés de suie et subissaient les pouf! pouf! des locomotives. Aux évocations poétiques du parcours, à la vue enchanteresse du lac St-Louis, à l'allure pittoresque de l'antique maison des Meloche (dont J.-B. III s'était réservé la propriété) s'opposaient les inconvénients de la circulation des trains, pour ne rien dire de la promiscuité de la ville naissante tout alentour.

Depuis maintenant trente ans — nous sommes en 1989 — le *clubhouse* du *Royal Montreal Golf Club* sert de maison d'enseignement. Diverses adaptations et améliorations en ont fait un édifice affecté à sa vocation nouvelle de collège. Par ailleurs toute trace de son passé n'a pas disparu.

De la large véranda donnant du côté du lac St-Louis le regard porte sur une étendue de terrain qui n'a pas entièrement perdu l'allure de sa précédente utilisation. Les *fairways* de jadis servent aujourd'hui de cour de récréation aux jeunes filles du collège *Queen of Angels,* mais on n'a pas besoin d'un grand effort d'imagination pour reconstituer les scènes sportives de jadis.

Précisons que la cour de récréation dont nous parlons est loin de correspondre à tout le terrain autrefois mis à la disposition des golfeurs. Au lieu que l'espace libre s'étende jusqu'au chemin *Lakeshore* — l'antique chemin de la Pointe Claire — comme autrefois, il s'arrête maintenant aux maisons surgies du lotissement effectué au niveau nord du chemin.

À l'intérieur de l'ancien *clubhouse,* les traces du passé survivent.

Ainsi, le hall d'entrée a conservé son caractère impressionnant du temps où d'importants messieurs venaient à leur club en limousine avec chauffeur en livrée. On a envie de prendre pour des trophées de golf les coupes d'argent disposées ici et là. Ces trophées, qui ornent les murs, portent désormais les noms d'élèves méritantes et non pas les noms de golfeurs à très bas handicap.

L'ancien bar, quant à lui, sert maintenant de chapelle. Comme l'architecte avait fait de cette salle l'objet de ses prédilections, il lui avait dessiné un plafond en arc surbaissé, et il en avait recouvert les murs de panneaux de noyer. Les boiseries n'assombrissaient pas les lieux outre mesure en raison de l'abondante lumière qu'y déversaient les fenêtres. Mais, la salle n'en conservait pas moins l'air un peu caverneux volontiers associé à la notion de bar. Après la conversion en chapelle, les mêmes boiseries conservent à la salle l'air de mystère qui sied à la présence du saint Sacrement. Aux murs apparaissent encore les boutons qui servaient à appeler le *barman*.

Trente ans après l'installation à Dixie du *Royal Montreal Golf Club* un second club de golf fit son apparition à Dorval, à l'ouest de l'avenue Dorval cette fois. Il s'agissait de l'*Elm Ridge Country Club* où dominaient les éléments de la communauté juive de Montréal.

L'*Elm Ridge Country Club*, malgré sa présence relativement courte à Dorval (1925-1960), y a joué un rôle considérable. Car, il a sauvegardé pour la postérité une immense clairière dans le tissu urbain. Quand l'*Elm Ridge Country Club* dut à son tour émigrer en des lieux plus conformes au concept du golf, les autorités municipales s'empressèrent de récupérer ses pelouses et son *clubhouse*. S'il existe aujourd'hui un *Centre communautaire Sarto Desnoyers* (du nom du maire de l'époque) et, l'entourant, un parc magnifique pourvu d'aménagements récréatifs et sportifs, c'est à l'ancien club de golf *Elm Ridge* que la population de Dorval le doit.

Les courses de chevaux n'avaient pas disparu malgré qu'on n'en tînt plus à Bel-Air. Au printemps de 1913 un nouveau rond de course avait été aménagé au nord de la voie ferrée du CPR. L'organisation qui en avait pris l'initiative, la *Dorval Park and Amusement Co.*, lui donna le nom de «*Dorval Jockey Club*». Comme on l'a dit plus haut, le *Jockey Club* disparaîtra au profit de l'aéroport de Dorval au début de la seconde Guerre mondiale.

Voici en quels termes un ancien conseiller municipal de Dorval du nom de C.A. Boylan (une rue de la ville porte son nom), en 1988 âgé de quatre-vingt-douze ans, évoque la vie à Dorval au début du XXe siècle:

(traduction) Quand je bâtis ma maison d'été sur la rue St-Louis, à Dorval, en 1926, il n'y avait ni trottoirs, ni aqueduc, ni égoût, et pas de lumière dans les rues, et je devais payer loyer pour les nombreux poteaux de téléphone vers le *Lakeshore Road* de façon à jouir du téléphone installé dans ma maison. — En ce temps-là la construction de maisons procédait de façon bien modérée. On comptait seulement trois maisons sur la rue St-Louis: la mienne, celle de la famille Turcot, des cultivateurs, mes voisins, et une autre maison du côté du *Lakeshore*. On comptait deux maisons sur l'avenue Clément, quatre sur le boulevard *Pine Beach*. — L'hiver on ne jouissait pas de l'enlèvement de la neige; dans les avenues secondaires la Corporation ne faisait que rouler la neige, si bien qu'au printemps on y trouvait une accumulation de neige et de glace d'environ quatre pieds. — Au pied de l'avenue le lac St-Louis formait une bien jolie baie, où un grand nombre de Montréalais venaient se baigner et nager et se détendre. Il y avait aussi un *boat house* bâti dans le lac, dont le plancher supérieur servait d'estrade pour la fanfare, le plancher inférieur servant à loger les embarcations. — Je représentai le quartier Strathmore où se trouvaient plusieurs fort belles maisons. — Je me rappelle le Forest and Stream Club, le Royal St. Lawrence Yacht Club, l'Elm Ridge Country Club, le Dorval Jockey Club, la superbe maison de la famille Cowan. — Parmi les conseillers du temps, je me rappelle M. Avila Décary le maire, M. Horace Meloche, le secrétaire-trésorier. Je fus nommé assistant de M. Meloche, spécialement dans le but de retracer les *taxpayers* délinquants et les collecter. Je me rappelle M. et Mme Lecours, le chauffeur de taxi, M. et Mme McGee du Forest & Stream Club. — Là où nous vivions on était relativement isolé du centre de la ville en raison du club de golf, aucune rue ne le traversant. — Le gros de la population se trouvait le long de l'avenue de la gare et vers le bas.

Les grandes organisations sportives dont nous venons de parler et le «village» ne sont pas à confondre. Ils formaient deux groupes distincts se mêlant peu l'un à l'autre, sauf quant aux menus emplois que les gens du village trouvaient dans les clubs.

Le «village» menait bon an mal an son existence lente et paisible de communauté rurale, comme des dizaines et des dizaines d'autres villages de la vallée du St-Laurent.

À l'origine de tout, on trouve la toute petite école que les anciens de Dorval se rappellent et dont ils vous indiquent le site avec précision. Elle se dressait au niveau sud du grand chemin, à cent pas à l'ouest de l'avenue Martin. Le propriétaire de la maison présentement érigée à cet endroit conserve fidèlement parmi ses titres de propriété l'acte de vente du 15 octobre 1914 par lequel les *Commissaires d'Écoles de la municipalité scolaire de la Présentation de la Ste-Vierge* se départirent de leur emplacement et de l'école «dessus construite» au bénéfice d'une famille du village.

La lecture de cet acte nous apprend que c'était le 22 septembre 1844 que les Commissaires d'Écoles de la municipalité scolaire de la paroisse des Saints-Anges de Lachine avaient fait l'acquisition de cet emplacement, provenant de la famille Picard (lot 869 du cadastre).

Voilà vraiment une date historique, s'il en est une. Plus de quarante ans avant l'incorporation du Village de Dorval, plus de quarante-cinq ans avant la fondation de la paroisse de la Présentation de Dorval, un corps public jette l'oeil sur les confins de la paroisse de Lachine, du côté de la Pointe Claire, et décide d'y construire une école au bénéfice des familles de cultivateurs de l'endroit. Ce 22 septembre 1844 reste le premier jalon de l'histoire de Dorval au XIXe siècle.

L'école précéda de quarante-sept ans l'église. Car, ce ne sera pas avant le premier février 1895 que sera promulgué le décret canonique créant la paroisse de la Présentation.

Le décret précise que la paroisse sera placée «sous l'invocation de la Présentation de la Sainte Vierge (fête le 21 novembre)». Pour ce qui est du nom cependant, il semble suffisant de parler de «la Présentation». Le premier curé signait «Ch. Joubert, curé de la Présentation de Dorval», reprenant les termes que le chancelier de l'archidiocèse avait inscrits en tête de son décret.

Les chroniques du temps font allusion à une chapelle, que certains croient avoir été construite postérieurement au premier février 1895. Mais, on voit mal comment les paroissiens appelés à faire les frais d'une église se soient d'abord attardés à la construction d'une chapelle. Il est plus vraisemblable que la chapelle ait existé depuis un certain nombre d'années. Autrement, les familles du village vivant à mi-chemin entre les lointaines églises de Lachine, à l'est, et de la Pointe Claire, à l'ouest, se seraient vues pratiquement privées de la messe du dimanche et des sacrements. Il n'était guère dans les habitudes du clergé d'abandonner à leur sort les familles trop éloignées de l'église pour la fréquenter.

De toute façon, l'hésitation n'est guère possible dans le cas présent. Le décret du premier février 1895 allègue en effet que les avis réglementaires furent affichés «à l'issue du service divin ... à la porte de la chapelle de Dorval». Donc, la chapelle est antérieure à la fondation de la paroisse.

Le territoire de la paroisse de la Présentation, s'il incluait le Village de Dorval, le dépassait de beaucoup. On aurait une bonne idée de ce territoire en plaçant l'église de la Présentation au milieu d'un vaste cercle dont la circonférence partirait de la montée des Sources pour grimper vers le nord, absorbant une partie de la Pointe Claire et de la Côte de Liesse, et toucher la rive du lac St-Louis quelque peu à l'est de la montée de Liesse.

La fondation de la paroisse de la Présentation coïncida avec la formation de la municipalité de la paroisse de la Présentation de la Ste-Vierge.

En 1954 le nom de la municipalité de la paroisse de la Présentation de la Ste-Vierge fut changé en celui de la «municipalité de la paroisse de la Côte de Liesse». Cette corporation disparut en 1958, et son territoire fut alloué en partie à Lachine et en partie à Dorval. Tant et si bien que désormais seule la paroisse de la Présentation garde son actualité à ce beau nom qui nous rappelle l'histoire primitive de la rive montréalaise du lac St-Louis.

À partir de 1895 le développement de la paroisse va suivre le cours traditionnel. Les prêtres de la Communauté de Marie, fils de saint Grignon de Montfort (et pour cette raison appelés «Montfortains»), avaient acquis en 1894 l'emplacement de l'actuel presbytère. Ils purent donc superviser la construction de l'église paroissiale, qui fut ouverte au culte en 1900. En 1912 des religieuses de la Communauté des Filles de la Sagesse vinrent prendre charge de l'école des filles. En 1918 des frères enseignants, les Frères Maristes, prirent charge de l'école des garçons. Tel fut, pendant une bonne cinquantaine d'années, l'encadrement religieux et scolaire des familles catholiques de Dorval.

De leur côté les Anglicans avaient une histoire, laquelle remontait à 1898.

C'est en juin de cette année-là qu'une minuscule congrégation d'une quinzaine de fidèles inaugurait *St. Mark's Chapel,* une toute petite église plantée en plein champ, si jolie qu'elle attirait l'attention de bien des peintres du dimanche. On les vit plus d'une fois, ces artistes amateurs, côte à côte postés avec leur chevalet à une courte distance de *St. Mark's,* du côté où le soleil dorait les pierres du mur latéral et faisait briller dans l'azur le clocher trapu et ses abat-son de bois.

La chapelle St. Mark's, devenue en 1955 *St. Mark's Church,* contient le portrait, peint à l'huile, d'un homme qui n'est point un saint de l'Église, mais qui mérite de voir son souvenir honoré en ses murs. Cet homme, c'est H. Markland Molson.

H. Markland Molson était un curieux amalgame de sportif et de dévôt. Le Jour du Seigneur il lui répugnait de se précipiter dans le yacht luxueux qui l'attendait à la marina du yacht-club et de gagner le large sans avoir rempli ses devoirs de chrétien. Cette chapelle, qu'il ne fréquenta peut-être pas beaucoup, lui donnait bonne conscience. On n'en sait guère plus sinon que *St. Mark's* naquit de son zèle et de sa générosité.

* * *

C'est à peu près tout.

Au tournant du siècle, à Dorval, il y avait en somme assez peu pour l'histoire. Mais, il y avait beaucoup pour la vie heureuse des deux groupes juxtaposés qui se partageaient son territoire, son rivage attirant et sa terre généreuse.

Le premier groupe, c'étaient les familles des cultivateurs vivant de la tradition héritée des ancêtres, éveillés maintenant à la vie du monde moderne, à la magie de l'argent, à l'utilité de l'instruction comme porte d'entrée du succès; élevés dans le respect de la religion et l'observance des fêtes religieuses; honorant le dimanche en s'abstenant des oeuvres serviles; célébrant la Noël, le jour de l'An, les Rois, la Chandeleur, les Rameaux, Pâques, la Pentecôte et l'Immaculée-Conception; faisant résonner les cloches du baptême; marchant au catéchisme; suivant la procession du saint Sacrement sur les chemins de terre le dimanche de la Fête-Dieu.

Le second groupe, c'étaient les villégiateurs et les sportifs, les uns se confondant le plus souvent avec les autres, partisans et propagandistes d'un mode de vie assez peu compatible avec les traditions des pionniers, qu'il s'agît des Français ou des Anglais.

Ces premières années du siècle, le XXᵉ, à Dorval, appelons-les «les années heureuses» — «*the happy years*».

Chapitre douze

LA VILLE DE DORVAL

**le progrès
dans l'harmonie**

Dorval Municipal Election

FEBRUARY 1st, 1933,

Seat No. 1, East Ward.

POLL WILL BE SITUATED AT

No. 31 Martin Street

Open from 7 a.m. to 5 p.m.

Your vote is respectfully solicited
in favor of

Ald. Thos. Oneson

For Alderman

For information please call:
Dorval Telephone, Lach. 239 j
Montreal   "   FItzroy 5268.

(VERSO)

Le 27 mars 1903 l'Assemblée législative de Québec adopta la Loi 3 Édouard VII créant la Ville de Dorval.

Le Village de Dorval de 1892 disparut du même coup et entra pour toujours dans ce passé révolu qu'on appelle l'«histoire». Entre temps l'Empire britannique avait changé de souverain. En 1901, à la suite du décès de sa mère la reine Victoria, le prince de Galles que Sir George Simpson avait reçu avec faste en l'île Dorval en 1860 avait enfin accédé au trône d'Angleterre et pris le nom d'Édouard VII.

Grâce à la loi de 1903 Dorval avait passablement arrondi son territoire. À l'ouest la ville partait désormais de la montée des Sources. Son tout premier bien-fonds de ce côté était désormais la terre numéro 1 du cadastre. C'était là un changement pleinement justifié. On s'étonne en effet que les lots 1, 2, 3, 4, 5 et 6 du cadastre, relevant jadis de la Municipalité de la Paroisse des Saints-Anges de Lachine et depuis 1895 de la Municipalité de la Paroisse de la Présentation de la Ste-Vierge, soient demeurés en sandwich entre la Pointe Claire et Dorval. La même logique aurait commandé que, du côté de Lachine, le territoire atteigne la montée de Liesse (aujourd'hui la 55e Avenue) dans la mesure où cette montée formait une limite géographique tout indiquée. Mais, on ne poussa pas la logique jusque-là. On garda comme limite de ce côté la terre de Benjamin Lefebvre que Dorval avait annexée en 1893 à la demande de son propriétaire. En revanche, la loi de 1903 valut à Dorval les lots du chemin de fer qui bornaient son ancien territoire au nord de même qu'une portion du territoire de la Municipalité de la Paroisse de la Présentation de la Ste-Vierge, soit le triangle qui s'étendait de la voie ferrée du Pacifique Canadien jusqu'au chemin de la Côte de Liesse.

Pour ce qui est des pouvoirs accrus de taxation et d'emprunt accordés par la loi de 1903, il n'y avait là qu'une évolution normale. Normale aussi était l'extension du terme d'office du maire porté à deux ans, et de celui des conseillers porté à trois ans. Les précédents termes d'un an et de deux ans étaient décidément trop courts pour permettre au maire et aux conseillers de mettre leur expérience au service de la population.

Histoire de rappeler à la postérité les pionniers de Dorval, voici les noms des propriétaires fonciers réunis à l'école de Dorval le jeudi 2 juillet 1903 en vue de l'élection du premier maire et du premier conseil de la Ville de Dorval. Selon le procès-verbal de cette assemblée, les électeurs présents auraient été au nombre de dix. Il est tout à fait possible qu'ils n'aient pas dépassé ce nombre. Il s'agit de

> Benjamin Décary Jr, cultivateur
> Rémi-B. Décary, cultivateur
> Charles-C. Décary, cultivateur
> C.A. Boyle, journalier
> Thomas McHugh, jardinier
> Hormisdas Massie, maçon
> Joseph Lefebvre, jardinier
> Léandre Allard, journalier
> Francis Massue, menuisier
> Damase Boyer, jardinier.

Les bulletins de mise en nomination ne se limitaient pas à cette poignée de citoyens. Ainsi le bulletin proposant

Harry Markland Molson à la fonction de maire ne portait pas moins de quatorze signatures, soit celles de

Alex. F. Riddell
M.O. Morris
J.A. Greene
William deM. Marler
Chs-C. Décary
S. Carsley
J. Alex. Gordon
Geo. R. Marler
E.R.D. Applegarth
Alex. Patterson
R.-B. Décary
Arthur Hamilton
J.N. McIntyre
Benj. Décary Sr.

Voici le rapport officiel du président de l'élection, en l'occurrence le secrétaire-trésorier de la corporation:

Advenant onze heures de l'avant-midi, vu qu'il n'y a pas d'autres propositions devant le président que celles susmentionnées, le président d'assemblée déclare élu par acclamation maire de la Ville de Dorval Monsieur H. Markland Molson, bourgeois, de la Ville de Dorval. Comme il y a neuf mis en nomination pour la charge de conseiller et qu'il n'y a que six sièges à remplir, le président déclare que le neuvième jour de juillet 1903, de 9 heures de l'avant-midi à 5 heures de l'après-midi, il tiendra un pole à la maison d'école de Dorval pour prendre les votes des personnes qualifiées à voter à cette élection en faveur des candidats ci-haut mentionnés. Puis l'assemblée se termine.

Le résultat de l'élection du 9 juillet fut le suivant:

60 voix: Avila Legault
50 voix: Alexander F. Riddell
50 voix: William Strachan

47 voix: Charles-C. Décary
46 voix: Rémi-B. Décary
45 voix: Edmond Picard
39 voix: Benjamin Lafleur
35 voix: Alphonse Bénard
32 voix: Alfred-Uldéric Loiseau.

Legault, Riddell, Strachan, les deux Décary et Picard furent donc les premiers conseillers municipaux de la Ville de Dorval.

* * *

Voici un membre de l'illustre famille des Molson à la tête de l'administration municipale de Dorval. Pendant deux ans, un banquier habitué aux opulentes salles de la Banque de Montréal, de la *City and District Savings Bank* et de la Banque Molson de même qu'à la compagnie des barons de la finance et de l'industrie siégera en la «maison d'école» de Dorval, tout juste assez grande pour loger une institutrice et un petit contingent d'élèves, et il aura de braves cultivateurs comme collègues.

Dans son rapport le président d'élection feignit d'ignorer que H. Markland était banquier de profession, avec domicile à Montréal. Comme nous venons de le voir, il le désigna seulement comme «bourgeois». Naturellement il ne pouvait décemment écrire «M. H. Markland Molson, banquier, de la Ville de Montréal» puisqu'il s'agissait du maire de Dorval, ni «M. H. Markland Molson, banquier, de la Ville de Dorval» puisqu'il n'y avait à Dorval ni banque ni succursale de banque. En l'occurrence le titre plutôt vague de «bourgeois» fit grandement l'affaire.

Le prénom de «Markland» que portait le nouveau maire ne laisse pas de nous intriguer. Son emploi était assez récent chez les Molson. Le premier à le porter fut le propre père du maire, c'est-à-dire William Markland Molson, qui était le fils de Thomas Molson, lui-même le fils du fondateur de la dynastie canadienne John Molson (qu'on en vint à appeler le «vieux John» par opposition à son fils du même nom).

Markland, c'était en réalité un nom de famille, celui de l'hon. G.H. Markland, de Kingston, Ont., qui fut membre du gouvernement du Haut-Canada. Ce Markland était une relation d'affaires des Molson. Avec le temps des liens d'amitié s'étaient noués entre lui et Thomas Molson, celui-ci s'étant établi à Kingston au cours des années 1830. D'où le prénom de «Markland» donné à l'un des fils de Thomas Molson.

La branche des Thomas Molson, puis William Markland Molson et, enfin, Harry Markland Molson n'était pas la plus influente de cette grande famille. Elle devait d'ailleurs s'éteindre avec H. Markland, fils unique de William et qui ne se maria pas. William paraît avoir été un sujet bizarre, habité qu'il était de l'esprit d'aventure. À la fin du siècle on le trouve en Orégon, vivant assez chichement. Son fils H. Markland, resté à Montréal, était un simple employé de la Banque Molson.

Or, le 28 mai 1897 survint chez les Molson un décès qui allait chambarder — pour le mieux — la vie de Harry Markland. Ce jour-là mourut John Henry Robinson Molson (que tout le monde appelait «John H.R.») laissant une fortune considérable.

John H.R. était le propre frère de William Markland, mais contrairement à ce dernier il avait fort bien réussi sa vie d'homme d'affaires. Il avait mené de front deux carrières à vrai dire, celle de brasseur et celle de banquier. À ses intérêts dans la Brasserie Molson s'ajoutaient ses intérêts dans la Banque Molson dont il devint éventuellement le président. C'est à la banque qu'il fit plus ample connaissance de son neveu Harry Markland dont la perspicacité en affaires l'impressionna grandement. Comme il n'avait pas d'enfant, il en vint à considérer son neveu comme son fils.

C'est ainsi que le décès de John H.R. valut à son neveu H. Markland un héritage composé de cent mille dollars en argent liquide, une raffinerie, une tonnellerie, cent actions de la *City and District Savings Bank* et trois cents actions de la Banque Molson dans «l'espoir, disait le testament, qu'il puisse devenir membre du conseil d'administration de la banque».

Si la mort de John H.R. fut un choc pour les Molson, car c'était un homme remarquable, universellement respecté, elle fut en même temps un événement heureux pour H. Markland, alors âgé de quarante et un ans. Celui-ci se retira aussitôt de la Banque Molson en tant qu'employé, mais on le convia sans retard à siéger au conseil d'administration.

Comme H. Markland était un mordu de la navigation à voile, il se procura un yacht à son goût, l'*Alcyone,* un luxueux bâtiment de quelque soixante-quinze pieds de longueur, pourvu d'un moteur à vapeur. Il acheta une villa à Dorval, voisine du *Royal St. Lawrence Yacht Club.* C'est ainsi qu'il devint citoyen de Dorval.

Après quinze ans de vie facile H. Markland Molson connut une fin tragique. Il mourut dans le naufrage du *Titanic* dans la nuit du 14 avril 1912. *Gentleman* et stoïque, il renonça à descendre dans une embarcation de sauvetage, car il n'y avait pas de place pour tout le monde. Le matin, très tôt, le *Titanic,* s'engouffra dans les profondeurs de l'Atlantique avec mille cinq cent treize passagers, dont l'ancien maire de Dorval.

Un fils d'une famille de Dorval, les Davidson, avait également péri dans le naufrage du *Titanic.*

Le 16 avril le conseil de ville de Dorval adopta la résolution suivante:

...Sur proposition de l'échevin Rémi-B. Décary, secondé par l'échevin Joseph Leroux, la résolution suivante a été adoptée et ordre est donné d'en faire parvenir des copies aux membres des familles Molson et Davidson, savoir: to present its sincere condolences and deep sympathies to the families of H. Markland Molson, Esq., and Thornton Davidson, Esq., whose unfortunate deaths this Council has learned with profound regret. In the person of H. Markland Molson, Esq., this town loses one of its eminent citizens who has been for many years one of his Councillors and Mayor, and in such capacities has rendered valuable services to the community. In the person of Thornton Davidson, Esq., the citizens of the town of Dorval have lost a promising young man who has always lived with them, and conquered the estime *(sic)* of all.

* * *

Les peuples heureux n'ont pas d'histoire, dit-on. Cet adage s'applique parfaitement à cette belle localité de l'île de Montréal qui a nom «Dorval».

D'année en année le conseil de ville formait à même ses membres un comité des chemins, un comité de la santé, un comité des finances. En dehors de ses membres il nommait des évaluateurs des biens-fonds, un inspecteur de voirie et inspecteur agraire, un constable. De réunion en réunion le maire et les conseillers s'arrêtaient aux problèmes surgis ici et là sur le territoire de la municipalité, et l'on délibérait sur la réponse à donner aux propositions de certains administrés. Peu à peu le progrès technique s'implantait à Dorval comme ailleurs: l'électricité, les tramways, le téléphone, les systèmes d'aqueduc et d'égoût, tout cela prenait place timidement.

Le premier citoyen à soulever la question d'un aqueduc fut le marchand de bois et de charbon Jos.-C. Descary qui le 31 août 1903 présenta à la Ville un projet complet à ce sujet. Le conseil de ville vint bien près d'accepter sa proposition. Puis les procédures dilatoires se multiplièrent. On ne cessait de remettre d'une réunion à l'autre l'adoption du règlement requis pour permettre à Descary d'aller de l'avant. Les choses traînèrent indéfiniment en longueur, si bien que le projet fut abandonné. Il fallut attendre le maire W.A.C. Hamilton (1911-1913) pour voir la municipalité prendre elle-même l'initiative de construire un aqueduc.

À cette réalisation le maire Hamilton dut consacrer beaucoup d'efforts et de temps, à preuve un témoignage d'appréciation qui lui fut rendu à la fin de son terme. Les conseillers, généralement avares de remerciements, tinrent à souligner son zèle et son savoir-faire. Voici la résolution que contient à ce sujet le procès-verbal de la réunion du conseil tenue le 24 janvier 1913 «en la salle Tardif»:

> ... Et après que les échevins présents eussent tour à tour adressé la parole, sur proposition de Rémi B. Décary, secondé par Monsieur l'échevin Joseph C. Descary, il est unanimement résolu que ce Conseil offre ses remerciements à Monsieur W.A.C. Hamilton pour le travail qu'il s'est imposé pour le bien-être de la Ville durant son terme d'office.

* * *

Par contraste avec les années '80 actuelles, alors que le budget de la Ville de Dorval s'établit par millions de dollars allant de pair avec une évaluation foncière de l'ordre de centaines de millions de dollars, voici le budget de l'année 1907-08:

dépenses:

dix toises de pierre grise ave Dorval	150.00
dix toises de pierre bleue	
ave St-Charles et ave de l'Église	100.00
bois pour trottoir ave St-Charles	400.00
pour réparation aux trottoirs	420.00

Philéas Quesnel — salaire	420.00
secrétaire-trésorier	200.00
contingent	250.00
total	1940.00

recettes:

argent en banque	533.70
taxes d'affaires et licences	272.50
arrérages de taxes	249.42
total	1055.62

surplus:
total des biens imposables: 200,245.89
  à 50 ¢ par $100. =   1001.23

Vingt ans plus tard les chiffres auront passablement grimpé. Voici, par exemple, le budget de 1930:

finance:

Intérêts et fonds d'amortissement	43,074.25
Intérêts sur emprunts temporaires	3,500.00
Bureau, salaires, papeteries, etc.	4,800.00
Frais d'avocat, de vérification	1,600.00
Cour du recorder	950.00
Aqueduc et égoûts	6,550.00
Voirie	12,500.00
Éclairage	16,500.00
Police et feu	3,000.00
Hygiène	1,600.00
Gardien de traverse	1,800.00
Achat de compteurs et transformateurs	1,000.00
Dépréciation sur compteurs, transformateurs et meubles	1,575.00
Entretien général et dépenses	12,802.95
total	112,702.20

Estimé des revenus:

Licences d'affaires, etc.	3,400.00
Permis de construire	100.00
Approvisionnement d'eau	12,000.00

Vente d'électricité	20,000.00
Taxes spéciales de la ville de	
l'île Dorval	225.00
Intérêts sur les taxes	2,000.00
Intérêts sur les dépôts	1,000.00
Taxes spéciales pavage et égoûts	10,940.00
Évaluation 1930 -	
$3,939,825.00 @ 1.60	63,037.20
	112,702.20

* * *

Revenant quelque peu en arrière, arrêtons-nous à un petit fait marquant un jalon dans l'histoire du conseil municipal de Dorval.

Au début de 1910 les Commissaires d'écoles de la paroisse de la Présentation de la Ste-Vierge écrivirent au conseil de ville de Dorval pour lui retirer la permission de siéger dans la maison d'école. On ne sait pas trop quelle raison avaient les Commissaires d'agir ainsi, mais il y a tout lieu de croire qu'ils envisageaient la fermeture de l'école. Effectivement ils s'en départirent en octobre 1914.

Le conseil de ville demanda aux Commissaires d'écoles un délai de deux mois. Puis, comme un vagabond, il s'en alla siéger avenue Décary (aujourd'hui avenue de la Présentation) chez Georges Tardif, qui avait acheté l'ancienne chapelle de la paroisse pour l'utiliser à des fins de location. Il y avait là une assez grande salle de sorte que les procès-verbaux se mirent à faire mention de la «salle Tardif». Un peu plus tard le conseil loua une salle au 24a de la rue St-Joseph (le grand chemin ou chemin de la Pointe Claire).

Pour une fois, maire et conseillers se sentirent chez eux si bien que les conseillers autorisèrent le maire Charles-C. Décary à «faire préparer un cadre contenant la photographie des maires de cette corporation depuis sa création jusqu'à

ce jour, pour servir à l'ornementation de la salle du conseil».
Malheureusement le conseil de ville allait connaître d'autres
déménagements si bien que ce «cadre» ne nous a pas été
conservé, à supposer que le maire ait pris soin de donner
suite au voeu de ses conseillers.

Il semble que le premier achat d'un terrain municipal
remonte à 1912 quand la Ville de Dorval fit l'acquisition
d'un emplacement de cinquante pieds de front là où se situe
présentement l'hôtel de ville. Cet emplacement appartenait
à un nommé Pierre Pilon, qui l'avait acquis de J.-B.-O. Martin
en 1891. Nous sommes sur la terre inscrite au nom d'Onésime Martin dit Ladouceur lors de l'entrée en vigueur du
cadastre, c'est-à-dire le lot 872. (Il se peut fort bien que ce
J.-B.-O. Martin et Onésime Martin dit Ladouceur soient une
seule et même personne.) La corporation fit l'acquisition
d'un second emplacement avenue Martin en 1915, et d'un
troisième en 1963.

* * *

L'une des questions qui retenait périodiquement l'attention du conseil se rapportait au «chemin de péage» ou
«chemin de la compagnie de péage» (on trouve les deux
expressions dans les procès-verbaux). Il s'agissait du chemin
qui traversait la municipalité de l'est à l'ouest, correspondant
au boulevard Lakeshore (ou Bord du Lac) d'aujourd'hui.

Sous le régime du Village de Dorval (1892-1903) le
conseil de ville et la Compagnie de péage s'étaient pris aux
cheveux à l'occasion d'une querelle appelée le *turnpike
case*» (on appelait parfois «turnpike» le chemin de la Pointe
Claire). L'affaire s'était réglée en 1897. L'année suivante la
Compagnie avait réclamé du Village une somme de «cent
piastres par mille» (de longueur) en compensation des
dépenses qu'elle avait encourues pour l'entretien du chemin.
En 1903 la Compagnie avait proposé au Village de commuer

son droit aux péages en retour d'un paiement annuel que la corporation lui verserait, à moins que cette dernière ne préférât acheter le chemin. On se rend compte qu'il existait un état d'insatisfaction de part et d'autre.

L'avènement de la Ville de Dorval en 1903 ne changea rien à la situation. La compagnie garda son chemin. Les usagers continuèrent de se plaindre.

Ainsi, le 3 décembre 1903 Benjamin Décary Jr se plaignit au conseil que «par le manque de lumière à la barrière son cheval a pris peur et a brisé sa voiture dans ladite barrière». Le secrétaire-trésorier écrivit à la compagnie au nom du conseil de ville pour exiger un meilleur éclairage. La compagnie fit patte de velours et promit de remédier à la situation.

Au fond, on se ménageait de part et d'autre. La Ville n'était pas désireuse de prendre le chemin à sa charge, et la Compagnie évitait autant que possible de se mettre le conseil à dos. Ainsi, alors que les plaintes affluaient au sujet des automobilistes qui circulaient dans les chemins de la ville «à une vitesse immodérée», le conseil de ville fut trop heureux de recourir au gardien de la barrière pour prendre les noms et adresses des propriétaires de toute automobile «passant sans porter de numéro». Le constable municipal ne pouvait évidemment rapporter les autos n'affichant aucun numéro de licence.

Ce système rudimentaire du contrôle des véhicules automobiles — licence de commerce et contrôle à la barrière — est typique du monde de l'automobile à ses débuts, alors qu'en circulant à vingt milles à l'heure une auto soulevait de tels nuages de poussière et un camion faisait un tel tintamarre que la vie des riverains du chemin en était perturbée. On avait beau parler de «macadamisage», le macadam était loin de se comparer à l'asphalte d'aujourd'hui, sans compter qu'on ne pouvait en étendre partout.

Finalement, lors de l'assemblée du 28 mars 1913 le conseil de ville adopta une résolution pour autoriser le maire et le secrétaire-trésorier «à signer au nom de la Ville tous actes nécessaires pour l'achat de cette partie du chemin de péage de la Compagnie du Chemin de Péage de Dorval dans ses limites à un prix n'excédant pas $4,000.»

La résolution se terminait par la conclusion logique, depuis longtemps attendue, savoir:

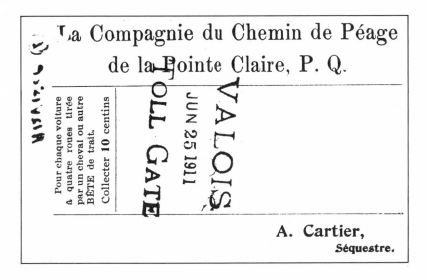

... qu'aussitôt que la Ville aura complété l'achat du chemin, elle fasse disparaître les barrières de péage qui sont maintenant sur le chemin, et l'entretienne comme chemin macadamisé à l'avenir.

Ainsi prit fin un long et pittoresque chapitre du bon vieux temps. Et, chose curieuse, c'est un chapitre qui a laissé un souvenir particulièrement vif chez les anciens de Dorval, même chez ceux qui n'ont pas vu les barrières (ce qui est de plus en plus le cas).

Voyons ce qu'il en était.

En 1982 le 6 mai, quand le journal *News and Chronicle*, du *Lakeshore News Limited* de la Pointe Claire, publia un *«Salute to Dorval»*, on vit apparaître en toute première page, à côté du message du maire Sarto Desnoyers, la photo d'une ancienne maison à pignon avec un arbre et un bout de clôture. Au premier plan se tiennent un brave couple, leur fillette et deux chiens. Le bas de vignette se lit ainsi: *«The Dixie Toll House, 48th Ave, circa 1890's. Wilfrid St-Onge and Family, tollhouse keeper»*.

Dans le corps de l'article, consacré à l'histoire de Dorval en général, on lit ceci concernant les barrières:

> ... *(traduction) Lakeshore Drive* était un chemin à barrières vers la fin des années 1800. Il y avait trois barrières: Pine Beach, l'avenue Dorval et Dixie. Un véhicule à quatre roues devait payer 10c; un véhicule à deux roues 8c; les animaux sur pied — une vache 4c, un cochon 2c. Seuls étaient exemptés les prêtres, les docteurs et les fermiers se rendant à la messe du dimanche.

Cet entrefilet nous apprend ce qui se passait à Dorval. Voici certains renseignements additionnels.

Il appert qu'avant la Confédération (1867) une loi des Canadas-Unis s'appliquant au Bas-Canada (maintenant la province de Québec) avait confié aux cités et villes la responsabilité des routes, des rues et des chemins (*«all roads, streets and public highways»*). En dehors des cités et villes, étant donné l'absence d'un pouvoir public local capable de prendre soin des voies publiques, on maintint le système antique selon lequel les propriétaires riverains de toute voie publique en assumaient l'entretien. Un «système», c'est beaucoup dire. Il ne s'agissait que d'une règle traditionnelle, peu efficace.

En 1870 l'Assemblée législative de Québec passa une loi intitulée «Acte pour pourvoir à la formation de compagnies pour l'empierrement des chemins».

Lisons le préambule de cette loi:

ATTENDU que la construction de chemins en empierrement contribuerait au bien-être matériel des habitants de cette province, et améliorerait grandement le pays; et qu'il est expédient d'accorder aux habitants des districts ruraux des moyens faciles de construire les dits chemins;

Sa Majesté, par et de l'avis et du consentement de ..., décrète ce qui suit: ...

L'art. 1 permettait aux propriétaires des terres «obligées» à un chemin de front d'«obtenir une charte d'incorporation pour empierrer tel chemin». Et, sur le plan pratique, la grande innovation était pour toute compagnie de ce genre de percevoir des péages et d'ériger des barrières «aussitôt qu'elle aura un mille de chemin de fait» (art. 26).

Ce qui incarnait le progrès en 1870 parut rétrograde au tournant du siècle, et l'on pestait de toutes parts contre les péages et les barrières. À preuve le préambule de la loi de 1913 ou «Loi autorisant l'abolition des ponts et des chemins de péage dans la province» ainsi rédigé:

ATTENDU qu'il y a dans la province un grand nombre de ponts, chemins et barrières de péage; attendu que ces ponts, chemins et barrières sont une entrave au commerce, à l'industrie, à l'agriculture et à la circulation libre sur les voies publiques; à ces causes, Sa Majesté ...

En vertu de cette loi le gouvernement disposa d'une somme de $500,000. pour contribuer au rachat des ponts et chemins par les municipalités. La résolution du conseil de ville de Dorval que nous avons rapportée ci-dessus, adoptée le 28 mars 1913 (moins d'un an après l'adoption de la loi), supposait un octroi provincial de $3,000. par mille de chemin avant que le maire pût signer l'acte d'achat du chemin de la Compagnie de Péage de Dorval.

Filles de la Sagesse,
enfants de la Paroisse de Dorval

Sr Jude-de-l'Immaculée	Bernier (Marie Stella)	Dorval
Sr Eusèbe-Marie	Boyer (Marie-Diana) *Dce*	Port Jefferson, N.Y.
Sr Narcisse-de-L'Eucharistie	Charette (Germaine)	Montréal
Sr Renée-de-Marie-Immaculée	Châteauvert (Irène)	Ste-Agathe-des-Monts
Sr Marie-Cécile-de-Jésus	Coache (Aline)	Grenville
Sr Bernard-de-la-Présentation	Daigneault (Thérèse) *Ret.*	Montréal
Sr Vitaline-du-Sacré-Coeur	Décary (Blanche) *Dce*	Brooklyn, N.Y.
Sr Marie-du-Carmel	Descary (Cécile) *d-c-d.*	Dorval
Sr Marie-Amédée-de-la-Présentation	Deslauriers (Lily) *Dce*	Mont-Joli
Sr Marie-du-Bon-Pasteur	Frénette (Marie Anne)	Red Deer, Alta
Sr Elisabeth-de-St-Emile	Giroux (Béatrice)	Papineauville
Sr Allen-of-the-Immaculate	Green (Beverly-Jane)	Montréal
Sr Aimée-Marie-de-Jésus	Hébert (Marie Denise)	Fatima
Sr Aimée-du-Carmel (décédée)	Laframboise (Aline) *Dce*	— —
Sr Sophie-du-Carmel	Laframboise (Lucie-Anna) *Dce*	Nicolet
Sr Brigitte-Marie (décédée)	Laframboise (Berthe) *Dce*	— —
Sr Josaphat-du-Carmel	Laframboise (Marguerite)	Nicolet
Sr Marie-Noëlla	Legault (Gertrude)	Ottawa
Sr Gertrude-de-l'Eucharistie	Legault (Noëlla) *d-c-d.*	Dorval
Sr Paul-Marie-de-Jésus-Hostie	Ostiguy (Monique)	Montréal
Sr St-Bruno	Pharand (Jeannette)	Ottawa
Sr Adolphe-de-la-Providence	Prunck (Juliette)	Ottawa
Sr André-Joseph-de-la-Croix	Racine (Camille)	Madagascar, Afrique
Sr Marie-Danielle-du-Bon-Pasteur	Rousse (Nicole)	St-Jovite
Sr Solange-de-la-Présentation (décédée)	Vernier (Jeannette) *Dce*	— —

La Sagesse, depuis bientôt cent ans, a mis au compte de ses oeuvres la Propagation de la Foi, par l'envoi régulier de Missionnaires dans diverses parties du globe.
La Communauté de Dorval, pour sa part, a préparé un nombre intéressant d'effectifs.

Mentionnons ici les noms de deux Missionnaires de Dorval :
   Sr Adrien du Carmel (Aline Laframboise) décédée
   Sr André-Joseph de la Croix (Camille Racine)

Une autre religieuse dorvalloise partira bientôt pour la mission montfortaine en Papouasie:
Sr Jude de l'Immaculée (Marie Stella Bernier) fille de Monsieur Antoine Bernier.

Soeur Adrien du Carmel (Aline Laframboise, décédée)	Soeur Brigitte-Marie, (Berthe Laframboise, décédée)	Soeur Solande Soeur Solange (Jeanette Vernier, décédée)	Soeur André-Joseph de la Croix (Camille Racine, à Madagascar)	Soeur Jude de l'Immaculée (Marie-Stella Bernier) Papouasie en septembre 1963

LES DIGNITAIRES EN 1912

PAROISSE

Rév. Père J. Pluymakers, s.m.m., Curé
Marguillers : MM. Edouard Lefebvre
　　　　　　　　Benjamin Décary
　　　　　　　　Avila Legault

COMMISSION SCOLAIRE

MM. Chas. C. Décary, président
　　　Benjamin Lefebvre
　　　Alphonse St-Germain
　　　Urgel Décary
　　　Rév. Père J. Pluymakers, commissaires
　　　J. C. Décary, sec.-trésorier

MUNICIPALITÉ DE DORVAL

M. W. A. C. HAMILTON, maire
Echevins : MM John Ryan
　　　　　　W. H. C. Mussen
　　　　　　Joseph C. Descary
　　　　　　William Burchall
　　　　　　Rémi B. Décary
　　　　　　Joseph Leroux
Constable : M. Philias Quesnel

DORVAL 1912 ... La charte municipale date déjà de 20 ans; une seule route tortueuse le long du fleuve conduit à Montréal, les autos sont des machines infernales qui effraient femmes, enfants et chevaux, 1200 personnes habitent les petites maisons qui s'égrennent au fond des baies du Lac St. Louis.

DORVAL 1942 ... Trente autres années ont passé; c'est la guerre! L'aéroport bourdonne d'activité, les routes se multiplient, l'auto est devenue une nécessité, la distance n'existe plus ... pourtant, Dorval est resté une station estivale et chaque automne voit les volets se clore et les chalets se vider, la population résidente dépasse à peine 2000 âmes.

Ce qui nous mystifie le plus de nos jours, c'est le fondement économique de ce régime des compagnies de péage.

On trouve dans les rapports judiciaires de 1884 une cause de la Compagnie de péage de la Pointe Claire (appelante) contre Louis Leclerc (intimé), cause dont l'arrêtiste fait le résumé suivant:

> L'intimé, demandeur en Cour inférieure, a poursuivi la compagnie appelante pour le recouvrement d'une somme de 88 centins, que la compagnie aurait exigée illégalement à titre de péage dans les limites de la municipalité du village de la Pointe-Claire. L'action, d'abord intentée en Cour de circuit, a été évoquée à la Cour Supérieure à la demande de l'appelante.

On se rend compte! Voici une contestation qui a circulé de la Cour de Circuit à la Cour Supérieure, puis à la Cour du banc de la Reine, et dont l'enjeu est une somme de quatre-vingt-huit centins exigée pour franchir une barrière à diverses reprises. En parcourant les notes des juges on apprend que les voyageurs ne pouvaient être requis de payer plus de deux *cents* par mille. Le dénommé Leclerc avait, pour sa part, à la date du 1er août 1882 passé onze fois «dans ladite barrière».

Et, non seulement la compagnie devait-elle pour la perception de droits aussi minimes maintenir un préposé à la barrière, mais dans le cas présent elle gardait deux barrières au même lieu pour attraper à la seconde les gens qui avaient esquivé la première. On renonce à comprendre.

* * *

En janvier 1933 après trente ans de loyaux services le secrétaire-trésorier de la Ville de Dorval, Alphonse Décary, abandonna sa charge.

Il est un peu et même fort étonnant de ne trouver aucune mention de ce départ dans les procès-verbaux des assemblées du conseil de ville. Les relations entre le conseil de ville et ce vieux serviteur se seraient-elles refroidies? On ne trouve aucune trace de friction entre eux dans les procès-verbaux. Assistons-nous à l'application de la parabole du serviteur inutile («le maître ne remercie pas son serviteur de lui avoir obéi»)? De toute façon, même avec soixante ans de retard, il nous paraît bon de signaler les services de cet ouvrier de la première heure que fut l'avocat Alphonse Décary, secrétaire-trésorier du Village de Dorval de 1893 à 1903 et de la Ville de Dorval de 1903 à 1923.

Alphonse Décary, fils du notaire A. Clovis Décary, était né à Montréal en 1872. En 1893, quand il accepta le poste de secrétaire-trésorier du Village de Dorval, deux ans avant son admission au Barreau, il avait donc vingt et un ans seulement.

Il fit tout d'abord carrière dans le cabinet d'avocats de MM. Préfontaine (maire de Montréal), Saint-Jean (sa mère était une Saint-Jean) et Archer. On le trouvera plus tard associé à Jérémie Décarie, qui allait devenir Secrétaire de la Province, et à son frère Antonio Décary. Il accéda à la judicature le 30 novembre 1937 quand il fut nommé juge de la Cour supérieure. Il décéda le 18 février 1954 à l'âge de quatre-vingt-un ans. Bien que ses funérailles aient eu lieu en l'église de la Présentation de Dorval, il fut inhumé au cimetière de la Côte-des-Neiges dans le lot de famille des Décary.

Le secrétaire-trésorier Alphonse Décary fut témoin de l'augmentation constante des affaires débattues et transigées au conseil de ville de Dorval. Toutes les municipalités de l'île de Montréal étaient d'ailleurs emportées par le progrès technique et l'augmentation de la population, deux phénomènes qui allaient peu à peu convertir le territoire de l'île dans son entier en un tissu de villes. À la faveur de cet exploit du génie humain qu'est la création de l'avion, Dorval allait prendre la vedette à partir de la guerre.

* * *

Dans un ordre technique moins sensationnel, signalons que le dernier procès-verbal à être rédigé à la main parmi les procès-verbaux des assemblées du conseil de ville de Dorval fut celui de l'assemblée du 2 juillet 1913, signé du maire Joseph Leroux et du secrétaire-trésorier Alphonse Décary. Il était temps de recourir à la machine à écrire puisque, d'une ou deux pages, la taille moyenne des procès-verbaux était passée dès lors à quatre ou cinq pages.

Les amateurs de la petite histoire noteront qu'au début de l'ère de la machine à écrire on ne disposait pas de cahiers à feuilles mobiles. Mais, il existait des cahiers où coller les feuillets dactylographiés l'un à la suite de l'autre. Plusieurs livres des procès-verbaux de la Ville de Dorval sont confectionnés de la sorte. Ce système n'était pas des plus commodes. S'il assurait l'intégrité des procès-verbaux en les protégeant contre toute insertion d'une page nouvelle, il exigeait par ailleurs beaucoup de soin.

Autre signe de croissance, la Ville de Dorval avait maintenant des représentants selon les quartiers municipaux, cela depuis 1917. Le 20 janvier de cette année-là les électeurs avaient tout d'abord élu le maire Charles-C. Décary, puis ils avaient élu les échevins suivants:

quartier Strathmore: siège No 1 — Alfred Heaton
siège No 2 — E. Vadeboncoeur
quartier ouest: siège No 1 — G. Ross H. Sims
siège No 2 — Malcolm D. Barclay
quartier est: siège No 1 — Albert D. Descary
siège No 2 — L.-P. Landry

Quand l'avocat Alphonse Décary abandonna sa charge de secrétaire-trésorier de la Ville de Dorval, le conseil de ville venait de faire face à la menace de la création d'un conseil métropolitain pour l'île de Montréal, supposément destiné à «gérer les finances des municipalités». Le 12 janvier 1921 le conseil de ville exprima sa vive opposition au projet qu'à Dorval on croyait inspiré du désir de rescaper Montréal du mauvais état de ses finances. Les protestations durent fuser d'un peu partout. L'affaire n'eut pas de suite.

* * *

Et, que devenait entre temps l'île Dorval?

On n'était plus aux jours glorieux des rois et des reines, des généraux et des aides-de-camp aux uniformes tout chamarrés de grades et de décorations, de belles dames en robes à crinoline. Le Canada, s'il demeurait «possession» britannique, ne l'était déjà plus comme au temps de Sir George Simpson. En 1870 le gouvernement canadien avait procédé à l'achat de la fameuse Terre de Rupert de sorte que la *Hudson's Bay Company* en tant que grand propriétaire colonial était entrée dans l'histoire à la suite des seigneurs de la vallée du St-Laurent.

La tenure seigneuriale, que les anciens sujets du Roi de France avaient tenu à garder au début du régime anglais, avait été abolie en 1854. En conséquence les Sulpiciens en tant que seigneurs de l'île de Montréal étaient eux aussi entrés dans l'histoire. Quant à elles, les anciennes îles de Courcelles avaient entièrement perdu le lustre qui les avait mises en vedette aux époques de François Salagnac Fenelon et de Sir George Simpson. On n'y verrait plus de prince, britannique ou autre, s'y amener en grande pompe.

On se rappellera que les Meloche avaient arraché à la succession de Sir George les îles que Jean-Baptiste Meloche avait vendues au gouverneur de la *Hudson's Bay Company* en 1854. Or, une mention inscrite au procès-verbal d'une assemblée du conseil de ville de Dorval en 1904 nous apprend que les îles étaient toujours, au début du siècle, la propriété des Meloche.

Le 2 mars de cette année-là le conseil de ville eut à statuer sur une demande de la Succession de Jean-Baptiste Meloche désireuse de jouir d'un délai de trois mois pour payer les taxes des îles. La demande fut accordée moyennant le paiement d'intérêts à la corporation.

Huit ans plus tard voici que la famille Meloche a disparu du paysage des îles. En effet, à la date du 16 décembre 1912 une compagnie du nom de *«Dorval Island Park Co.»* envoie son représentant, un nommé R.N. Ballantyne, au conseil de ville. Devenue propriétaire de l'île, cette compagnie sollicite une licence de «passage d'eau» en même temps qu'elle offre à la Ville une servitude dite de «résidence privée».

Le 24 janvier 1913, au cours d'une assemblée spéciale, le conseil de ville adopte un règlement accordant à la *Dorval Island Service Co. Ltd.* une licence «pour agir comme batelier, et pour opérer un passage d'eau entre l'île Dorval et la terre ferme au pied de l'avenue Dorval».

Tel fut le début de l'ère moderne en l'île Dorval.

Des difficultés s'élevèrent bientôt, semble-t-il, entre les promoteurs du lotissement de l'île et la Ville de Dorval. Finalement la compagnie fut forcée de contribuer à l'entretien du chemin public conduisant à l'embarcadère et dut s'engager à payer à perpétuité une somme annuelle de $225. à ce sujet. Cette somme figure au budget de 1930 que nous avons reproduit ci-dessus et, sauf erreur, elle paraît au budget de 1989 de la Cité de Dorval.

Entre Sir George Simpson et la *Dorval Island Park Co.* s'étaient écoulées des années paisibles pendant lesquelles l'île était louée à quelque famille séduite par la vie insulaire en été. L'une de ces familles fut celle des Arthur Hamilton dont l'un des membres, George Hamilton — nonagénaire —, vit présentement à Dorval. Le père, qui était courtier en valeurs, fut maire de Dorval. Le fils, également courtier en valeurs, se signala dans la navigation à voile, gagnant nombre de courses et de régates au *Royal St. Lawrence Yacht Club.* Il aime rappeler que chaque année il fallait amener un boeuf de la terre ferme à l'île pour y saillir les deux ou trois vaches des Hamilton. C'était tout une affaire. Le village entier s'assemblait pour assister au spectacle, non sans raison. Il ne s'agissait de rien moins que de hisser l'animal sur un bac et de naviguer jusqu'à l'île, une entreprise qui occupait toute la matinée.

En passant, notons que l'île Dorval constitue une municipalité distincte depuis le 5 mars 1915, date de la sanction de la *Loi constituant en corporation la ville de l'Île Dorval.* Comme le préambule de cette loi forme un résumé de l'histoire du lieu, nous le reproduisons au bénéfice du lecteur. Voici:

> ATTENDU que Dorval Island Park Company, Limited, ainsi que Samuel Carsley, agent de change; Cecil Leonard Carsley, gentilhomme; Robert Mitchell Ballantyne, marchand; Peter William McLagan, marchand; Dr John McCombe, médecin; et Malcolm Drummond Barclay, arpenteur, tous propriétaires, résidents et contribuables de la ville de Dorval, dans le district de Montréal, ont, par leur pétition, représenté que l'île Dorval, située dans le fleuve Saint-Laurent, vis-à-vis la ville de Dorval, dont elle forme actuellement partie, a été acquise pour être subdivisée en lots à bâtir, et que, de fait, la plus grande partie de l'île a été subdivisée en lots à bâtir, avec des rues et avenues et offerte en vente au public; ...; À ces causes, Sa Majesté, de l'avis et du consentement ..., décrète ce qui suit: ...

Désormais l'histoire de l'île prend une tournure intimiste, familiale si l'on préfère. Ce lieu devient un paradis de la villégiature pour les familles ayant l'avantage de s'y installer pour l'été. Que d'émouvants souvenirs individuels s'y rattachent depuis ce temps! Souvenirs de la vie facile au grand air, de rencontres amicales dans la chaude ambiance des beaux jours d'été, de repos dans un charmant décor de nature!

Le *Lachine Messenger* publiait en 1965 un entrefilet dû à la plume d'une ancienne de l'île Dorval du nom d'Audrey Martin McCaw. En voici un extrait:

> *(traduction)* Vous parcourez le sentier qui part du ferry et vous marchez sur la route de gravier qui dessine un ovale autour de l'île, duquel de petits chemins se détachent à la manière des rayons d'une roue. La plupart des cottages donnaient sur le rivage, mais le nôtre se trouvait au milieu de l'île parmi les arbres. — À l'âge de six ans un heureux destin me plaça à l'heure du printemps en l'île Dorval, où les pousses sont plus vertes, le parfum des fleurs plus odoriférant et le chant des oiseaux plus mélodieux que partout ailleurs au monde.

* * *

De nos jours Dorval est une ville qu'on se plaît à parcourir. Elle englobe le vieux village de Dorval, dont le chemin sinueux à l'emprise inchangée garde quelque chose du bon vieux temps. Quant au reste, plus rien ne subsiste de la période où Dorval formait une communauté mixte de cultivateurs et de citadins. Dans le village de jadis de splendides demeures s'échelonnent jusqu'à la baie de Valois. Les heureux propriétaires riverains du lac St-Louis, conscients de leur bonne fortune, apportent un soin jaloux à l'entretien de leurs propriétés.

Prenant figure d'ancêtres, le *Royal St. Lawrence Yacht Club* et le *Forest and Stream Club* sont là pour rappeler l'âge d'or de la villégiature à Dorval. En face de ces deux témoins du passé se dressent deux réalisations modernes, c'est-à-dire le Centre communautaire Sarto Desnoyers et la Bibliothèque de Dorval, témoignant quant à elles d'une optique nouvelle, celle d'une invitation pour la population en général à s'associer désormais aux richesses des loisirs sociaux et des livres.

Le reste du territoire se répartit de façon parfaitement organique en zones résidentielles et zones commerciales ou d'affaires, bien aménagées, bien aérées et bien pourvues d'arbres. L'emprise de l'ancien *«loop line»* du *Grand Trunk Railway* a été convertie en une superbe artère pour la circulation automobile, appelée «boulevard Bouchard» en souvenir de la petite rivière du même nom qui jadis serpentait à travers les prés en cet endroit. Du même coup se trouve honoré le nom de Bouchard qui était, tout autant que celui de Dorval, celui du propriétaire du domaine de la Présentation à la fin du XVIIe siècle.

Dorval est une ville sereine et paisible dans les quartiers où la population recherche le repos et l'intimité. Elle bourdonne d'activité là où sont réunis les établissements commerciaux. Bien entendu, il y a l'aéroport. Bon an mal an un flot quotidien de trente-cinq mille personnes, employés permanents et public voyageur, envahit ce secteur de Dorval dont le nom officiel est celui d'«aéroport international de Montréal» mais qu'en pratique on continue de désigner comme l'«aéroport de Dorval». Le fait est que la signalisation routière jalonnant la route de l'aéroport associe un avion symbolique au nom de Dorval.

Le conseil de ville siège maintenant deux fois par mois dans une grande salle rectangulaire au 60 de l'avenue Martin, c'est-à-dire à l'hôtel de ville. Cette salle se divise en deux carrés, l'un qui forme l'enceinte réservée au maire et aux conseillers, et l'autre où le public prend place.

Derrière le fauteuil du maire, sous un crucifix, apparaissent les armoiries de la Cité de Dorval, accompagnées du portrait de la Reine Élizabeth II et du Prince Philip, duc d'Édimbourg. (À propos, c'est à l'époque du maire R. John Pratt, en 1956 pour être exact, que la Ville de Dorval devint la Cité de Dorval et que la nouvelle «Cité» se dota d'armoiries assorties d'une devise inspirée du concept de l'aviation, à savoir *Ego porta mundi* ou, si l'on passe du latin au français, «Je suis la porte du monde».)

Lors des réunions du conseil municipal, le maire Peter B. Yeomans préside, avec à sa droite le greffier de la Cité. (Notons en passant que Dorval n'a pas fait abus de secrétaires ou greffiers, puisqu'après Alphonse Décary et Horace Meloche, le greffier Armand Del Torchio garda la charge pendant quarante-deux ans, soit jusqu'en 1973, et que l'actuel greffier, M. Marcel Guérin, en est le titulaire depuis lors.) Les conseillers occupent des fauteuils disposés le long des murs latéraux et se font face trois à trois, car il n'y a toujours que six conseillers municipaux à Dorval. Les six conseillers actuels sont MM. Edgar Rouleau, Émile LaCoste et Jules Daigle, représentant le quartier est de la cité, et MM. Robert Bourbeau, Ian Heron et Frank Richmond, représentant le quartier ouest (le quartier Strathmore de jadis a disparu; la rue Thorncrest divise le territoire en deux quartiers seulement).

Si Dorval a connu peu de greffiers, la Cité a également fait preuve de beaucoup de modération quant à la succession de ses maires. De 1955 à 1964 elle fut dirigée par M. R. John Pratt (qui habitait et continue d'habiter la maison ancienne construite sur la terre des Pomminville); de 1964 à 1982 elle fut dirigée par M. Sarto Desnoyers; depuis 1982 elle l'est par M. Peter B. Yeomans, tout d'abord conseiller municipal de 1978 à 1982.

Un historien de l'avenir pourra consacrer tout un chapitre au maire R. John Pratt. Les limites de notre ouvrage nous conduisant à peine au seuil de la Cité de Dorval, qui en tant que tel a commencé avec lui, qu'il nous suffise de dire que cet éminent citoyen et maire de Dorval a eu une carrière bien remplie sur le plan personnel autant que sur le plan politique. Il a été un artisan de la ville de Dorval moderne, et aussi un artisan de l'admirable largeur de vues qui anime les citoyens de Dorval. Quand décéda le comédien Jean Gascon, M. R. John Pratt, qui dans ses jeunes années fut lui-même comédien, écrivit cette lettre à *The Gazette* (5 mai 1988):

> I would like to pay tribute to a lost friend, Jean Gascon. — Jean was a warm-hearted, humane bridge between the French and the English of this nation. — We need more such bridges, and fewer barricades.

On reconnaît dans ces propos l'artisan du jumelage de la Cité de Dorval, Canada, avec le Cité d'Orly, France, effectué durant le terme d'office du maire Pratt.

Le maire Sarto Desnoyers prit en mains les destinées de Dorval en 1964. M. Desnoyers fut pendant près de vingt ans un travailleur infatigable, l'ouvrier des plans les plus ambitieux concernant sa ville. Il a fourni lui-même un résumé de ses initiatives dans ce *Salute to Dorval* (*News and Chronicle,* 6 mai 1982) dont nous avons parlé plus haut. M. Desnoyers y écrivait:

> *(traduction)* Le développement de Dorval et l'aménagement de certains attraits sont dus aux ressources financières. Nous nous réjouissons de posséder aujourd'hui de beaux grands parcs et des terrains de jeux, trois piscines extérieures, deux arénas, dont l'un se transforme en *fitness centre* au printemps, un centre communautaire des plus achalandés, une bibliothèque et un centre culturel, tous fort utilisés et grandement appréciés de nos concitoyens.

Au jumelage avec Orly vint s'ajouter alors un jumelage avec Oakville, Ontario, source de continuels échanges entre les deux villes.

Le maire Yeomans, qui a pris la relève en 1982, marche sur les traces de ses prédécesseurs. Ce qui frappe le plus chez lui — comme à Dorval en général —, c'est la continuité d'une tradition inspirée de la recherche du bien commun. Un jour, dans un groupe d'enfants, un jeune demanda à M. Yeomans ce que c'était que le maire. «Le maire, répondit-il, c'est le père d'une grande famille. Il voit à ce que chacun accomplisse bien sa tâche et que tout le monde soit heureux».

Cette notion du bon père de famille — à ne point dissocier de celle de l'homme d'affaires prudent et avisé — rattache le maire Yeomans à son prédécesseur de 1932, le maire E.-R. Chadillon. Cette année-là, le 3 août, en la salle municipale «No 40 rue Martin à Dorval» se tenait l'assemblée mensuelle régulière du conseil de ville. Comme on fait encore en 1988, le conseil commençait par donner la parole aux contribuables venus s'exprimer de vive voix. Or, voici ce que rapporte le procès-verbal de cette assemblée:

(Après l'approbation des minutes de l'assemblée précédente) le Révérend Joseph Bidet, Curé, de la paroisse de la Présentation de la Ste-Vierge, se présente devant le Conseil et informe celui-ci que la Société St-Vincent de Paul de la localité a maintenant cessé ses opérations pour l'année et demande au Conseil de faire tout en son pouvoir pour aider quelques indigents de la ville jusqu'à ce que la Société locale s'organise de nouveau, et il profite de l'occasion pour demander au Conseil d'aider dans son possible Monsieur Philias Quesnel, qui est retenu chez lui par la maladie. — Après discussion, il est résolu sur proposition de Monsieur l'Échevin Albert Boyer, appuyé par Monsieur l'Échevin Thomas Oneson, qu'à l'avenir sur production d'un certificat de médecin un demi-salaire soit payé aux employés de la ville durant la maladie.

* * *

Nous nous plaisons à terminer là-dessus la longue et belle histoire de Dorval.

Le passé est garant de l'avenir, dit-on. Le souci humanitaire qui imprégnait les administrateurs des années '30 se retrouve chez ceux des années '80, et la définition du maire de 1988 rejoint l'attitude du conseil municipal de 1932 se rendant à une requête tendant à améliorer la condition sociale.

Oui, vraiment, à Dorval le passé est garant de l'avenir.

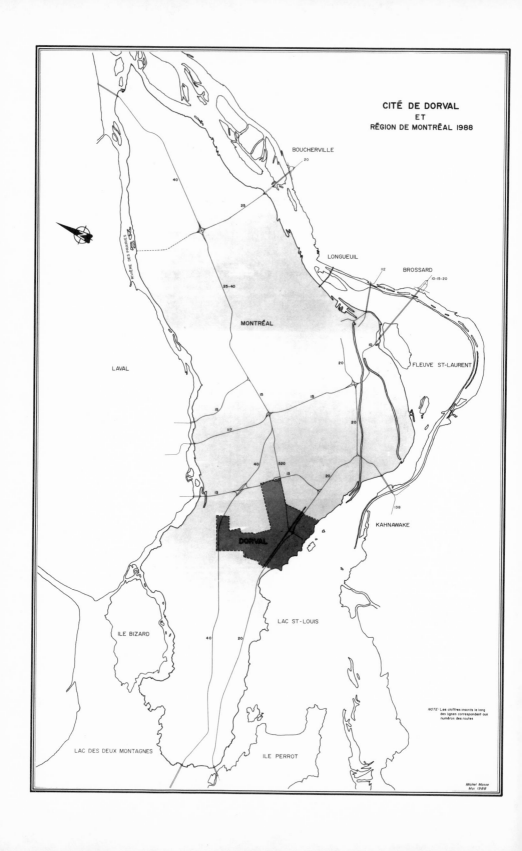

CITÉ DE DORVAL
ET
RÉGION DE MONTRÉAL 1988

BOUCHERVILLE

LONGUEUIL

BROSSARD

MONTRÉAL

LAVAL

FLEUVE ST-LAURENT

DORVAL

KAHNAWAKE

ILE BIZARD

LAC ST-LOUIS

LAC DES DEUX MONTAGNES

ILE PERROT

NOTE: Les chiffres inscrits le long
des lignes correspondent aux
numéros des routes

Michel Masse
Mai 1988

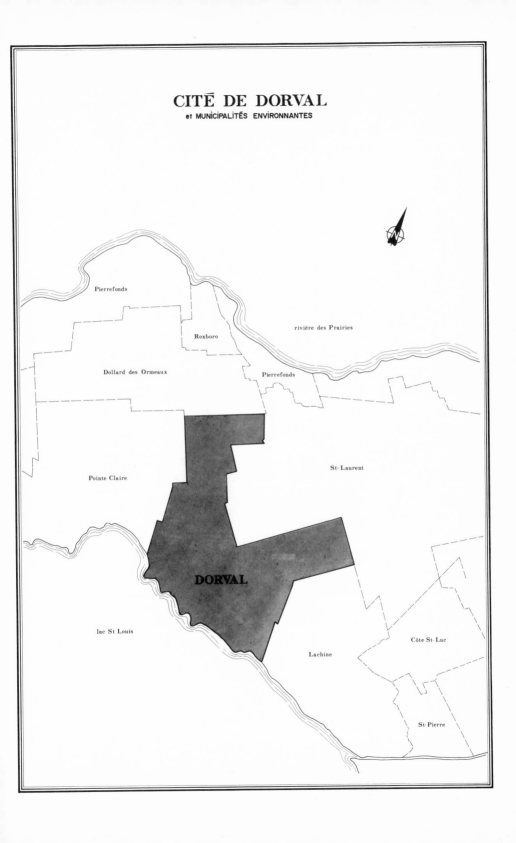

CITÉ DE DORVAL
et MUNICIPALITÉS ENVIRONNANTES

Pierrefonds

rivière des Prairies

Roxboro

Dollard des Ormeaux

Pierrefonds

Pointe Claire

St-Laurent

DORVAL

lac St Louis

Lachine

Côte St-Luc

St-Pierre

L'AÉROPORT INTERNATIONAL DE MONTRÉAL
MONTREAL INTERNATIONAL AIRPORT
-DORVAL-

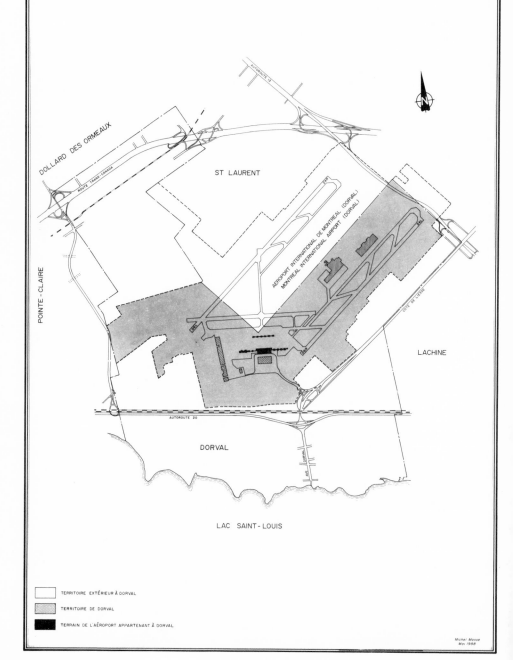

LAC SAINT-LOUIS

TERRITOIRE EXTÉRIEUR À DORVAL

TERRITOIRE DE DORVAL

TERRAIN DE L'AÉROPORT APPARTENANT À DORVAL

Michel Masse
Mai 1988

Annexes

MON VILLAGE

Dorval dans les années '20
du XXe siècle

par Germaine Racine

[Germaine Racine vit à Dorval depuis
sa plus tendre enfance. À cinq ans près, elle a
l'âge du siècle. C'est une pionnière de l'histoire
de Dorval. Elle a fait partie du Comité de la
Corporation du Tricentenaire en 1967.]

Je suis née à Pointe Claire le 28 février 1906, de l'union de Gustave Racine et d'Albina Cartier.

Le jour de ma naissance, c'était un Mardi-Gras, et j'ai été baptisée le Mercredi des Cendres. Mon parrain et ma marraine, de Montréal, demandés à l'avance comme il se doit, ne peuvent se rendre à l'église de St-Joachim de Pointe Claire, car la grosse tempête des jours gras continue le Mercredi des Cendres pour mon baptême. On cherche à les remplacer. Grand-père et grand-mère Cartier ne peuvent être de cérémonie à chaque baptême de leurs nombreux petits-enfants. Ils ont toujours refusé l'honneur, mais ... il fallait me baptiser. J'ai donc eu ce privilège, que d'autres convoitaient déjà depuis longtemps, celui d'avoir grand-père et grand-mère Cartier comme parrain et marraine.

Mon baptême: ... tempête, église fermée, curé sorti, le bedeau qui ne veut pas se déranger, etc. Enfin, le baptême a lieu, mais le bedeau encore ... ne veut pas sonner les cloches!

J'étais la 5e de la douzaine de petits Racine.

Papa était natif de Laprairie et maman, de St-Édouard de Napierville. Ils s'étaient rencontrés lors d'une soirée chez une tante de mon père. Maman y avait été amenée par une de ses cousines. Quelle ne fut pas sa surprise, en étant présentée à la maîtresse de maison, de constater sa ressemblance avec une de ses tantes à elle! Et pour cause: ces deux dernières étaient elles-mêmes cousines. Donc, papa et maman étaient cousins au quatrième degré.

Ils se marièrent le 7 mai 1901 à l'église Ste-Brigide de Montréal. Comme dans les contes de fée, ils eurent de nombreux enfants! «La douzaine!» avait dit papa lorsqu'il s'était marié. Et nous sommes venus la douzaine, dont cinq moururent en bas âge.

À l'époque de ma naissance, papa était marchand général. Il s'était établi au Village de Pointe Claire, où grand-papa Cartier vivait retiré après avoir été hôtelier à Montréal.

En 1910, il ouvre un deuxième commerce à Lachine, avec gérant. Il faut bien vivre, un huitième enfant s'annonce. Quelque temps après, la famille déménage. On s'installe à Lachine, où un neuvième et un dixième enfant naîtront... Je serai marraine de cette dernière, privilège à l'âge de sept ans!

En 1913, on vient à Dorval pour y passer la belle saison, rue Martin nord, dans un cottage neuf que papa a fait construire près de la rivière Bouchard. Maman y est arrivée avec un bébé de dix jours et les quatre aînés.

En arrivant, j'entends les cloches sonner à toute volée. Qu'est-ce qui se passe? J'entre à la maison, où l'on me rassure. C'est le baptême des cloches de l'église de la Présentation de la Ste-Vierge. J'écoute, et me joins à cette joie.

Plus tard, j'entends des cris, des pleurs. ... C'est un p'tit frère! ... Et, il y aura un autre p'tit frère encore. Douze enfants en dix-huit ans de ménage, et le douzième à 46 ans. C'est là l'histoire de nos héroïques mamans.

À l'automne, nous devrons retourner à Lachine. Pas facile de se loger, même dans ce temps-là, avec des enfants! La maison est donc préparée pour l'hiver, car il s'agit d'une maison d'été. On y met portes et fenêtres doubles. Avec la «tortue» dans le salon et le poêle à bois dans la cuisine, nous sommes parvenus à «se chauffer le ventre et se geler le derrière».

Nous y passons deux ans, puis Montréal, paroisse Ste-Cunégonde, qui avait reçu en 1901 nos parents, nouveaux mariés. Ma soeur aînée a dix ans, j'en ai huit, et une autre soeur en a cinq. Lundi matin, maman nous conduit à l'école de la Commission scolaire de Montréal, mais au retour nous nous égarons. Le lendemain, pas question de retourner à cette école. Donc, maman nous amène au couvent tout près de chez nous, où elle retrouve une ancienne amie, qui est supérieure. Celle-ci accepte les petites que nous sommes: la plus âgée, plein prix; la deuxième, moitié prix; la troisième, gratuitement. Je fais deux jours de classe et tombe malade. Mon cours est fini pour le moment.

Huit mois passent, et nous retournons à Dorval. Dans la même maison.

1914, la guerre! Les affaires deviennent difficiles: rareté de la marchandise, les employés impossibles à trouver vu la conscription. Papa doit abandonner son commerce. Étant trop frêle pour aller travailler aux travaux de guerre, il prend un travail moins payant, et comme il est seul à gagner, nous devons demeurer rue Martin.

Ce furent de tristes années.

Papa trouvait très dur de travailler pour un patron. Il rêvait de reprendre un commerce à lui. Quant à maman, voyant les aînés grandir, elle ne voulait pas les voir partir travailler à l'extérieur. On trouva un local rue St-Joseph (Bord du Lac), à Dorval même. Papa emprunta un peu d'argent. Voilà que c'était suffisant pour ouvrir un commerce. Le 7 mai 1920, nous entrons au no 38 de la rue St-Joseph, parents, enfants et vache ... Ce n'est que le lendemain matin que, surpris et heureux, nous voyons la chatte et ses petits traverser la rue pour nous rejoindre...

Le cours de la vie changea. Les affaires reprenaient et l'après-guerre était prospère. Papa, maman et ma soeur aînée se mirent à l'oeuvre et firent un succès de notre commerce d'épicerie.

À l'automne, je dois apprendre l'anglais à l'école protestante, en vue du travail au magasin. Mes parents avaient opté pour cette solution, plutôt que de me voir voyager avec la horde du «train de 4 heures», le train des étudiants, qui donnait beaucoup de soucis aux employés du chemin de fer.

À Pâques, grosse déception! Je dois quitter l'école anglaise. Comme catholique, je n'avais pas droit de fréquenter cette école. Mes parents durent se résigner. Et moi aussi!

GERMAINE RACINE   289

L'année suivante, ma soeur aînée étant malade, je dus la remplacer au comptoir. Armée pour le commerce, mes parents m'initient aux commandes, appels téléphoniques, comptes du mois ... raison de mes insoutenables migraines. Je dois avouer que ce fut la meilleure école anglaise, et surtout ma voie. J'y resterai 24 ans.

J'avais 14 ans. Et moi qui avais décidé d'étudier toute ma vie! L'histoire, la géographie et les mathématiques me fascinaient. Adieu, veaux, vaches, cochons ... et études! Ce fut difficile à accepter.

Le commerce était très tranquille l'hiver, mais l'été nous amenait toute la clientèle des familles riches de Montréal, propriétaires des châteaux en bordure du lac St-Louis ou de l'île Dorval. La saison des courses au *Dorval Jockey Club* était un temps de travail intense. À l'automne, je prenais des vacances, une semaine ou deux: séjour dans une maison de pension bien réservée. Distractions? — Manger, dormir et admirer la nature ...

Je pris goût au commerce. ... à causer avec les gens. ... Clients et clientes racontaient leurs peines et leurs joies au téléphone ou lors d'une visite à l'épicerie. Dans ce temps-là, tous nos clients devenaient des amis. Quand je signale que je connais bien les gens de Dorval, je fais allusion au passé autant qu'au présent, car j'ai croisé en chemin quantité de personnes qui ne sont plus, qui vivaient jadis au Village qui n'est plus, noyé qu'il est dans notre ville moderne.

Comme je viens de le dire, notre nouvelle maison donnait sur la rue St-Joseph, qu'on appelait aussi «la grande rue». Nous sommes toujours dans les années '20.

Cette «grande rue» était pavée, avait des poteaux de téléphone et d'électricité, l'égoût, l'eau, des trottoirs en ciment (en dehors du Village, les trottoirs étaient en madriers de 6″). Les rues transversales, les rues «de travers» comme on les appelait, n'avaient pas ces commodités.

Le Village commençait à la rue St-Charles et allait jusqu'à la rue Girouard, qui était un sentier privé aboutissant au Manoir Girouard au bord de l'eau. La rue Dorval, autrefois appelée Shackell et aussi «rue du dépôt» ou bien «rue de la station», était la principale artère de Dorval avec la rue Martin.

Rue Dorval, du côté ouest, il n'y avait qu'une maison, où se trouve aujourd'hui l'édifice Bell, et deux autres maisons près de la rue St-Joseph (Bord-du-Lac). Côté est, il y avait une dizaine d'habitations, dont celle du maire Jos. Leroux, où est le rond-point d'aujourd'hui. La rue était «foncée», c'est-à-dire qu'on y mettait de la pierre concassée tous les ans. C'était poussiéreux l'été et cahoteux l'hiver!

Revenons à notre rue St-Joseph en 1920. Seule route conduisant à l'ouest du pays. Le Métropolitain et la Transcanadienne n'existaient pas. Le trafic était très lourd. Tout passait à notre porte.

À partir de 1929, nous avions les chômeurs de la crise venant de l'est de la province, traversant Montréal et se dirigeant vers Ottawa cherchant du travail. Ce n'étaient pas des mendiants, mais la faim et la soif les obligeaient à demander la charité d'un morceau de pain. C'est chez les marchands qu'ils s'arrêtaient et ils étaient nombreux.

Chez nous, jamais de refus. Et, tous les jours, il y en avait deux, trois et même plus. Papa avait un signe avec Maman. Entrouvrant la porte de communication entre la cuisine et le magasin, il appelait «Maman!» et, lorsqu'elle apparaissait, il faisait deux de la main en levant l'index et le majeur. Elle comprenait et s'empressait de beurrer deux morceaux de pain et les portait sur le comptoir. Durant ce temps, Papa avait coupé deux tranches de viande froide qu'il mettait entre le pain; il ajoutait deux biscuits, un au chocolat et un biscuit Village, dans un sac; et il leur présentait le tout avec une cigarette qu'il leur allumait.

Je me souviens encore du sourire de ces affamés en voyant la cigarette ...

Combien de ceux-ci nous disaient bien sincèrement qu'ils repasseraient nous payer ce lunch lorsqu'ils auraient de l'argent! Nous ne les avons jamais revus ... Il faut dire que nous ne les attendions pas ... non plus!

GERMAINE RACINE   291

Durant ces années, il y avait des «quêteux». Plusieurs d'entre eux étaient des «professionnels».

Canette Labrèche, grand, maigre, la main creusée en sébile, voyageait en «expresse» ou voiture à quatre roues, mais qui n'en avait que trois! La quatrième roue, nous ne l'avons jamais vue! L'essieu et le moyeu laissaient leur trace sur le pavage!

Celui-ci demandait de tout, linge, viande, etc. Il entrait avec sa grande poche de jute et l'ouvrait toute grande!

Il y avait le «savant». Grosse voix. En entrant, il citait une phrase de la Bible, en précisant le numéro du verset. Il faisait ses visites deux fois l'an et il choisissait ses clients. Il ne nous oubliait pas, ni nous ni le presbytère où on vérifiait ses citations. On ne l'a jamais pris en défaut. Une mémoire sans pareille!

Il y en avait un dont je ne me souviens pas le nom. Il venait de Lachine. En rentrant, il disait: «Racine, ceux qui me donnent une pièce blanche, je leur dis *Merci, Dieu vous le rendra;* à ceux qui me donnent un sou, je leur dis *Merci* tout court; ceux qui ne me donnent rien, je les maudis.»

John Pressé (un surnom, je crois). Petit, nerveux, n'arrêtant jamais, il lavait les planchers pour un paquet de cigarettes *Sweet Caporal.* Il allait si vite qu'il demandait aux coins de se rapprocher de la vadrouille!!! s'ils voulaient se faire laver!

Presque tous ces «hobos» étaient hébergés par une famille Bellefeuille, voisin de la taverne, qui était reconnue pour son hospitalité. Ces gens-là y avaient leur place pour coucher.

Au magasin, Papa avait ses habitudes.

Lorsqu'un corbillard passait, il baissait les stores des deux grandes vitrines en signe de sympathie. Une fois, il ne les a pas baissés. C'était un millionnaire à qui on avait permis d'entrer le cercueil dans le portique de l'église. Celui-ci de son vivant avait fait scandale sur scandale! On n'y allait pas avec le dos de la cuillère dans ce temps-là!

Un beau jour d'été, on nous avertit que le Prince de Galles passerait à pied dans notre Village, se rendant au club *Forest & Stream* pour le dîner. Papa n'a pas baissé les stores, cette fois-là! Nous étions toute la famille sur le perron, et notre Prince de Galles nous a gratifiés d'un beau sourire et d'un grand «*Good Morning!*»

Et que dire des courses au *Dorval Jockey Club,* où se trouve aujourd'hui notre aéroport!

Deux fois l'an, il y avait fin de mai et fin de septembre dix jours de courses avec *Jockeys.* Les «hommes à chevaux» arrivaient avec leur bête quelques jours avant et repartaient dix jours après. C'était la «manne» pour les marchands. C'étaient de rudes gens, et parfois il y avait de la casse dans le Village, car ces gens-là buvaient beaucoup. Nous assistions à ces manifestations de haut, sur notre balcon. La vue n'était pas toujours très belle ...

Au magasin, nous recevions beaucoup d'étrangers durant ces périodes.

Ces gens-là, qu'on appelait «hommes à chevaux», couchaient dans des hangars à côté de leur cheval, car il était à craindre qu'un concurrent le drogue ou le rende malade pour éliminer cette bête de la course. Il fallait une surveillance continuelle. Le *Jockey* allait souvent voir son cheval pour se familiariser avec lui.

Ceci me rappelle que la famille surveillait un de mes frères que les propriétaires de chevaux avaient remarqué. Il avait 12 ans, était mince et frêle. Ces hommes voyaient en lui un sujet idéal pour un futur jockey et avaient offert de le payer gros prix. Mes parents avaient d'autres ambitions pour lui ... Donc, il ne fallait pas traverser la rue St-Joseph seul, ne pas parler aux étrangers, etc.

À voir toutes ces voitures automobiles sur notre «grande rue», cela nous avait donné le goût de se promener. En 1921, Maman ayant hérité de $1000. d'une vieille tante, on nous acheta une «Ford». Que de belles promenades nous avons faites sur nos routes! À St-Jean où mes frères faisaient leurs études. À Beloeil où ma soeur était au couvent. À St-Édouard ou à Laprairie, villes natales de nos parents. Et une fois jusqu'à Ottawa!

On nous jouait des tours quelquefois. On préparait notre pique-nique et partait pour une destination surprise. Et quelle surprise! Le Ford sortait du garage et entrait à côté de la maison dans le champ! Il y avait des cris et des pleurs ... Le chauffeur n'avait pas le goût d'aller plus loin!

Sur notre «grande rue», il y avait des parades.

Parades du 22e Régiment dont le Commandant d'Honneur était un avocat, Me Ernest R. Décary, qui recevait le bataillon à un *garden party* une fois l'an, à l'été.

Parade de la St-Jean-Baptiste avec les drapeaux du pape, du *British Empire,* etc. Nous n'avions pas encore le nôtre.

Des soldats cantonnés à Dixie avaient une longue marche, une fois la semaine, jusqu'au bout du Village. Lorsque les soldats avaient leur marche «forcée» jusqu'ici, il y avait relâche de dix minutes avant d'entreprendre le retour. Il y avait des centaines d'hommes qui entraient dans les magasins du Village. À l'arrêt, un officier leur donnait l'ordre de ne pas voler et d'agir en gentleman. Après cette visite, ce même officier entrait à son tour pour demander si le marchand avait des plaintes.

Papa se mettait à la porte, et tous en sortant payaient et remerciaient.

Ces visites durèrent une dizaine de fois et les marchands n'avaient pas à s'en plaindre. Les soldats se servaient qui une orange, des cigarettes, du chocolat.

Il y avait la Fête-Dieu. Cette fête religieuse était bien suivie. Les enfants de choeur, les Enfants de Marie, les Dames de Ste-Anne, la Congrégation du Sacré-Coeur pieusement accompagnaient le Saint Sacrement au reposoir quelque part dans le Village.

Encore rue St-Joseph, en face de notre magasin, il y avait les répétitions de la fanfare et, en hiver, une patinoire. De notre balcon, nous avions comme du haut d'une loge la meilleure vue.

Et que dire de la foule se rendant ou revenant des offices religieux! Durant ces années, la paroisse seule s'occupait du côté religieux et des loisirs. Le curé organisait des parties de cartes, des bazars, etc. Les gens marchaient beaucoup, peu ayant une automobile. Donc, rue St-Joseph, avec nos trottoirs de ciment et la rue de l'Église (aujourd'hui, de la Présentation) tout près, on voyait déambuler beaucoup de monde.

Nous avions des locataires nommés Marie et Joseph, qui passaient des heures sur le balcon à côté du nôtre. Lui étant sourd, elle lui parlait très fort et passait des remarques souvent désobligeantes sur les passants du trottoir d'en face. Cela était embarrassant pour nous, et aussi cocasse par moment, car chacun des citoyens avait son surnom. Elle les nommait «Tape la semelle», «Misère et Pauvreté», «la guindée», «nono», etc. Notre surnom à nous, c'était «les petits pinceaux», notre père ayant moustache et barbiche.

Les cultivateurs de l'ouest de l'île étaient aussi des passants réguliers, se rendant au marché de Lachine deux ou trois fois la semaine au cours de l'été. Ils allaient souvent la nuit et couchaient sur leur charrette. Ou bien ils passaient dès les 6 heures du matin.

Il y en avait quelques-uns qui arrêtaient au magasin pour y acheter des oeufs et du beurre, qu'ils revendaient (les ratoureux!) à leurs clients qui croyaient acheter des produits de la ferme. Souvent il y avait du «troc» en revenant, le cultivateur vendant à bon compte ce qui lui restait.

Il y avait aussi le camionnage venant de Toronto ou d'Ottawa. De grosses «vans» passaient jour et nuit, et les klaxons n'étaient pas prohibés à ce moment. C'était un cauchemar pour les citoyens ayant leur chambre à coucher face à la rue St-Joseph. Les routiers avaient du plaisir à se servir de klaxons ayant jusqu'à six notes. C'était la cacophonie! On en vint à prohiber ces «criards», au grand soulagement des gens.

D'autres souvenirs de ces temps anciens sont plus pittoresques.

Ainsi, il y avait un «chaisier» qui passait au Village une fois l'an. Il réparait le fond des chaises avec de la corde de sisal ou avec du jonc.

Il y avait aussi le conducteur de bestiaux, un monsieur Duval. C'est lui qui conduisait les animaux à l'abattoir, à la Pointe St-Charles. Il partait de Ste-Anne de Bellevue. Il couchait à l'abattoir. Le lendemain il repassait avec des bêtes fraîches pour les livrer aux fermiers.

Maintenant que j'ai décrit le Village de Dorval de mon temps, et la rue St-Joseph en particulier, il faut que je m'arrête à parler de l'épicerie que mes parents y exploitaient.

Je préciserai tout d'abord que notre maison se trouvait sur le niveau sud de la rue St-Joseph, à l'ouest de la présente avenue Martin, à cinquante pas du coin environ. C'est encore un commerce d'épicerie qui occupe ce site au moment où j'écris ces lignes.

Notre épicerie était bien différente de celles que nous voyons aujourd'hui; mais elle était aussi bien différente des autres épiceries de ce temps-là, car Papa était avant-gardiste dans ce domaine.

Premièrement, nous avions un système de chauffage central. Donc, pas de vieux de la place autour de la «tortue» et autour du crachoir.

La façade? Deux grandes vitrines, et une porte au centre.

L'une de ces vitrines était une pyramide de boîtes de conserve de fruits et légumes, renouvelées une fois la semaine. L'autre était pour les fruits et légumes, renouvelés tous les matins.

De chaque côté du magasin, il y avait des tablettes de boîtes de conserve et de la marchandise en contenants de verre. Sous ces tablettes, il y avait des cases pour le sucre, *cass*, pois, fèves, farine, etc., qui nous arrivaient en vrac en sacs de 100 livres chacun. On prenait cette marchandise avec une espèce de cuillère, et on la mettait en sacs de papier brun contenant 2 ou 5 livres. Pour les pommes de terre, qui étaient entreposées dans l'arrière-magasin avec les liqueurs douces, on prenait des sacs de 10 livres. Les liqueurs gazeuses nous étaient livrées en caisses de bois contenant douze grosses bouteilles.

Nous avions deux balances, qui étaient sur les comptoirs placés en avant des tablettes. Ces balances étaient inspectées une fois l'an par un représentant du gouvernement.

Au fond du magasin, il y avait un étalage de boîtes de biscuits. Ces boîtes contenaient vingt livres de biscuits. Elles étaient recouvertes d'un moustiquaire.

Sous un des comptoirs, il y avait un tiroir à argent divisé en quatre pour la monnaie de 1, 5, 10 et 25 sous, et au fond on mettait l'argent en papier. Il y avait déjà à cette époque des caisses enregistreuses, mais c'était trop dispendieux pour nous.

Papa ou un employé allait, une fois la semaine, prendre les commandes chez les clients. Le téléphone était un luxe que peu de gens de Dorval pouvaient se payer. Le nôtre, notre téléphone, était sur un bureau près de la porte d'entrée. Une chaise devant attendait le ou la cliente ou le commis-voyageur qui venait prendre la commande de la spécialité qu'il représentait.

Nous avions aussi une pompe à essence *Imperial Oil* à la porte. Il y avait quelques garages à Dorval, mais pas de station de service. Nous avions un autre réservoir pour le pétrole à l'arrière. Plusieurs n'avaient pas l'électricité, et il fallait une huile spéciale pour les lampes.

Au fond du magasin, il y avait une grosse glacière. La glace était apportée par le marchand de glace tous les matins. Le samedi, il revenait l'après-midi. On y conservait le beurre, le fromage, le lait, etc. Les morceaux de glace conservés dans le bran de scie étaient lavés avant de les mettre dans ce compartiment.

Il y avait aussi le moulin à café, car il n'y avait que du café en fèves en ce temps-là.

Le fromage et le beurre arrivaient en blocs de 50 livres et 20 livres, qu'il fallait couper en une ou deux livres avec une broche spéciale.

Les sirops pour le rhume, les pilules Rouges, *Carter,* etc., les liniments, les *Cirouannes* (cataplasmes) avaient aussi leur place dans notre magasin, car il n'y avait pas de pharmacie ici.

Il y avait beaucoup de sympathie et d'amitié entre le marchand et le client. Beaucoup de travail manuel était indispensable dans une épicerie.

Lorsque nous demandions, par annonce dans le journal local, un employé nouveau, on lui demandait s'il savait compter. C'était la chose la plus utile dans ce temps-là. Il n'y avait pas de machine à additionner.

Durant quelques années, nous avions aussi le bureau de poste, le seul de Lachine à Pointe Claire.

Voilà. J'ai réveillé plusieurs souvenirs à faire la description d'une épicerie de ce temps-là.

J'ai comparé cela à un examen de conscience. Un examen de conscience qu'on fait, mais sans chercher de péché!

La vie a passé. J'ai fait bien des choses depuis les années '20. C'est si loin, si loin que ça n'a plus l'air vrai. Pourtant, c'est arrivé, je vous assure ...

LA MAISON DANS LE PRÉ

Avenue des Lilas
1916-1930

par Anthony Oneson

[Anthony Oneson fut emmené à Dorval en
1916 à l'âge de trois ans. Il a grandi
à Dorval, il s'y est marié, il y
vit maintenant. Dans ces pages charmantes
il nous décrit la maison familiale et
tout ce qui jadis l'entourait.]

Par la sagesse la maison est bâtie,
Et par l'intelligence elle est affermie.
Par la science les chambres sont comblées
De tous les biens précieux et désirables.
                    (Proverbes, XXIV, 3-4)

Notre maison était située sur une petite élévation aux confins ouest de ce qu'il me plaît d'appeler un pré, car de trois côtés il y avait des champs verts ornés d'érables, d'ormes, de peupliers, de saules, de marguerites, de boutons d'or, de trèfles, de rangées de cerisiers et de cenelliers. Les vaches des laitiers y venaient paître après la récolte des foins. Notre lot était donc protégé à l'arrière par une clôture en bois et sur les côtés et le devant par une clôture en fil de fer.

La maison faisait face à l'est, et derrière son lot de 50 pieds sur 80 pieds (15,5 m × 24,5 m) se trouvaient la ferme et le verger des Pères Montfortains. Leur terre était située entre l'avenue de l'Église et la voie ferrée du Grand-Tronc (maintenant le Canadien National). Cette terre allait du sud au nord, et notre maison était située à mi-chemin environ sur la ligne est, tout à fait devant le verger où le printemps les pommiers en fleurs nous offraient une vue splendide. De la fenêtre ouest, qui donnait sur le palier de notre escalier, nous admirions ces arbres chargés de fleurs roses et blanches, et lorsqu'une petite brise venait les caresser nous nous imaginions voir une jolie mariée en blanc précédée de ses dames d'honneur en rose. Aujourd'hui ce verger est devenu la partie nord du cimetière original qui était situé du côté est de l'église en pierre des champs avec son clocher solitaire que nous pouvions voir du côté sud de notre propriété, et son presbytère relié à la sacristie par un passage couvert en bois. À l'arrière ou au nord du presbytère, qui était aussi la résidence des pères, se trouvait une grange avec écurie et un poulailler, et entre ces édifices et le cimetière un jardin potager que cultivaient les frères de la communauté.

L'avenue de l'Église courait en direction ouest-est devant l'église, qui portait le nom de la Présentation de la Sainte Vierge, laquelle aurait été construite vers 1900. Au coin sud-est de l'avenue de l'Église et de l'avenue Décary (aujourd'hui avenue de la Présentation) se trouvait le couvent des Filles de la Sagesse, un bâtiment de briques à trois étages construit sur une fondation de pierre. Cet immeuble mesurait environ 50 pieds sur 60 pieds (15,5 m × 18,6 m). L'entrée principale se trouvait sur l'avenue Décary qui cheminait vers le nord de la rue Monette, traversait la rue St-Joseph (maintenant Bord du Lac) et se rendait aux portes de l'église. Du côté nord de l'avenue de l'Église, soit de l'autre côté du couvent, on apercevait les abris en charpente pour les chevaux et les voitures, car beaucoup de paroissiens, surtout les jardiniers de la Côte de Liesse, venaient en voiture. Derrière ces abris se trouvait le cimetière dont j'ai déjà parlé. Alors de chez nous nous pouvions voir tout cela, et par une journée très claire nous observions le sommet du Mont Lyon dans l'État de New York.

Le clocher de notre église comptait cinq cloches qui venaient de France. On nous annonçait l'angélus le matin, le midi et au souper avec beaucoup de révérence pour la Vierge qui acceptait de devenir la Servante du Seigneur. On sonnait l'heure des messes le dimanche ainsi que des vêpres et des offices du mois du Rosaire et du mois de Marie. Les cloches se taisaient le jeudi saint jusqu'à midi le samedi saint lorsqu'elles revenaient de Rome (suivant la légende) avec beaucoup de gaieté. Nos cloches respectaient le recueillement que ces offices exigeaient, mais lorsqu'elles annonçaient un baptême elles devenaient folles de joie. On réalisait qu'il s'agissait d'un événement heureux. De même pour un mariage alors qu'elles étaient de la fête et nous invitaient à une réception avec chants et valses. Mais elles devaient aussi nous prévenir d'un décès et c'était le glas. Le bourdon tintait neuf coups pour un homme et sept pour une femme, ensuite les autres cloches se joignaient à lui pour exprimer leur chagrin. En ce temps-là les cloches étaient manoeuvrées par des câbles tirés par le sacristain et des volontaires qui semblaient savoir comment les cloches devaient carillonner pour chaque occasion.

Mon père, Thomas Oneson, avait acheté la maison de la Marcil Trust en 1916 et c'est vers le mois de septembre de la même année que nous avons quitté la rue St-Antoine à Montréal, au grand désespoir des parents de ma mère, Margaret Byrne. Pourquoi laisser la ville et toutes les commodités pour un endroit à la campagne, privé d'électricité, de l'aqueduc, du téléphone et des transports en commun, surtout pour des gens qui avaient toujours été des citadins. Cependant Madame Ann Spellesy, qui avait 76 ans et qui demeurait avec mes parents depuis leur mariage, a eu le courage de nous suivre et de nous appuyer. Alors, en septembre 1916, une des deux seules maisons de l'avenue Lilas, celle devant le verger et dans le pré, a reçu ses premiers occupants, mes parents, Madame Spellesy (Auntie pour nous), mon frère cadet Paul âgé d'environ 7 mois et moi-même, un bambin de 3 ans. N'étions-nous pas des pionniers?

Le constructeur Marcil Trust semblait avoir situé cette maison de bois lambrissée de planches à clins (Clapboard) avec toit en bardeaux de cèdre de façon à ce que les points cardinaux soient respectés. Donc, le côté nord faisait bien face au nord. On pouvait voir un champ vert et d'immenses ormes longeant la limite est du terrain des pères. Un peu à l'est et sur l'emplacement de la future rue Carson se trouvait un bel orme en forme de parasol. À l'extrémité nord de notre pré était situé un marais peuplé de trembles et de saules. Ce marais s'asséchait durant l'été mais se ravitaillait d'eau à l'automne et surtout au printemps. Au-delà du marais on voyait la voie du Canadien National (auparavant le Grand-Tronc). Du côté sud de cette voie ferrée courait un trottoir fait de trois madriers étroits. En arrivant là où l'avenue Lilas se terminait en cul-de-sac, il tournait vers le sud pour traverser le marais et enjambait des supports élevés afin de ne pas être avalé par les inondations. Finalement il passait respectueusement devant notre maison pour se rendre à l'avenue de l'Église. Ce trottoir, lorsqu'il se dirigeait vers le sud, longeait le côté ouest de l'avenue Lilas qui était tout simplement tracée par des fossés que le pré avait reconquis. Ce pauvre mais mémorable trottoir souffrait durant la saison printanière, car les eaux du marais dans leur course vers la rivière Bouchard montraient peu de respect pour les supports et le trottoir se laissait séduire et déviait pour se transformer en sentier louvoyant. Tout de même le marais se faisait charmeur et invitait les passants à dévier d'un sentier droit et vertueux pour se laisser attirer dans un endroit captivant, garni de saules à l'abandon et dont les branches invitaient non seulement les étourneaux et les corneilles, mais aussi l'Oriole de Baltimore et les chardonnerets. De l'eau sortaient les rythmes sonores des grenouilles et les ronflements des ouaouarons. Donc, le marais et l'endroit où il rejoignait la rivière Bouchard désignaient la limite nord de notre pré.

Le devant de la maison était orienté vers l'est d'où nous admirions la verdure des érables et des jeunes ormes, ainsi que des rangs de cerisiers et de cenelliers ou aubépines. N'oublions pas les fleurs sauvages des champs et les animaux qui venaient paître. Un trottoir semblable au nôtre longeait le fossé de l'avenue de l'Église qui traversait le pré en direction nord-est pour reprendre l'est devant une maison blanche solitaire. Un peu plus loin vers l'est, ce trottoir rencontrait un pont de bois qui enjambait la rivière Bouchard. On pourrait dire que ce charmant cours d'eau devenait la limite est de notre pré. D'où venait cette petite rivière? Tout ce que je sais, c'est qu'elle venait du côté nord des voies ferrés, peut-être de la Côte St-Luc. Elle longeait la voie du Canadien National pour capter l'eau du marais, se tournait vers le sud non loin du futur prolongement de la rue Martin, passait sous le pont à l'est de notre pré, ensuite se tournait vers l'est au bout de la rue Tulipe; ajoutant de la gaieté à la maison des Walkley, elle se faufilait sous les ponts de ciment des rues Martin et Georges V pour continuer un peu tortueusement, toujours en direction est, vers une maison de ferme en brique rouge située sur une colline. Là elle tournait vers le sud, passant sous un autre pont de ciment à la rue St-Joseph (Bord du Lac) et finalement se jetait dans les eaux du lac St-Louis. C'est dans cette embouchure que les Iroquois se seraient cachés avant de perpétrer le massacre de Lachine en 1689. Aujourd'hui le cours de cette rivière a été complètement dévié et ne suit plus le trajet que je connaissais durant les années '20 et '30.

De notre maison nous ne pouvions pas toujours voir cette rivière, mais au printemps, se gonflant de l'eau du marais et d'ailleurs, elle inondait les terrains de l'autre côté du pré que j'appelle le nôtre, causant des inconvénients aux résidents de la rue Georges V. Nous pouvions voir ces quelques maisons tard à l'automne quand les feuilles étaient tombées. Nous pouvions aussi voir la maison de ferme en brique rouge sur la colline ainsi que des maisons sur la rue Martin au sud de la rivière. Bien visible se trouvait le réservoir à eau placé sur des pylônes métalliques et situé sur le côté ouest de la rue Martin sud. Sur le réservoir on pouvait lire «DORVAL».

L'avenue de l'Église devenait la limite sud de notre pré et rencontrait notre limite ouest aux abris pour les animaux et au cimetière. Une rangée de cerisiers et de jeunes ormes ainsi que des «plaines» se dirigeait vers notre maison, cachant un chemin de terre étroit et souvent boueux. Ce chemin servait à notre laitier, à notre boulanger, aux épiciers, aux marchands de légumes, au boucher, au médecin, au marchand de bois et de charbon, au marchand de glace et — ne les oublions pas — à nos visiteurs. C'est sur cette route que la dépouille d'Auntie a été emportée dans un grand panier en osier au mois de février 1922. Avec mon frère Paul et ma soeur Frances, nous regardions ce départ de la fenêtre sud de la chambre au deuxième et nous écoutions le glas et les sept tintements du bourdon. On devait la transporter à Montréal dans un corbillard qui l'attendait près de l'église. Au sud de l'avenue de l'Église nous voyions l'autre maison de la rue Lilas, celle des Giroux, une jolie maison d'été en bois de cèdre.

Notre maison en bois à deux étages, avec son toit composé de trois pignons et d'une cheminée en brique au centre, avait une toiture en bardeaux de cèdre. Il y avait une lucarne sur le devant au-dessus de la véranda. Tous les côtés étaient garnis de fenêtres protégées durant l'été par des jalousies vertes et des chassis doubles en hiver. Il n'y avait pas de sous-sol. La maison reposait sur une fondation de pierre. Pas d'électricité, pas de téléphone, pas d'aqueduc. Nous avions un puits artésien avec une pompe manuelle qui, en plus de desservir la cuisine, pouvait remplir un réservoir en métal installé au grenier. Par le truchement de la gravité, la chambre de bain était desservie ainsi que le réservoir d'eau chaude à côté de la cuisine. L'eau de ce réservoir était chauffée par un appareil installé dans le poêle de la cuisine. Tous les soirs mon père pompait et pompait durant une demi-heure peut-être pour remplir ce réservoir au grenier. Il lui fallait aussi fendre le bois et penser à vider l'eau qui s'égouttait dans un récipient sous la glacière. Durant l'hiver il fallait en plus jeter les cendres des installations de chauffage. Le poêle de la cuisine était chauffé au bois et ma mère s'est habituée à obtenir la chaleur idéale pour cuire ses succulentes tartes aux pommes.

Sur la porte du four on lisait le nom de «Beauty». Le soir on s'éclairait avec des lampes à l'huile. Bien que la maison ait été «filée» pour un service d'électricité de 30 ampères, nous n'avions pas de poteaux pour porter les fils chez nous. C'est probablement vers 1919 que les poteaux furent installés à nos frais et enfin nous avons joui de ce courant magique, puis du téléphone. Notre numéro était 239, sonnez 4. Nous chauffions cette grande maison comprenant trois chambres, une cuisine, une salle à manger, une «pantry» et un salon avec un poêle «Québec» à chaque étage. Il y avait aussi un foyer qui donnait sur le salon. Nous étions en pleine campagne avec des voisins des plus tranquilles. Pour un bambin qui ne connaissait pas encore le mot «école», c'était le plus bel endroit pour commencer sa vie.

Vers 1925 la rue a été construite suivant le tracé des fossés originaux. On a creusé pour installer les égouts et l'aqueduc. Le tout a été revêtu de goudron et de gravier. Le trottoir qui rappelait bien des souvenirs a dû disparaître.

Je me rappelle que par des beaux soirs de juin, avant que nous ayons tous ces services et tandis qu'Auntie vivait encore avec nous et que nous étions au lit mon frère, ma soeur et moi, ma mère après ses tâches et celles de mon père aimait jouer le piano-forte d'Auntie. Je restais éveillé lorsque les autres semblaient dormir, car je savais que j'entendrais un concert qui débuterait lorsqu'un petit craquement plaintif proviendrait de la chaise berceuse où s'asseyait mon père. À ce signal tout semblait s'immobiliser. La lune suspendait son parcours. Les étoiles et les planètes semblaient chercher des sièges dans un amphithéâtre immense. L'odeur des fleurs et des pommiers devenait prenante. Les insectes et les oiseaux se taisaient. Quelques notes de musique se faisaient entendre: c'était l'introduction à «The Robins Return» (Le Retour des Merles), musique légère de Leonard Fisher. Les doigts de ma mère touchaient les notes du piano-forte avec adresse, douceur et surtout en marquant la cadence pour nous rendre joyeux au retour de ces êtres fidèles. La musique simulait leur vol et leur atterrissage. On semblait les voir marteler le sol avec leur tête à la recherche d'un ver. Chaque battement d'ailes sortait d'un arpège. En douceur on imaginait la surveillance du nid. Ensuite la musique s'accentuait et c'était l'éclosion des oeufs et la joie d'accueillir de nouvelles vies et les vols et le retour au nid pour se percher et surveiller les nouveaux venus.

Ma mère interprétait cette musique avec facilité et tendresse et les dernières notes s'adoucissaient et s'éloignaient comme si les oiseaux nous laissaient. La berceuse se faisait entendre, la lune regagnait sa place. Les étoiles et les planètes quittaient leurs sièges pour reprendre leurs parcours. D'autres odeurs parfumées nous venaient des fleurs. Les insectes reprenaient leur babillage. La nuit m'invitait au pays des rêves en attendant une autre journée qui se terminerait — peut-être — par un autre concert.

EN PLANTANT DES PENSÉES

Quand les vacances d'été étaient de vraies vacances

par Janet E. Locke

[Betty Locke vint en l'île
Dorval à l'âge de l'adolescence.
Elle y garde encore sa villa pour
le bénéfice de ses petits-enfants
car ceux-ci ont subi à leur tour
le charme magique de l'île.]

En plantant des pensées (un nom de fleur et aussi ce à quoi on pense) dans mon jardin ce printemps (1988), je me suis retrouvée cinquante-huit ans en arrière à mon premier été dans l'île Dorval.

Notre famille avait toujours passé l'été sur une île. Je n'avais que six mois quand j'arrivai pour mon premier été sur une île du lac Saint-François — là même où ma mère avait passé d'heureux étés quand elle était petite fille.

Quel est l'attrait spécial d'une île? Hugh Maclennan a écrit: «Les îles sont vulnérables. Les continents se ressemblent beaucoup ... mais toutes les îles du monde sont différentes. Elles sont assez petites pour être connues et on en vient à éprouver envers elles les mêmes sentiments que les hommes ressentent envers les femmes.» Il m'a toujours semblé qu'il y avait un côté psychologique à la vie dans une île. Réellement coupé de la terre ferme, on peut aussi oublier ses tracas, et s'embarquer comme sur un bateau, dans une vie plus calme, jetant un regard rétrospectif sur le monde. Je peux vous assurer que je n'avais pas de telles pensées philosophiques au début de ma vie dans l'île Dorval.

Le cottage de ma famille fut bâti en 1930. Mon père était bien soulagé de n'avoir plus à faire trois heures de route pour atteindre l'île Hamilton tous les week-ends. Ce fut un déchirement pour moi de quitter cette chère île où nous autres les enfants nous courions nu-pieds de juin à septembre et où, sans que nos jeux ne soient jamais organisés, nous avions appris à manier habilement ces légères embarcations à rames fabriquées par un constructeur de bateaux de Summerstown, Ontario. Comment allions-nous nous adapter à l'île Dorval où on avait l'eau courante et un mode de vie plus sophistiqué?

Nous n'avons jamais eu de tracas: à part de nous faire dire avec ressentiment que notre cottage était bâti sur le plus beau champ de framboises, mes frères et moi avons été accueillis à bras ouverts. Le nouveau chalet était spacieux et bien aéré. Maman s'était procuré de beaux meubles usagés et mon frère aîné en s'asseyant pour la première fois dans le salon s'exclama: «Ça ressemble à une page de *Better Homes and Gardens!*» Papa suspendit un vieux fusil Ross au-dessus du foyer en pierre et cela parut comme le symbole d'une nouvelle frontière dans la vie insulaire de la famille Smith.

On m'a souvent demandé comment c'était d'être élevé sur l'île Dorval dans les années '30. C'était merveilleux.

Tout d'abord nous avions beaucoup d'amis. Comme la Crise battait son plein, il n'y avait pas de travail d'été pour les jeunes; il n'y avait pas beaucoup d'argent non plus. Cela signifie que nous avons formé un groupe très uni, de tous âges, qui passait ensemble les jours et les soirs à des occupations très agréables et bon marché.

La natation était notre passe-temps favori. Les eaux limpides du lac St-Louis nous invitaient à y entrer — par-dessus les pierres, il est vrai — pour y passer d'agréables moments. Quand on était très jeune on nageait en face du chalet — maman était à la fois le gardien et le professeur de natation. Si la maison n'était pas située au bord de l'eau, on y avait accès par plusieurs routes qui partaient du *Crescent Rd.* Au bout de ces routes il y avait un escalier conduisant à la plage. C'étaient de bons points d'observation d'où les mères avertissaient leurs enfants de ne pas aller dans l'eau profonde ni d'oublier de surveiller le courant qui pouvait les conduire à l'île Bushy ou, encore pire, aux rapides de Lachine!

Une fois que vous saviez nager, le pas suivant était de fuir les eaux voisines de la maison et de filer vers le radeau où les grands s'ébattaient. Ce radeau était situé au large en face de la route, passé la Glacière *(Ice House).* Là le chaland était amarré — une place épatante pour se faire bronzer — et, attaché à lui, il y avait un grand *work boat* appelé le «*Wee Biddy*» dans lequel on s'asseyait des heures de temps discutant de tout ce que les jeunes aiment à discuter. Un rapide plongeon du «*Biddy*» et alors on nageait vers le radeau d'où, j'imagine, les plus vieux surveillaient les plus jeunes. C'est certainement un grand frère robuste qui me tira de l'eau quand en nageant la tête dans l'eau je me trouvai par accident sous le radeau.

Tous les étés il y avait des régates où les épreuves de natation, de chaloupe et de canot égayaient un beau samedi d'août. Des plongeurs autodidactes se disputaient les honneurs d'un plongeoir primitif qui ornait le petit radeau de bois. Avec fierté les parents, installés sur le rivage dans leurs fauteuils de toile, applaudissaient aux efforts de leur progéniture.

Le court de tennis en terre battue était un lieu bien populaire. Toute la journée il était occupé par les garçons et les filles essayant un nouveau service ou perfectionnant un revers foudroyant. Personne n'avait jamais pris de leçon mais d'une manière ou d'une autre, par osmose peut-être, nous savions tous jouer. Quelques-uns étaient même de très bons joueurs et prirent part à des tournois sur le continent. Mon frère aîné était en charge de l'entretien du terrain de tennis et je suis encore irritée au souvenir des nombreuses fois où il me chassa, moi et mes trois amies prêtes à jouer, sous prétexte d'arroser et de rouler le court. Le terrain en état, c'était lui et ses amis qui jouaient, à notre grand mécontentement. Acceptant la défaite, nous options pour une partie de bridge sur une véranda ou bien nous nous lavions la tête l'une l'autre, nous frisant les cheveux à la mode de la vedette du dernier film.

Tous les sports ont joué un rôle important dans nos vies. On jouait au baseball en soirée où on mettait autant de soin à cogner la balle qu'à écraser les maringouins. Un golf *«pitch and putt»* de 9 trous fut organisé sur notre propriété. J'admire la patience de ma mère endurant les balles frappant la maison et parcourant le gazon en tous sens. Je soupçonne que l'empressement avec lequel mon frère s'acharnait à l'entretien de la pelouse contribuait à la présence de ces futurs Bobby Jones autour du chalet. Un été que le golf miniature faisait rage, nous avons décidé de nous en faire un. D'innombrables seaux de gravier furent tirés de la plage pour former des trous et des tunnels enchevêtrés de ponts et d'autres constructions semblables. Une journée de compétitions de sports terrestres fut tenue en juillet, dont le clou était le Marathon de l'île — deux fois le tour de *Crescent Rd.*, si je me souviens bien.

Aller de l'autre côté (c'est-à-dire prendre le bac pour Dorval) était une autre occupation de notre temps.

Au début aucun billet n'était requis des passagers et nous faisions très souvent cette promenade de cinq minutes. Chaque fois que nous pouvions soutirer un cinq sous de notre maigre allocation nous partions pour le magasin du village au coin de l'avenue Dorval (alors rue de la Station) et du boulevard du Lac (Lakeshore Drive). Là nous achetions des bonbons, de la gomme à mâcher et des cornets de délicieuse crème glacée — étaient-ils vraiment meilleurs dans ce temps-là? Lever la planche blanche qui servait de signal durant le jour ou balancer la lampe à kérosène le soir, c'est tout ce qu'il fallait faire pour faire venir de l'île le joyeux «Chick» (Zotique Lefebvre, le conducteur du bateau). Au printemps la toute première fois que du bateau nous apercevions l'île, nos coeurs se gonflaient. La dernière traversée vers la terre ferme à l'automne était toujours plutôt triste ... mais alors, il y aurait un autre été — ou du moins c'est ce que nous pensions au début des années '30. Plus tard la Deuxième Guerre mondiale est venue chercher trois de nos garçons et pour eux, hélas, il n'y eut pas d'autre été.

La musique faisait partie intégrante de ces années de bonheur.

Le chant des oiseaux nous réveillait tous les matins. Ensuite le gramophone à manivelle de la maison voisine nous faisait entendre le même disque à répétition. Les disques de Guy Lombardo, Russ Colombo, Bing Crosby, Rudy Vallee et autres de cette époque aboutirent au «Shack» où nous avions tous appris à danser. Des parents perspicaces avaient installé un plancher de bois dans un des vieux bâtiments près du quai du traversier. C'est nous les jeunes qui avons blanchi les murs et nous avons accepté les règlements nous obligeant à garder propre le *clubhouse* et à ne l'utiliser que pour danser. Comme le gramophone était la seule pièce de mobilier cette dernière condition était une nécessité.

Comme il n'y avait pas de place pour s'asseoir, on dansait et on dansait.

Le soir en nous acheminant vers la maison, nous chantions toujours. Il y avait parmi nous quelques voix qui contribuaient à préserver l'harmonie et sous la lune du mois d'août qui nous éclairait il fallait absolument chanter «*Shine on, shine on Harvest Moon*» à plusieurs reprises.

Nous attendions impatiemment la fête aux «*hot dogs*» de juillet et celle d'août au maïs (avec le maïs délicieux de la ferme des Décarie, évidemment). Nos appétits satisfaits, nous nous réunissions autour du feu de camp vacillant pour chanter de tout notre coeur. Les frères Aitken étaient les vedettes de ces soirées avec leurs dons pour la comédie et leur talent pour la musique.

La musique avait aussi une place prépondérante aux réunions du dimanche soir dans le vieil hôtel de ville. La population de l'été en majorité protestante à cette époque avec de fortes racines méthodiste, baptiste et presbytérienne, s'assemblait pour ces psalmodies. Comme tante Winnie jouait de l'harmonium mon plus jeune frère l'aidait à «pomper». Nous chantions à pleine voix les hymnes du vieil évangile et d'autres airs bien-aimés. À nos voix d'enfants se joignaient les timbres plus riches de celles de nos parents — plusieurs d'entre eux faisaient partie de choeurs d'église pendant l'hiver. D'après mes souvenirs, ces soirées étaient consacrées au chant — pas de longs sermons, seulement une prière au début et à la fin. Quelle expérience agréable et vivifiante pour toute la famille!

Quelques aspects de la vie d'autrefois sur l'île Dorval sont dignes de mention.

Comment, par exemple, décririez-vous l'odeur de l'île? Au printemps le délicat parfum des lilas et des phlox sauvages dominait. Au coeur de l'été l'arôme des framboises réchauffées par le soleil et l'odeur du foin coupé assaillaient nos narines. Mais la fraîcheur de la brise venant du lac surpassait tout. Je me rappelle que la porte du chalet qu'on ouvrait pour la première fois au printemps laissait passer l'odeur spéciale et facilement reconnaissable de notre maison de l'île. C'était un mélange de moisi, quelquefois de crottes de souris et du pétrole servant au poêle et aux lampes.

Après que les fenêtres avaient été ouvertes cette odeur était remplacée par une senteur appétissante du bacon et des oeufs et des pommes de terre sautées — menu facile que ma mère trouvait bien convenir pour un premier souper. Le lendemain elle commandait du saumon de Gaspé et des fraises de M. Racine, toujours tiré à quatre épingles pour faire sa première visite à ses clients de l'île. Le soir suivant un repas de fête composé de saumon bouilli et d'un «shortcake» aux fraises réjouissait nos papilles gustatives et annonçait l'ouverture officielle d'un autre été magnifique.

Je dois aussi parler des amitiés qui se sont nouées sur l'île alors. Ces amis que vous ne voyiez pas de l'hiver pour la plupart étaient destinés à être partenaires dans des amitiés très fortes et des plus durables qu'on ait pu connaître. Naturellement les amours ont fleuri sur l'île Dorval; car, après tout, les promenades au clair de lune et les excursions en canot autour de l'île étaient des armes puissantes dans l'arsenal de Cupidon. Plusieurs mariages heureux ont résulté de ces rencontres de jadis.

J'ai peut-être l'air d'embellir la vie des jeunes de l'île Dorval dans les années '30, mais rappelez-vous que je la vois après soixante ans. Dans mes souvenirs j'ai ressassé les cendres du passé et conservé les petits bijoux que j'ai choisi de polir pour votre plaisir.

Je me rends bien compte que c'était une vie toute simple pour les jeunes de ce temps-là. Les désirs et les tentations n'étaient probablement pas aussi grands qu'ils le sont maintenant pour mes petits-enfants. Néanmoins j'ai fait des études, traversé une guerre, poursuivi une carrière, je me suis mariée et j'ai élevé une famille. Maintenant je peux bien m'asseoir tranquillement sur la véranda pour contempler le magnifique lac St-Louis, tout en pensant avec une tendresse infinie aux beaux jours qui se sont écoulés ici.

Et si, chers lecteurs, j'ai semé chez vous quelques pensées de ces temps anciens, je pourrai, satisfaite, goûter le repos.

(traduction)

Le «FERRY COMMAND» DU TEMPS DE GUERRE

Dorval au coeur du monde

par André Duval

[d'après une conversation avec
Mme A. Lloyd Wheeler et la lecture
de *The Story of No. 45 Group — RAF*
et de *Atlantic Bridge*]

Du rivage de la réserve indienne de Kahnawake (longtemps appelée «Caughnawaga»), si on observe la rive opposée, on n'est pas lent à noter un va-et-vient incessant d'avions au-dessus des maisons qui bordent le lac St-Louis. On en conclut aussitôt qu'on se trouve en face de Dorval, la ville de l'aéroport.

Mais, pourquoi l'aéroport international de Montréal se trouve-t-il à Dorval plutôt qu'ailleurs dans l'île de Montréal?

On est parfois sous l'impression que la proximité du lac St-Louis a pu jouer un rôle dans la sélection du site. Il n'en est rien, même si la présence d'une grande nappe d'eau à proximité d'un aéroport comporte certains avantages pour les avions. Ainsi, du côté de l'eau, on n'a pas à se soucier des constructions pouvant nuire à la circulation aérienne.

Le lac St-Louis permit un jour un sauvetage peu banal. Cela remonte à l'hiver de 1942. On était à tester un avion de marque *Boston* avant de l'expédier sur un théâtre de guerre. Aux commandes se trouvait le capitaine J.S. Gerow, avec comme assistant technique un civil du nom de H. Griffiths. Voici que soudain une partie du plancher de la carlingue cède sous le poids des occupants. Griffiths tombe alors sous la carlingue à laquelle il s'agrippe du mieux qu'il peut. À ce moment l'avion vole à une altitude de 4,000 pieds, et l'air est vif. Le capitaine Gerow se rend compte que la seule manière de sauver Griffiths de la mort est de s'approcher de la surface glacée du lac dans l'espoir que son assistant, grâce à un saut heureux, puisse s'en tirer. Il se met alors à décrire de grands cercles le plus bas possible, évitant de heurter les hélices. Quand Griffiths à bout de forces se laisse tomber, il se retrouve sain et sauf sur la glace, si bien qu'il peut marcher jusqu'à la rive.

On estime qu'il s'agit là d'un sauvetage unique dans les annales de l'aviation.

Ce cas excepté, il ne semble pas que le lac St-Louis constitue un facteur d'excellence quant à l'aéroport de Dorval. L'élément capital du choix, ce fut la qualité du terrain, un terrain bien égal et bien ferme jusqu'aux lointaines pentes du mont Royal. De fait, du site de l'aéroport la vue s'étend au loin sans encombre et l'on discerne aisément à l'horizon le dôme de l'Oratoire St-Joseph du mont Royal, pourtant situé à dix kilomètres de là.

À l'époque où les autorités du ministère des Transports en quête d'un site pour l'aéroport de Montréal jetèrent les yeux sur Dorval, les terres au bout desquelles s'étendait l'agglomération offraient l'avantage d'être relativement désertes, en particulier aux abords du chemin de la Côte de Liesse. On était alors au milieu des années '30.

L'aménagement du nouvel aéroport s'effectua sans hâte. Montréal jouissait déjà de l'aéroport de St-Hubert, sur la rive sud. On pressentait vaguement que le XXe siècle allait être celui de l'aviation, et l'on croyait bon de réserver dès lors l'espace approprié. On procéda aux expropriations requises, mais quant au reste on ne fit pas grand-chose.

Or, voici qu'au mépris des traités l'Allemagne envahit la Pologne le 1er septembre 1939. Aussitôt la Grande-Bretagne lui déclare la guerre (3 septembre 1939), et le Canada lui emboîte le pas (10 septembre 1939). Ces événements allaient signifier beaucoup pour Dorval.

Bien que la Grande-Bretagne eût déclaré la guerre à l'Allemagne, c'est en réalité celle-ci qui prit l'initiative des opérations à l'ouest. L'armée allemande parvint sans peine à refouler à la mer le corps expéditionnaire anglais. L'année 1940 fut pour les Anglais l'année de la stupeur. Ils découvrirent qu'en termes de guerre la glorieuse insularité qui les avait protégés des Espagnols au temps de la Grande Armada, et des Français à l'époque de Trafalgar, ne gênait en rien les bombardiers ennemis.

Pour renvoyer la guerre là d'où elle venait, c'est-à-dire sur le continent, il fallait à l'Angleterre des bombardiers. Par malheur ceux-ci lui faisaient cruellement défaut. En l'occurrence la seule source d'approvisionnement, c'étaient les États-Unis. Or, la grande nation industrielle que dirigeait le président Franklin D. Roosevelt gardait la neutralité. Pour obtenir des manufacturiers américains les bombardiers indispensables à la poursuite de la guerre, il fallait les commander, les payer, en prendre livraison, les transporter en Angleterre, leur trouver des équipages.

C'était là un programme auquel on aurait dû s'adonner en temps de paix en vue de l'affrontement imminent avec l'Allemagne. Le réaliser comme les bombes pleuvaient sur Londres, cela devenait une tâche d'autant plus impérieuse.

La solution au problème vint d'une amorce aérienne du temps de paix. Au début de 1939 les États-Unis, le Canada et la Grande-Bretagne avaient envisagé l'établissement d'un courrier aérien régulier d'un continent à l'autre. Mais, on avait abandonné le projet en raison de l'obstacle jugé insurmontable de la navigation aérienne d'hiver au-dessus de l'Atlantique. Sous l'impulsion des circonstances nouvelles de la guerre, les discussions reprirent au début de 1940.

À la rigueur on aurait pu acheminer les premiers bombardiers américains (des Lockheed Hudson) par la voie océanique comme toute autre marchandise. Mais, les risques de torpillage des navires étaient grands, et de toute façon cette marchandise prenait beaucoup de place à bord, et il fallait compter trois mois pour la rendre à destination. Force était d'envisager le pont aérien d'Amérique en Angleterre, plus précisément du Canada à l'Angleterre puisqu'en raison de la neutralité américaine on ne pouvait obtenir les avions à partir des États-Unis. Le temps de livraison pourrait alors être réduit à moins de dix jours.

C'est à la Compagnie de chemin de fer du Pacifique Canadien que revint la responsabilité de mettre sur pied un service de transport aérien des bombardiers américains destinés à la Grande-Bretagne. Ce fut dans les bureaux de cette compagnie, en l'édifice de la gare Windsor à Montréal, que naquit au début de 1940 l'*Air Service*, dont le *British Ministry of Aircraft Production* allait prendre charge en mai 1941, pour le passer à la *R.A.F.* en juillet de la même année. La *R.A.F.* créa à cette occasion une unité nouvelle appelée «*R.A.F. Ferry Command*», un nom qui est resté dans la mémoire du public. Enfin, en avril 1943, le *R.A.F. Ferry Command* céda la tâche au *R.A.F. Transport Command,* dont le mandat s'étendait à des opérations similaires sur une base mondiale.

Dans ce chapitre de l'histoire de Dorval — car le *Ferry Command* allait surtout agir à partir de Dorval — il s'agissait d'une opération de guerre britannique. Si le territoire de Dorval y servit, ce fut à titre purement instrumental. Qu'il convienne cependant d'en faire mention, cela vient du fait que le *Ferry Command* est passé en quelque sorte à l'état de légende dans les souvenirs du temps de guerre.

Le rôle de l'*Air Service* du Pacifique Canadien était d'équiper en personnel et d'expédier en Grande-Bretagne par la voie des airs les appareils que les manufacturiers américains devaient livrer à cet acheteur privé qu'était la compagnie de chemin de fer canadienne. Naturellement l'*Air Ministry* britannique assumait la totalité des frais et il s'engageait à fournir le plus d'hommes possible pour conduire les avions.

C'est ainsi qu'en juillet 1940 le capitaine A.S. Wilcockson, le capitaine D.C.T. Bennett, le capitaine R.H. Page, le capitaine A.G. Store et le capitaine I.G. Ross, de la *British Overseas Airways Corporation,* de même que le *Squadron Leader* G.J. Powell, de la *R.A.F.,* s'amenèrent au Canada. Il nous paraît légitime de rappeler les noms de ces hommes puisque ce fut autour du noyau élémentaire qu'ils formèrent que fut bâtie l'équipe qui allait donner le *Ferry Command.*

De son côté, le ministère canadien des Transports avait offert aux Britanniques sa plus entière collaboration. À titre d'exemple, un officier de radio de Broadview, Saskatchewan, du nom de A. Lloyd Wheeler, à l'emploi du ministère des Transports, fut prêté au *Ferry Command* et vint s'établir à Dorval, devenant plus tard *radio navigator.* La veuve de Lloyd Wheeler, elle-même jadis du *Ferry Command* comme employée de bureau, vint à Dorval (et nous lui devons en partie les renseignements consignés ici).

On travailla simultanément à l'aéroport de St-Hubert, sur le sol canadien, et à Gander puis à Goose Bay, en la colonie britannique de Terre-Neuve (qui allait s'intégrer au Canada en 1949).

Entre temps le gouvernement canadien s'employait fiévreusement à parfaire les pistes de Dorval. St-Hubert ne suffisait pas, d'autant moins qu'on l'affectait au programme d'entraînement des pilotes du *Commonwealth*. En septembre 1941 tout le *Ferry Command* emménagea à Dorval, c'est-à-dire les services établis jusqu'alors à la gare Windsor de même que le personnel et l'équipement postés à St-Hubert. Le 4 octobre on démarra officiellement à Dorval, où l'on travailla d'arrache-pied jusqu'à la fin de la guerre.

L'aéroport de Dorval connut dès lors une activité fébrile. Ses aires de parking étaient couvertes d'avions — des *Hudson*, des *Forteresse*, des *Liberator*, des *Lancaster*, etc. — destinés aux divers théâtres de guerre d'Europe et d'Afrique. Même si le *Ferry Command* avait cédé la place au *Transport Command*, l'aéroport de Dorval demeurait le centre des opérations qui s'étendaient désormais à tous les continents habités. Alors que les premières routes continuaient de servir (Dorval-Goose Bay-Reykjavik-Prestwick et retour), on y avait ajouté une liaison Dorval-Bahamas-Brésil-*Gold Coast* et une liaison Dorval-Colombie britannique-Californie-Australie.

Il est exaltant pour les gens de Dorval de songer qu'il fut un temps où leur ville se situait au centre de la carte du monde, et que de ce point précis sur le bord du lac St-Louis des lignes fusant dans toutes les directions enveloppaient le globe.

Voici un paragraphe tiré d'ATLANTIC BRIDGE, une publication du *Ministry of Information* britannique parue en 1945. Il s'intitule «*Dorval — a Cosmopolitan Airport*». La citation est plutôt longue, mais comme cette publication est difficile à trouver au Canada, nous croyons qu'on nous saura gré de la donner en ces pages. Le paragraphe en question se lit ainsi:

> *(traduction)* La cafeteria de l'aéroport de Dorval loge 3,000 personnes. Elle est ouverte à tous ceux qui ont affaire à l'aéroport, si bien que les clients apportant

leur cabaret aux petites tables donnent un aperçu de tout ce que le *Bridge* signifie. Dans la queue s'alignant devant le comptoir on peut saisir des bribes de conversation venant des équipes d'entretien, des secrétaires canadiennes-françaises, d'un équipage arrivant de Karâchi; on aperçoit les uniformes bleus de la B.O.A.C., et un officier du *Transport Command* qui vient de rentrer d'un voyage d'Écosse à la Colombie britannique. On parle volontiers emplettes. Au lunch vous pouvez entendre quelqu'un qui était chez *Shepheard* au Caire quelques jours auparavant, connaître le prix des bas de soie au Brésil ou des harengs à Ayr, l'histoire d'un ouragan aux Caraïbes ou d'un harmattan en Afrique de l'ouest. On discute films, et votre voisin vous glisse: «J'ai raté ce film à New York, mais j'ai pu me reprendre à Alger.» [...] Dorval est un nouveau lieu, progressif, en pleine expansion, capable d'absorber quiconque et quoi que ce soit voyageant par air. Des signatures impressionnantes remplissent le livre des visiteurs, où ceux qui arrivent et ceux qui partent indiquent leur nom et leur occupation. On est fier d'avoir la signature de M. Churchill et ses remarques au sujet de son occupation. Dans la section des comptes on transige de l'argent de plusieurs nations. Tout équipage du *Transport Command* devant traverser l'Atlantique dans un sens ou dans l'autre reçoit assez d'argent pour faire tout le voyage jusqu'à destination, soit l'Angleterre soit l'Inde, ou bien un carnet de coupons qui lui permettra de se ravitailler en argent le long du parcours. [...] Montréal demeure le coeur du plan de vol tel que préparé au sol et c'est ici qu'on peut le mieux observer le *despatching*. Tout d'abord l'avion est livré à Dorval même par son équipage américain. Il est alors testé par un équipage local. Aussitôt que les *test pilots* se déclarent entièrement satisfaits, on met l'avion à la disposition de son équipage au moyen d'un avis dans les «*Crew Assignments*». Le département occupe des locaux spacieux et le *briefing room* est une pièce munie de bons fauteuils. Les hommes sont

informés de leur tâche et de l'heure du briefing. Généralement le briefing a lieu à midi afin qu'ils puissent se
reposer avant le départ. La seule information de dernière
minute se rapporte au temps; et le pilote ne manque
jamais de consulter «Met» en tout dernier lieu.

Après la guerre de 1939-45, on en vint à construire le *termi-
nal* actuel, et l'aéroport de Dorval devint graduellement ce qu'il
est aujourd'hui.

Le ministère des Transports et les autorités municipales de
Dorval n'ont cessé de pratiquer une collaboration éclairée, et cette
politique profite à la fois au public voyageur et aux citoyens de
la ville.

BIBLIOGRAPHIE

Anonyme: THE ROYAL MONTREAL GOLF CLUB 1873-1973 — THE CENTENNIAL OF GOLF IN NORTH AMERICA, Montréal, 1973

Anonyme: THE ROYAL ST. LAWRENCE YACHT CLUB 1888-1988, Dorval, 1988

Atherton, William Henry: MONTREAL 1535-1914, Montréal, 1914

Beauvais, Johnny: KAHNAWAKE, Kahnawake, 1985

Bertrand, Camille: HISTOIRE DE MONTRÉAL, Éditions Beauchemin, Montréal, 1932

Bouchette, Joseph: DESCRIPTION TOPOGRAPHIQUE DE LA PROVINCE DU BAS-CANADA, Londres, 1815

Browne, George Waldo: THE ST. LAWRENCE RIVER, Weathervane Books, New York, 1905

Chagny, André: FRANÇOIS PICQUET «LE CANADIEN», Montréal, 1913

Charlevoix, François-Xavier de —: HISTOIRE ET DESCRIPTION GÉNÉRALE DE LA NOUVELLE FRANCE, Paris, 1743

Craig, Gerald: EARLY TRAVELLERS IN THE CANADAS, MacMillan, Toronto, 1955

Daveluy, Marie-Claire: LA SOCIÉTÉ DE NOTRE-DAME DE MONTRÉAL, Fides, Montréal, 1965

Dechêne, Louise: HABITANTS ET MARCHANDS DE MONTRÉAL AU XVIIe SIÈCLE, Librairie Plon, Paris et Montréal, 1974

Dollier de Casson, François: HISTOIRE DU MONTREAL, Société Historique de Montréal, Montréal, 1868

Faillon, Étienne-Michel: HISTOIRE DE LA COLONIE FRANÇAISE EN CANADA, Montréal, 1865

Franquet, Louis: VOYAGES ET MÉMOIRES SUR LE CANADA, Paris, 1753

Gauthier, Henri: SULPITIANA, Montréal, 1926

Girouard, Désiré: LE VIEUX LACHINE ET LE MASSACRE DU 5 AOÛT 1689, Montréal, 1889

Girouard, Désiré: LES ANCIENS FORTS DE LACHINE ET CAVELIER DE LA SALLE, Société Historique de Montréal, 1891

Girouard, Désiré: LAKE ST. LOUIS OLD AND NEW AND CAVELIER DE LA SALLE, Columbian Edition, Montréal, 1893

Girouard, Désiré: LES ANCIENS POSTES DU LAC ST-LOUIS, Bulletin des Recherches historiques, Lévis, octobre 1895

Godbout, Archange: NOS ANCÊTRES AU XVIIe SIÈCLE

Massicotte, E.-Z.: LES FAMILLES DESCARY, DESCARRIES, DÉCARY ET DÉCARIE AU CANADA 1650-1909, Montréal, 1910

Ministry of Information: ATLANTIC BRIDGE — THE OFFICIAL ACCOUNT OR R.A.F. TRANSPORT COMMAND'S OCEAN FERRY, Londres, 1945

Powell, Griffith: «PER ARDUA AD ASTRA» — A STORY OF THE ATLANTIC AIR FERRY, Montréal, s. d.

Tassé, Joseph: LE 38e FAUTEUIL ou SOUVENIRS PARLEMENTAIRES, Montréal, 1891

Toye, William: THE ST. LAWRENCE, Oxford University Press, Toronto, 1959

Woods, Shirley E.: THE MOLSON SAGA 1763-1983, Doubleday Canada, Toronto, 1983

Yon, Armand: FRANÇOIS DE SALIGNAC FÉNELON, Cahier des 10, vol. XXXIII, Montréal, 1968

INDEX DES NOMS RELIÉS À L'HISTOIRE DE DORVAL

Allan, James B.: ch. 7, 10 et 11
Allard, Dosithée: ch. 7
Allard, Léandre: ch. 12
Allard, Placide: ch. 7 et 12
Allard, Zéphirin: ch. 7
Applegarth, E.R.D.: ch. 12
Artus, Michelle: ch. 8

Ballantyne, Robert Mitchell: ch. 12
Barclay, Malcolm Drummond: ch. 12
Belestre, Pierre Picoté de —: ch. 2 et 4
Bellefeuille, Clovis Poireau dit de —: ch. 7
Bellefeuille, Jean-Baptiste Poireau dit de —: ch. 7
Bellefeuille, Joseph-Jacques de —: ch. 8 et 10
Bellefeuille, Émery de —: ch. 10
Bénard, Alphonse: ch. 12
Bert, Suzanne: ch. 8
Bidet, Joseph: ch. 12
Boudrias, Marguerite: ch. 8
Bourbeau, Robert: ch. 12
Boyer, Albert: ch. 12
Boyer, Damase: ch. 12
Boylan, C.A.: ch. 11
Boyle, C.A.: ch. 12
Brown, Alfred: ch. 7 et 11
Brunet, Alexis: ch. 7 et 8
Brunet, Honoré: ch. 7

Carrière, Dosithée: ch. 7
Carsley, Cecil Leonard: ch. 12
Carsley, Samuel: ch. 12

Chadillon, E.-R.: ch. 12
Chartier, François: ch. 4
Chartier, René: ch. 4 et 9
Choüart, Marie-Antoinette: ch. 3, 4 et 6
Converse, John: ch. 7
Coüagne, Charles de —: ch. 1, 3 et 4
Coüagne, René de —: ch. 4

Daigle, Jules: ch. 12
Davidson, Thomas: ch. 7
Davidson, Thornton: ch. 12
Davis: James: ch. 10
Décary, Albina: ch. 8
Décary, Alphonse: ch. 8, 10 et 12
Décary, Avila: ch. 11
Décary, Benjamin: ch. 7, 8, 10 et 12
Décary, Benjamin Jr: ch. 12
Décary, Charles (fils de Gervais): ch. 8 et 10
Décary, Charles (fils de Jean-Baptiste): ch. 8 et 10
Décary, Charles-C.: ch. 10 et 12
Décary, Charles-Jean: ch. 8
Décary, Damase: ch. 7
Décary, Gervais-Marie: ch. 8 et 10
Décary, Jean: ch. 8
Décary, Jean-Baptiste: ch. 8 et 10
Décary, Joseph: ch. 8
Décary, Paul: ch. 8
Décary, Philippe-Gervais: ch. 8
Décary, Rémi-Benjamin: ch. 8, 10 et 12
Décary, Zénon: ch. 8

Deguire, Amable: ch. 8
Delacotierre, Florent: ch. 4
Descarries, Joseph-Adélard: ch. 10
Descary, Albert-D.: ch. 12
Descary, D.: ch. 8
Descary, Joseph-C.: ch. 12
Descary, Joseph-H.: ch. 8 et 10
Deslauriers, Dosithée: ch. 10
Desnoyers, Sarto: ch. 12
Dino, Jacques: ch. 3
Dino, Joseph: ch. 3
Dollier de Casson, François: ch. 1, 2, 4 et 7
Dorval, Jean-Baptiste Bouchard: ch. 1, 3, 4, 6, 8 et 9
Dorval, Paul Bouchard: ch. 3
Dubois, Jean-Baptiste: ch. 11
Dubois, Joseph-Eusèbe: ch. 11
Dumouchel, Claire: ch. 8 et 10

Édouard, prince de Galles: ch. 6, 9 et 12

Fenelon, François de Salagnac —: ch. 1, 2, 3, 4, 5, 7, 8, 9 et 12
Fitzgibbon, Robert: ch. 10
Frontenac, Louis de Buade: ch. 2, 4 et 9

Gervaise, Cunégonde: ch. 8
Gervaise, Jean: ch. 8
Girouard, Désiré: ch. 4, 5, 7, 8, 9, 10 et 11
Girouard, Désiré Howard: ch. 5, 7 et 10
Gordon, James Alexander: ch. 10 et 12
Green, J.A.: ch. 12
Greene, E. Kirk: ch. 10
Guérin, Marcel: ch. 12

Hachet, Françoise: ch. 3
Hamilton, George: ch. 12
Hamilton, George W.: ch. 10 et 11
Hamilton, Robert C.: ch. 12

Hamilton, W.A.C.: ch. 12
Hazeur, François: ch. 3
Heaton, Alfred: ch. 12
Heron, Ian: ch. 12
Hutchins, Joseph R.: ch. 7

Joubert, Charles: ch. 11

LaCoste, Émile: ch. 12
Lafleur, Benjamin: ch. 12
Landry, Louis-Philippe: ch. 12
Lefebvre, Benjamin: ch. 7, 10 et 12
Lefebvre, Cunégonde: ch. 8
Lefebvre, Hyacinthe: ch. 7
Lefebvre, Jean-Baptiste: ch. 8
Legaud, Pierre: ch. 4
Legault, André dit Deslauriers: ch. 7 et 8
Legault, Avila: ch. 12
Legault, Benjamin dit Deslauriers: ch. 7 et 8
Legault, Dosithée dit Deslauriers: ch. 7 et 10
Legault, Jean-Baptiste dit Deslauriers: ch. 7
Leitch, Alexander: ch. 7
Leroux, Joseph: ch. 12
Loiseau, Alfred-Uldéric: ch. 12
Loiselle, Godfroi: ch. 10

MacDougall, Hartland S.: ch. 7, 10 et 11
Marler, George C.: ch. 7
Marler, George R.: ch. 10 et 12
Marler, William deMontmollin: ch. 7, 10 et 12
Martin, Jean-Baptiste-Onésime: ch. 10 et 12
Martin, Onésime dit Ladouceur: ch. 7
Massie, Hormisdas: ch. 12
Massue, Francis: ch. 12
McCaw, Audrey Martin: ch. 12
McCombe, John: ch. 12
McEachran, Duncan: ch. 7
McHugh, Thomas: ch. 12

McIntyre, J.N.: ch. 12
McLagan, Peter William: ch. 12
McMartin, Peter: ch. 7
McMillan, Alexander: ch. 11
Meloche, Alphonse: ch. 9
Meloche, Antoine: ch. 4 et 9
Meloche, François: ch. 9
Meloche, Henriette: ch. 9
Meloche, Horace: ch. 11 et 12
Meloche, Jean-Baptiste I: ch. 9
Meloche, Jean-Baptiste II: ch. 9
Meloche, Jean-Baptiste III: ch. 3, 7, 9,
    10 et 11
Meloche, Philomène: ch. 8
Meredith, William H.: ch. 7, 10 et 11
Merrill, Ezra H.: ch. 7
Molson, Harry Markland: ch. 10, 11 et
    12
Monet, Joseph: ch. 4
Monet, Pierre: ch. 4 et 8
Monette, Angélique: ch. 8
Monette, Jean-Baptiste: ch. 8
Monette, Marie-Josephte: ch. 8
Morin, Antoine: ch. 4
Morin, Jacques: ch. 4 et 9
Morris, Alexander W.: ch. 10
Morris, M.O.: ch. 12
Murray, Henry Esson: ch. 7 et 10

Oneson, Thomas: ch. 12

Paré, François: ch. 12
Patterson, Alexander: ch. 12
Picard, Antoine: ch. 7
Picard, Catherine: ch. 8
Picard, Edmond: ch. 10 et 12
Picard, Jean-Baptiste: ch. 7
Picard, Paul: ch. 7
Pilon, Pierre: ch. 10
Pomminville, Marie: ch. 8
Pomminville, Pierre: ch. 4
Pratt, R. John: ch. 12

Quesnel, Jean-Baptiste-Valérie: ch. 7
    et 10
Quesnel, Philéas: ch. 12

Ranuyer, Mathieu: ch. 1
Repentigny, Pierre Le Gardeur de —
    : ch. 1 et 4
Riddell, A.H.: ch. 10 et 12
Rouleau, Edgar: ch. 12
Roy, Amédée: ch. 10
Roy, Joseph: ch. 4
Roy, Joseph dit Lepage: ch. 7

Saint-Denis, Isaïe: ch. 7
Saint-Onge, Napoléon: ch. 7
Saint-Onge, Wilfrid: ch. 12
Shackell, Henry: ch. 7
Simpson, George: ch. 6, 9, 11 et 12
Simpson, John Henry Pelly: ch. 9
Sims, G. Ross H.: ch. 12
Smith, James: ch. 7 et 11
Stephen, Frank: ch. 11
St-Perre, Agathe de —: ch. 1, 4 et 8
Strachan, William: ch. 12
Sauvé, Marie-Euphrosine dite
    Laplante: ch. 9

Tardif, Georges: ch. 10 et 12
Torrance, William F.: ch. 10
Trudel, Anthoine: ch. 3
Trudel, Philippe: ch. 3
Turcot, Alphonse: ch. 10
Turpin, Denis: ch. 3

Vadeboncoeur, Edmond: ch. 12
Valois, Adéline: ch. 9
Valois, Darnase: ch. 7

Williams, Fenwick: ch. 6

Yeomans, Peter B.: ch. 12

331

ATTESTATION

Les personnes suivantes ont collaboré au présent ouvrage:

Bertrand, Sr Florence
    Congrégation de Notre-Dame
    recherche sur la propriété Girouard
Brodeur, Danyelle
    Bibliothèque de Dorval
Boylan, C. A.
    ancien conseiller municipal
Chassé, Sr Diana
    Collège Queen of Angels
    recherche sur la propriété du Royal
    Montreal Golf Club
Clelland, Sheila
    recherche sur les maisons historiques
Décary, Angélique
Décary, Hélène
Décary, Mathilde
Décary, Yvonne
    recherche sur la famille Décary
Desnoyers, Sarto
    ancien maire de Dorval
Duval, Fabienne
    assistante à la recherche
    révision du texte
    traduction de PLANTING PANSIES
Fowler, Susan
    aquarelle de la jaquette de couverture
Gourdeau, Henri
    ancien membre du conseil
    d'administration de l'O.A.C.I.

Guérin, Marcel
    greffier de la Cité de Dorval
Guy, Rev. Gordon
    St. Mark's Church
Hamilton, George
    ancien membre du Royal St. Lawrence
    Yacht Club
Harel, Bruno
    Archives du Séminaire de Saint-Sulpice
Le Rouzès, Michel
    recherche sur les maisons historiques
Lewis, Christine
    adjointe au maire de la Cité de Dorval
Locke, Janet E.
    auteur de EN PLANTANT DES PENSÉES
Masse, Michel
    photographe et dessinateur
    Cité de Dorval
Oneson, Anthony
    auteur de LA MAISON DANS LE PRÉ
Poulin, abbé Mario
    paroisse de la Présentation
Pratt, R. John
    ancien maire de Dorval
Racine, Germaine
    auteur de MON VILLAGE
    fondatrice de la Société
    historique de Dorval
Rousse, Jean-Louis
    président de la Société
    historique de Dorval
Taillefer, Heather
    The Forest and Stream Club
Treslar, Frank M.
    recherche sur les maisons historiques
Turcotte, Gérard
    recherche sur l'ancienne école de Dorval

Wheeler, Lillian
    recherche sur le *Ferry Command*
Yeomans, Peter B.
    maire de la Cité de Dorval

En outre l'auteur a bénéficié des ressources des institutions
suivantes:

ARCHIVES DU SÉMINAIRE DE SAINT-SULPICE
ARCHIVES NATIONALES DU QUÉBEC
ASSEMBLÉE NATIONALE DU QUÉBEC
BIBLIOTHÈQUE DE L'ASSEMBLÉE NATIONALE
BIBLIOTHÈQUE DU CN — MONTRÉAL
BIBLIOTHÈQUE DE DORVAL
CHAMBRE DES COMMUNES
MUSÉE DE L'AVIATION — OTTAWA
SOCIÉTÉ HISTORIQUE DE DORVAL
RCAF ASSOCIATION — WESTMOUNT

TABLE DES MATIÈRES

Chapitre 1 - LE DOMAINE DE LA PRÉSENTATION..... 7

Chapitre 2 - MESSIRE FRANÇOIS DE SALAGNAC FENELON...................................... 39

Chapitre 3 - LE SIEUR JEAN-BAPTISTE BOUCHARD DORVAL.................................... 65

Chapitre 4 - DORVAL AVANT 1892...................... 91

Chapitre 5 - LE FORT DE LA PRÉSENTATION 117

Chapitre 6 - SIR GEORGE SIMPSON 135

Chapitre 7 - L'ÂGE D'OR DE LA VILLÉGIATURE 149

Chapitre 8 - LES DÉCARY 169

Chapitre 9 - L'AFFAIRE MELOCHE 199

Chapitre 10 - LE VILLAGE DE DORVAL................... 215

Chapitre 11 - DORVAL À L'AUBE DU XXe SIÈCLE....... 235

Chapitre 12 - LA VILLE DE DORVAL...................... 255

Annexes - MON VILLAGE, par Germaine Racine 285
LA MAISON DANS LE PRÉ, par Anthony Oneson.. 299
EN PLANTANT DES PENSÉES, par Janet E. Locke... 309
LE «FERRY COMMAND» DU TEMPS DE GUERRE 317

Bibliographie 327

Index des noms reliés
à l'histoire de Dorval...................................... 329

Attestation 333

Achevé Imprimerie
d'imprimer Gagné Ltée
au Canada Louiseville